D1729562

LA SYMBOLIQUE MÉDIÉVALE
DES NOMBRES

VINCENT FOSTER HOPPER

LA SYMBOLIQUE MÉDIÉVALE
DES NOMBRES

Origines, signification et influence
sur la pensée et l'expression

Traduit de l'américain par Richard Crevier
Revu par Agnès Paulian

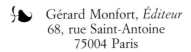 Gérard Monfort, *Éditeur*
68, rue Saint-Antoine
75004 Paris

Titre original :
Medieval Number Symbolism
(Its Sources, Meaning, and Influence on Thought and Expression)

PRÉFACE

Le caractère symbolique de la pensée et de l'expression au Moyen Âge a fait l'objet d'un grand nombre d'études poussées qui n'ont pas peu contribué à éclairer certains points obscurs. Un résultat important de ces études a été de révéler, dans la pensée médiévale, une trame serrée d'idées abstraites et de réalités concrètes si intimement imbriquées et interdépendantes que la pensée de l'époque ne semblait pas laisser de jeu entre ces deux ordres de réalité. Aussi, ce qui apparaît à l'esprit moderne comme une divagation consciente, voire artificielle et forcée, due à une simplicité candide, était-il le plus souvent un mode d'expression entièrement naturel au Moyen Âge. Autrement dit, ce que l'esprit moderne qualifie, non sans agacement, de « symbole », était souvent dans l'esprit médiéval le résultat d'une association d'idées inévitable. En outre, comme la plupart des symboles avait un lien avec les Écritures, on les croyait inspirés par Dieu lui-même. Une pratique un tant soit peu soutenue des écrits médiévaux suffit pour que l'on soit disposé à accepter ce « symbolisme », un peu comme on accepte une métaphore, une comparaison ou une imagerie quelconque, ancienne ou moderne. Les images changent d'une génération à l'autre mais l'impulsion qui les produit est universelle et familière.

La valeur reconnue de l'expression figurée tient à sa capacité de clarifier ou d'intensifier des idées ou des émotions par le recours à l'expérience sensible. L'abstrait peut être amené par le symbolisme dans le domaine du concret où il est immédiatement reconnaissable et significatif. Par le symbolisme, la beauté et la bonté abstraites de la divinité se réalisaient humainement dans la personne de la Vierge. Le concept de la Vierge était à son tour rapproché de l'expérience sensible par le biais artistique de la sculpture et de la peinture. Ainsi, l'image véhicule l'idée. À un niveau plus élémentaire, la lumière et la magnificence du soleil dispensateur de vie ont valu à cet astre d'être presque universellement vénéré comme image de la divinité.

Comment expliquer alors le symbole numérique lorsque, loin de provenir d'une image concrète, il confine lui-même à l'abstraction ? L'auteur de la *Vita Nuova* espèret-il sérieusement susciter l'attention et le respect du lecteur pour Béatrice en la décrivant par un *neuf* ? La réponse est tout simplement « oui » – et la prééminence des nombres dans les écrits sacrés et profanes du Moyen Âge, dans l'architecture des cathédrales, dans le rituel de la messe, indique assez leur importance à cette époque.

Les commentateurs se sont donné passablement de mal pour expliquer les symboles numériques pris isolément, avec un succès relatif. Mais leurs explications avaient tendance à élucider le texte sans jeter d'éclairage sur l'âme de l'auteur ni mettre en branle l'imagination du lecteur. L'absence d'un cadre de référence ainsi que l'incapacité à saisir les implications tant philosophiques que symboliques du nombre ont abouti à une tendance générale à voir dans les symboles numériques une variété amusante d'anagrammes. La présente étude se propose de montrer à quel point la conscience des nombres s'enracinait profondément dans la pensée médiévale, non comme des instruments mathématiques, voire des pièces dans un jeu, mais comme des réalités fondamentales chargées de souvenirs et riches de signification. Le fait que 3 disciples aient assisté à la Transfiguration n'était pas au Moyen Âge un détail mineur car on savait que le mystère de la Trinité était enchâssé dans les Écritures et la sainteté du nombre 3 nimbait la figure du Christ et toutes choses divines. Cette sainteté particulière, reconnue par l'homme dès les temps les plus reculés, dotait toute répétition de ce nombre entier d'une richesse de signification que le lecteur moderne ne peut qu'entrevoir.

Il découle de la nature dérivée et éclectique de la science et de la philosophie médiévales qu'il est presque impossible de parvenir à un exposé clair de l'une et de l'autre sans remonter aux racines individuelles à partir desquelles se sont développées ces plantes hybrides. Du même coup, la philosophie médiévale des nombres, qui apparaît souvent comme pure absurdité, ou au mieux comme le produit d'une pensée extraordinairement confuse, n'est explicable qu'en relation à ses origines. Mis à part quelques influences mineures, on peut dire que la philosophie médiévale des nombres est le mélange de trois modes de pensée distincts, les symboles numériques eux-mêmes provenant de trois sources principales. La première, que j'appellerai « élémentaire », est à l'origine de tout symbolisme numérique puisque issue des efforts initiaux de l'homme pour dénombrer et de l'identification de certains groupes naturels, immédiatement observables et fixes, avec les nombres correspondants : par exemple, une *main* est 5 ; 20 (10 doigts + 10 orteils) est un *homme*. La deuxième, et la plus prolifique, source de nombres significatifs, prolongement de la première en réalité, est l'antique science astrologique des Babyloniens. Elle attribuait, avec un respect mêlé de crainte, les nombres dérivés des constellations, des planètes et des révolutions astrales à un ordonnancement divin. Chaque nombre avait ses connotations propres, sacrées ou funestes. Plus encore, l'axiome astrologique du lien entre microcosme et macrocosme instaurait une relation entre tous les agrégats définis par le même nombre. C'est ainsi que les 7 jours de la semaine furent nommés d'après les 7 planètes. Le Moyen Âge hérita de cette théorie grâce à la vitalité à toute épreuve de l'astrologie elle-même, mais ce fut la présence des nombres astrologiques à chaque page des Saintes Écritures qui rendit indiscutables leur sainteté et leur incorruptibilité : des générations de clercs allaient méditer sur eux et les interpréter. La troisième théorie des nombres, la mieux connue aussi, est la théorie pythagoricienne qui fixa le rapport des nombres les uns aux autres et, par conséquent, la place des agrégats astrologiques dans l'Ordre cosmique.

Mes trois premiers chapitres porteront donc sur les principes élémentaires de chacune de ces théories, sans lesquels on n'aurait qu'une compréhension superficielle des symboles numériques du Moyen Âge. Le chapitre suivant traitera de la combinaison des trois théories élaborée par les gnostiques, qui ont eu, avec les néo-pythagoriciens, le plus d'influence sur la formation de la théorie chrétienne des nombres. Dans le cinquième chapitre, j'étudierai l'adoption et la mise au point de la philosophie des nombres par les premiers Pères de l'Église, jusqu'à saint Augustin inclus, dans l'intention d'exposer le plus clairement possible les fondements du symbolisme numérique du Moyen Âge chrétien. Le sixième chapitre sera consacré à un résumé des diverses occurrences et utilisations des symboles numériques au Moyen Âge, afin de rendre compte au mieux de l'attitude médiévale à l'égard des nombres. L'emploi d'un symbolisme numérique par Dante et l'influence du nombre sur sa philosophie seront l'objet du septième chapitre.

Un grand nombre de recherches ont été menées sur les symbolismes primitif, astrologique et pythagoricien, auxquels sont consacrés mes premiers chapitres. Sans prétendre apporter une quelconque contribution en ces domaines, j'ai néanmoins jugé nécessaire de récapituler leurs données afin d'expliquer la construction médiévale qui en est issue. Pour ce faire, j'ai eu recours à des autorités reconnues (Farbridge, Cumont, Webster, Conant, Jastrow, Rogers, McLean, Thompson, Lenormant, Karpinski) qui ont intégré les résultats de nombreuses études particulières à leurs propres recherches et conclusions. Chaque fois que la chose était possible, je me suis reporté aux documents où les symboles numériques figuraient au départ.

Ma recherche personnelle (ainsi que l'originalité dont je puis me prévaloir) a consisté dans la mise en évidence et l'explication du rapport qu'entretenaient ces théories des nombres avec la symbolique médiévale. Pour ce seul domaine, on pourrait écrire tout un traité sur un unique symbole numérique. J'ai préféré une démarche qui me semblait plus utile et plus immédiatement significative : l'étude du fondement, du sens, de la finalité, de l'étendue et de l'usage du symbolisme numérique au Moyen Âge – avec l'intention de fournir un cadre de référence pour les symboles numériques qu'on rencontre isolément dans les textes médiévaux. De même, dans le cas de Dante, j'ai souhaité expliquer la structure numérique fondamentale de *La Divine Comédie*, la relation des parties au tout, plutôt que de traiter chaque symbole numérique individuel comme un problème isolé. Je suis convaincu qu'une approche des problèmes individuels reste forcément insatisfaisante parce que, tout exhaustive qu'elle soit, elle passe à côté du plan soigneusement articulé de l'œuvre dans son ensemble.

Parmi les ouvrages généraux plus directement liés au présent livre, il faut mentionner *The Lost Language of Symbolism* (1922) de Harold Bayley, qui comporte une étude partielle de la symbolique des nombres ; et deux travaux sur les variantes anciennes et modernes du pythagorisme : *Number, The Language of Science* (1930) de Tobias Dantzig et *Numerology* (1933) de E.T. Bell. La rareté des études générales dans le champ médiéval tient probablement au fait irritant que la symbolique des nombres refuse de rester confinée à un seul domaine de recherche. Pour les mathématiciens, la science médiévale des nombres n'est que du pythagorisme corrompu par la théologie chrétienne, échappant à leur compétence. La dimension mathématique est de même étrangère aux spécialistes du symbolisme médiéval. Appartenant pour ma part à la dernière catégorie, je dois avouer que je n'aurais guère eu le courage d'entreprendre cette recherche sans l'aide de ma femme, qui m'a été précieuse dans le domaine des mathématiques.

Je voudrais aussi remercier de son appui le professeur Harry Morgan Ayres pour ses remarques et ses conseils, ainsi que mon ami le professeur Gerald Edwin Se-Boyar qui m'a donné accès au résultat de ses recherches sur les encyclopédies médiévales. Je suis également reconnaissant aux professeurs Lynn Thorndyke, Oscar James Campbell, Samuel Lee Wolff, Roger Sherman Loomis, John Strong Perry Tatlock et Henry Willis Wells de leurs suggestions et commentaires. Pour le grand nombre d'ouvrages énumérés dans la bibliographie, je dois remercier les bibliothèques des universités Columbia, Yale, Princeton, Vassar et de New York, tout particulièrement Miss Fanny Borden, bibliothécaire de Vassar, qui a fait venir pour moi des ouvrages rares d'autres bibliothèques.

En ce qui concerne le professeur Jefferson Butler Fletcher, qui a dépensé sans compter son temps, son énergie et son savoir, je reprendrai les termes de *La Divine Comédie*, qu'il a traduite, pour dire seulement que, de l'initiation au livre de Dante jusqu'au dernier paragraphe de cette étude,

« Il fut pour moi une lumière. »

Vincent Foster Hopper
New York
1er février 1938

ABRÉVIATIONS

AN   Ante-Nicene Christian Library
MLN   *Modern Language Notes*
MLR   *Modern Language Review*
MP   *Modern Philology*
NPN   Nicene and Post-Nicene Fathers
P.G   Migne, J.-P., *Patrologiae cursus completus, Series graeca*
P.L.   Migne, J.-P., *Patrologiae cursus completus, Series latina*
PMLA   Publications of the Modern Language Association of America

I

LE SYMBOLISME ÉLÉMENTAIRE DES NOMBRES

Rien n'est aussi frappant dans l'histoire de la symbolique des nombres que l'unanimité, dans le temps et dans l'espace, sur la signification de quelques symboles numériques. Dans la mesure où les mêmes croyances au nombre imprègnent la littérature antique et se retrouvent à notre époque dans les superstitions des primitifs, il nous est permis de les classer comme « élémentaires » et de les traiter à part afin de préciser la nature d'au moins un type établi et universel de symbolisme numérique.

Un examen de ces premiers symboles numériques révèle que les nombres étaient à l'origine porteurs d'associations concrètes, nées de l'incapacité des premiers hommes à appréhender l'abstraction. Pareille hypothèse s'accorde avec la propension reconnaissable du langage à aller du concret vers l'abstrait, et elle se vérifie dans la méthode couramment utilisée qui consiste à enseigner l'addition et la soustraction à l'aide d'illustrations concrètes. Ces associations ont sans doute été dotées, à l'origine, de plus de réalité que le nombre lui-même, 3 arbres étant plus réels que le 3 abstrait, si bien que l'on a facilement pu en venir à considérer des ensembles numériques fixes et prédominants comme des attributs des nombres eux-mêmes.

On peut penser que les premières civilisations sont passées par un stade que l'on retrouve dans certaines tribus brésiliennes dont les langues sont presque complètement dépourvues de mots pour désigner les nombres[1] ; une de ces tribus n'utilise que le mot *etama*, « seul », pour désigner un objet unique ou un élément d'un groupe. L'étape suivante consiste à utiliser des mots signifiant « un » et « plusieurs », qui correspondent à la différenciation de l'individu, ou du moi, par rapport au groupe[2].

Mais l'homme a dû très vite prendre conscience des dualités de la nature : mâle et femelle, jour et nuit, soleil et lune, terre et ciel, eau et terre. Alcméon de Crotone se faisait sans aucun doute l'écho d'une observation très répandue lorsqu'il notait que « la plupart des choses humaines vont par paires[3] ». Il est donc probable que le mathé-

1. Conant, *The Number Concept*, p. 1.
2. *Ibid.*, pp. 1, 22, 24, 28 ; Tylor, *Primitive Culture*, I, 243.
3. Aristote, *Métaphysique*, I, 5.

maticien des premiers temps a choisi une dualité remarquable de la nature, comme le *mariage*, pour signifier le nombre 2. En tout cas, le nombre 2 paraît avoir toujours véhiculé l'idée de l'antithèse qui se rencontre dans les dualités de la nature, que ce soit pour la grande dyade manichéenne, l'homme-Dieu des chrétiens, la double tête du dieu égyptien Horus, « dont l'une est porteuse du bien et du juste, et l'autre du mal[4] », ou encore pour les vies active et contemplative, que le Moyen Âge liait en les opposant.

Ayant inventé un mot pour désigner la « paire », l'homme était désormais en possession de trois termes numériques, « 1 », « 2 », « plusieurs », et il existe aujourd'hui des tribus qui comptent exactement de cette manière[5]. Par un cheminement difficile à retracer, on en vint à identifier le mot signifiant « plusieurs » avec le concept de 3, vraisemblablement parce que 3 est le premier nombre entier auquel peut être appliquée l'idée de pluralité ou parce que, étant donné trois termes, « 1 », « 2 », « plusieurs », le mot signifiant « plusieurs » fut intégré en tant que troisième nombre entier dans un système numérique plus évolué. Ce stade se reflète dans la distinction entre la dualité et la pluralité que connaissent les langues égyptienne, arabe, hébraïque, sanscrite, grecque et gothique[6], ou dans l'emploi commun du positif, du comparatif et du superlatif : bon d'un, meilleur de deux, le meilleur de trois ou de plusieurs.

L'idée que 3 impliquait le superlatif, ou le tout, ne s'est jamais perdue. Elle ressort de formules courantes comme *ter felix* et *trismegistus*, de l'emploi du trident et du foudre triple comme symboles de la grandeur et du pouvoir, des hiéroglyphes égyptiens où un trait simple associé à la représentation d'un objet indique 1, un trait double 2, alors que trois traits signifient soit 3 soit un nombre indéfini d'objets[7]. Comme le dit Aristote : « De deux choses ou de deux hommes, nous disons "les deux" mais non pas "tous". Trois est le premier nombre auquel le terme "tout" a pu correspondre[8]. »

On pourrait parler ici d'un 3 « cumulatif » ou « statistique », dont l'effet se fait encore sentir aujourd'hui dans la vérification préliminaire de l'expérience scientifique et, généralement, dans le raisonnement inductif. Une occurrence unique n'a aucune signification. Une répétition est remarquable, mais pourrait bien être le résultat d'une coïncidence. Une troisième occurrence de même nature confère à l'événement l'empreinte de la règle. Dans la légende babylonienne du déluge, Utnapishtim (le Noé babylonien) relâche simultanément une colombe, un corbeau et une hirondelle. Il n'est pas nécessaire de relâcher plus d'oiseaux pour obtenir l'information désirée, mais un nombre inférieur à 3 n'apporterait pas une réponse probante. Dans la légende d'Atalante, 3 pommes d'or jetées à terre suffisent à faire comprendre pleinement l'idée, même si l'histoire eût très bien pu comporter jusqu'à 4 ou 7 pommes.

La permanence de ce mode de raisonnement à demi instinctif est l'une des curiosités de la logique humaine. Ératosthène (vers 240 av. J.-C.) observe que « les dieux accordent à ceux qui se sont purifiés 3 fois de progresser moralement[9] ». Les vœux, les épreuves, les prétendants vont très souvent par 3 dans les légendes, les mythes et les contes populaires de tous les peuples – il n'est pas nécessaire de prolonger l'histoire lorsque 3 est tout. Dans l'Ancien Testament, on nous dit qu' « une corde triple ne

4. *Livre des morts*, XCII, 28.
5. Conant, *op. cit.*, p. 22 ; D.E. Smith, *History of Mathematics*, I, 6, 9 ; Tylor, *op. cit.*, I, 243.
6. Tylor, *op. cit.*, I, 265.
7. *Ibid.*
8. *De caelo*, I, 1.
9. Conybeare, *Myth, Magic and Morals*, p. 318.

rompt pas rapidement [10] ». Le théologien médiéval insiste sur le fait que le Christ est resté 3 jours au tombeau car « en trois jours tout exploit et fait véritable sont prouvés [11] ». Lewis Carroll faisait probablement allusion à la faiblesse des esprits scientifiques modernes eux-mêmes, qui acceptent 3 exemples comme une preuve, lorsqu'il fait déclarer gravement par l'Homme à la cloche : « Ce que je vous dis trois fois est vrai [12]. »

Le fait d'être appliqué aux dieux conféra au 3 une importance encore accrue. Plusieurs nombres ont servi à exprimer la divinité ou les attributs divins mais, soit à cause de son ancienneté, soit à cause de ses nombreuses analogies simples avec le monde physique et social, le 3 qui englobe tout devint le nombre le plus universellement employé pour la divinité.

Le 3 social le plus répandu est celui de la famille – homme, femme, enfant, simple distinction indépendante du nombre d'enfants, voire de femmes. Puisque l'idée de génération, ainsi que le fait remarquer Zeller [13], est l'explication la plus évidente de l'existence du monde et des dieux, il n'y a qu'un pas de la reconnaissance de la famille terrestre à l'hypothèse d'une famille dans les cieux. Osiris, Isis et Horus forment la plus connue des familles célestes. En Égypte, les divinités locales avaient toutes été regroupées en familles divines avant l'époque des pyramides [14]. L'extension du groupement triadique conduisit à l'Ennéade, la triple triade d'Héliopolis qui s'élargit à son tour pour inclure une deuxième dynastie de 9 dieux, puis un troisième groupe, si bien que 9, 18 et 27 dieux furent considérés par la mystique comme étant essentiellement 3. Le Rig-Veda admet la même élaboration dans la triple subdivision de ses 3 divinités principales [15].

Le monde physique fit lui aussi l'objet d'une triple division. Dans le Rig-Veda, toutes les divinités sont regoupées en 3 classes : les dieux du ciel, de l'atmosphère et de la terre [16]. La théologie sumérienne de la période scolastique (XXVᵉ-XXIIIᵉ siècle) définit la plus ancienne triade (distincte d'une trinité) avec Anou, Enlil et Enki, les dieux du ciel, de la terre et de l'eau [17]. Avec l'invention ultérieure des enfers, cette triade se trouvera quelque peu modifiée. Anou demeurera le dieu du ciel mais le deuxième membre du groupe sera remplacé par Bel ou Baal comme dieu de la terre et Hea (variante d'Enlil ou Ea, l'eau) deviendra la gardienne des enfers [18]. Zeus, Hadès et Poséidon seront plus tard la réplique de ce type de triade.

L'adoration du soleil constitue l'une des formes de religion les plus primitives et, dans ses premiers cultes, l'homme distinguait apparemment l'astre à son lever, au zénith et à son coucher. Le Rig-Veda commémore cette division dans les trois enjambées de Vishnou [19]. À l'origine, l'année indienne était elle aussi divisée en trois parties, printemps, été et hiver correspondant aux trois enjambées de Vishnou [20]. Les Égyptiens

---

10. Ecclésiaste, IV, 12.
11. *Legenda aurea*, *Résurrection* (Temple Classics), pp. 87-88.
12. *The Hunting of the Snark*, Fit I.
13. *History of Greek Philosophy*, I, 86.
14. Moret, *The Nile and Egyptian Civilization*, p. 356 ; Müller, *Mythology of All Races*, XII, 20.
15. Keith, *Mythology of All Races*, VI, 15.
16. *Ibid*.
17. Langdon, *Mythology of All Races*, V, 88-89.
18. Conway, *Demonology and Devil-Lore*, p. 109.
19. Keith, *op. cit.*, p. 29.
20. *Ibid.*, p. 58.

reconnaissaient dans la divinité trois personnalités distinctes : Horus, le matin ; Ra, midi ; Atoum, le coucher du soleil[21]. Le fait qu'il s'agisse d'une trinité plutôt que d'une triade serait plus remarquable encore si la Trinité chrétienne n'avait pas un antécédent avec l'*Épopée de Gilgamesh* (plus de 2000 av. J.-C.) : « Il est pour deux tiers dieu et pour un tiers homme[22]. »

Cette triplicité du soleil levant, du soleil à son zénith et du soleil couchant fournit un autre exemple du 3 en tant que tout : le début, le milieu et la fin. La chose apparaît de manière frappante dans les 3 saisons indiennes mentionnées ci-dessus, où l'automne et l'hiver sont confondus. Sans aller chercher plus loin des analogies, on remarquera que la naissance, la vie et la mort dans le cycle humain représentent la triple division qu'ont en commun toutes les affaires d'ici-bas. Cette conception de la vie se retrouve avec les Moires grecques (Clotho est la fileuse, Lachésis assigne le sort, Atropos coupe le fil) et avec les Nornes (Urd, le passé ; Wertandi, le présent ; Skuld, l'avenir). Dans la théologie indienne, Brahma, Vishnou et Siva font l'objet d'une répartition identique. Un fragment de la théogonie orphique décrit Zeus comme le commencement, le milieu et la fin de toutes choses[23].

Le degré précis de relation de l'une ou l'autre de ces triades au 3 statistique n'est pas d'une grande importance pour notre étude. Il suffit de savoir qu'à l'aube de l'histoire le nombre 3 avait déjà revêtu des significations multiples et comportait un aspect dominant et divin auquel l'homme n'était pas près d'échapper.

À un moment donné de la formulation progressive de l'arithmétique, l'homme prit conscience des quatre directions : vers le soleil levant, l'est ; vers le soleil couchant, l'ouest ; et les deux verticales à la course du soleil, le nord et le sud[24]. La majorité des tribus semi-primitives d'Amérique du Nord, d'Amérique du Sud et d'Asie pratiquent le culte du 4 et en reconnaissent comme symboles la croix grecque à branches égales, le svastika et autres emblèmes cruciformes[25]. L'invention de 4 vents est venue s'y ajouter assez simplement[26]. Il en va de même pour la création du Dieu omniscient, doté de 4 yeux et de 4 oreilles[27], « et les yeux voyaient toutes choses[28] ». En Égypte, les nombres avaient une importance exceptionnelle. La cosmogonie égyptienne représente le toit céleste soutenu par 4 piliers, montagnes ou femmes, aux 4 points cardinaux[29]. Ce toit céleste, lorsqu'il est personnifié, est figuré par une femme penchée au-dessus de la terre, ou par une vache, les extrémités de ces deux représentations étant ancrées aux points cardinaux[30]. Le caractère quadripartite de la terre se répandit presque universellement à la suite de cette simple reconnaissance des points cardinaux.

La découverte des doigts et des orteils comme machines à calculer naturelles présida à la naissance de l'arithmétique actuelle et suscita au passage des symboles numériques

21. Müller, *op. cit.*, p. 27.
22. *Op. cit.*, I, 51.
23. Zeller, *op. cit.*, I, 64.
24. Tozer, *A History of Ancient Geography*, p. 100 ; Cary et Warmington, *The Ancient Explorers*, p. 6.
25. Buckland, « Four as a Sacred Number » (Amérique du Nord et Ārya) ; Rivers, *Medicine, Magic and Religion* (Phénicie, Égypte, Amérique du Nord), pp. 88-89 ; McGee, « Primitive Numbers » (Amérique du Nord, Amérique du Sud, Afrique, Asie), p. 834 ; Lévy-Bruhl, *Les Fonctions mentales dans les sociétés inférieures* (Amérique du Nord), pp. 241-247 ; D.E. Smith, *History of Mathematics* (Amérique du Nord), p. 17.
26. *Épopée de la Création*, IV, 42.
27. *Ibid.*, I, 95-97.
28. *Ibid.*, I, 98.
29. Müller, *op. cit.*, p. 35.
30. *Ibid.*, p. 37.

additionnels. Dans les tribus primitives, 5 correspond à la main, 10 à deux mains, 20 à un homme[31]. La vingtaine devint une limite, un chiffre rond, commode pour indiquer approximativement un groupe d'« environ 20 ». Mais l'adoption du système décimal lui-même allait avoir des conséquences d'une plus grande portée : les nombres entiers de la dizaine prirent l'apparence d'essences immortelles et la répétition infinie de ces chiffres fournit des variations infinies sur les symboles numériques fondamentaux. Par conséquent, lorsque nous lisons que les armes d'Indra consistaient en une pierre aux 100 emboîtements et aux 1 000 angles, et en flèches aux 100 pointes et aux 1 000 pennes[32], nous reconnaissons le nombre de base 10. Les 300 flagellateurs de l'Helles-pont[33] appartiennent à la même catégorie numérique que les 3 filles d'Atlas. Les *Mille Chants* de Thèbes (vers 1300 av. J.-C.), bien que ne contenant que 28 poèmes, sont divisés en chapitres numérotés de 1 à 10, puis 20, 30, et ainsi de suite jusqu'à 100, puis les centaines jusqu'au chapitre 1 000, le vingt-huitième en réalité. Chaque élément de la dizaine se trouve ainsi répété 3 fois et le contenu du chapitre 80, par exemple, se trouvera correspondre à la sainteté du nombre 8[34]. Il arrive qu'une opération mentale identique entre dans la répétition d'un chiffre, comme dans l'inscription d'une tablette caïnite : « Si Caïn est vengé 7 fois, alors Lamech le sera 70 et 7 fois[35]. » Des siècles plus tard, saint Thomas d'Aquin, dans l'explication qu'il apporte du nombre 666, le nombre de la bête dans l'Apocalypse, étudie le 6 par rapport à l'unité, le 6 par rapport au dénaire et le 6 par rapport à la centaine[36]. La signification du 6 lui-même ne change pas en raison de sa position décimale.

L'usage d'un système décimal entraîne tout naturellement que le 10, symbole de la méthode de numération tout entière, devient un nombre important. Dans ses premières manifestations, c'est un nombre de la finalité ou de la complétude, de même que ses multiples 100 et 1 000. Lors des fêtes du printemps à Babylone (vers 3500-1900 av. J.-C.), le dixième jour était marqué par une procession de *tous* les dieux[37]. La légende babylonienne du déluge nomme 10 rois, pour 10 âges, antérieurs au déluge[38]. Sargon reconnaît 10 dieux comme gardiens de la cité[39]. Le Rig-Veda (1200-800 av. J.-C.) est composé de 10 livres d'hymnes célébrant les principaux dieux védiques. Hérodote était frappé de la division d'Athènes en 10 dèmes, du dixième payé en rançon (la dîme des Hébreux) et du chœur de 10 personnes attribué à chaque dieu dans le culte d'Égine[40]. Par extension du 10, les Égyptiens, toujours selon Hérodote, calculaient que la crue du Nil prenait 100 jours[41]. Crésus, en envoyant un messager demander à l'oracle s'il pourrait vaincre Cyrus, lui aurait également demandé de compter les jours et de consulter l'oracle le centième jour[42].

---

31. Conant, *The Number Concept*, pp. 98-99 ; Tylor, *Primitive Culture*, I, 246-247 ; D.E. Smith, *History of Mathematics*, p. 12.
32. Keith, *op. cit.*, p. 32.
33. Hérodote, *Les Guerres médiques*, VI, 97.
34. Erman, *The Literature of the Ancient Egyptians*, pp. 293-302.
35. H.P. Smith, *Old Testament History*, p. 24.
36. *Expositio II in Apocalypsim*, XIV.
37. Langdon, *op. cit.*, p. 328.
38. Clay, *The Origin of Biblical Traditions*, p. 125 ; McLean, *Babylonian Astrology and Its Relation to the Old Testament*, p. 36.
39. Jastrow, *The Religion of Babylonia and Assyria*, p. 237.
40. Hérodote, *Les Guerres médiques*, V, 83.
41. *Ibid.*, II, 19.
42. *Ibid.*, I, 47.

Avec l'adoption de 10 comme cycle complet, le nombre 9 finit par s'imposer comme « presque complet ». Troie subit un siège de 9 années et tomba la dixième. Ulysse erra pendant 9 années et rentra chez lui la dixième. Le rapport de 9 à 10 est très fréquent dans l'*Iliade* et dans l'*Odyssée* qui toutes deux renvoient à un état du symbolisme numérique très antérieur aux plus anciennes tablettes babyloniennes. L'Évangile selon saint Luc [43] raconte la parabole des 10 pièces d'argent dont l'une fut perdue et certains théologiens médiévaux assimilaient cette pièce perdue aux anges rebelles dont la chute ne laissa que 9 ordres dans le ciel en attendant que l'homme constitue le dixième [44].

Tous les nombres étudiés jusqu'ici, à l'exception du 5, même s'ils ont reçu des connotations additionnelles, ont rarement perdu leurs significations fondamentales premières : 2 est la diversité – le couple antithétique ; 3 est « tout » (commencement, milieu et fin), le « meilleur » (superlatif), le saint (les triades de dieux) ; 4 est le nombre de la terre ; 10 est la complétude, la finalité, la perfection ; et 9 est le presque complet ou le presque parfait.

43. Luc, XV, 8.
44. Cf. saint Bonaventure, *Sentences*, II, dist. 9, qu. 7.

II

LES NOMBRES ASTROLOGIQUES

L a première élaboration d'un symbolisme numérique important eut lieu dans l'ancienne Babylone. Là, comme le dit Cumont, « un *nombre* était très différent d'une *représentation*. De même que dans les temps anciens, en Égypte surtout, le *nom* avait un pouvoir magique et les mots cérémoniels formaient une incantation irrésistible, de même ici le nombre possède une force active, il est un symbole et ses propriétés sont des attributs sacrés [1] ».

Le secret suprême enseigné à son fils par Ea fut toujours appelé le « nombre [2] ». Un couplet d'Akkad témoigne du pouvoir occulte qu'on croyait résider dans le nombre :

Le blé qui se dresse
Arrivera au terme de sa croissance prospère ;
Le nombre [qui produit cela],
Nous le connaissons.
Le blé de l'abondance
Arrivera au terme de sa croissance prospère ;
Le nombre [qui produit cela],
Nous le connaissons [3].

Une déesse, Nisiba, est caractérisée comme « celle qui connaît la signification des nombres et porte la tablette des étoiles [4] ».

Le rapport entre le nombre et les astres était destiné à sanctifier les nombres, inscrits sur la tablette céleste des dieux, et à fournir de nouveaux symboles numériques. Si l'on en croit Cumont, « les progrès des mathématiques durent fréquemment résulter des progrès de l'astronomie et les premières devaient participer du caractère sacré de la seconde. Les chiffres étaient donc certainement pris en considération pour des raisons astronomiques, en tant que dotés d'une puissance particulière [5] ».

1. *Astrology and Religion among the Greeks and Romans*, pp. 29-30.
2. Lenormant, *Chaldean Magic and Sorcery*, p. 41.
3. *Ibid.*
4. McLean, *Babylonian Astrology and Its Relation to the Old Testament*, p. 22.
5. *Op. cit.*, p. 111.

Les premières observations du temps par l'homme se firent probablement autour des lunaisons[6] et, pour une raison ou pour une autre (peut-être en reconnaissance de l'importance du 4), le mois lunaire fut divisé en 4 semaines de 7 jours chacune. On connaît l'existence de semaines de diverses longueurs, mais seule la décade, qui relève du système décimal, est presque aussi répandue que la semaine de 7 jours[7]. L'*Épopée de la Création*, écrite durant la première dynastie babylonienne (2225-1926)[8], décrit les divisions lunaires :

> [Et] il fit briller la nouvelle lune, lui confiant ainsi la nuit.
> Il fit d'elle un être de la nuit par lequel on pût déterminer les « jours ».
> Mois après mois, il la magnifia d'une couronne
> Au début du mois, [au moment] où elle luit sur la terre.
> Tu brilleras avec des cornes de manière à déterminer six jours
> Et, le septième, avec une demi-couronne.
> Chaque mois, à la pleine lune, tu es véritablement en opposition [au soleil]
> Lorsque le soleil t'a rattrapée à la base du ciel.
> Le [...] te garde et te fait briller [dans ta course] en arrière.
> À la période d'obscurité, approche-toi du chemin du soleil
> Et, le vingt-neuvième jour, tu te tiens véritablement en opposition
> [au soleil pour la seconde fois[9].

Le septième jour finit par acquérir une valeur funeste et on jugeait dangereux d'y accomplir un acte important. Un calendrier qui pourrait dater de l'époque d'Hammourabi (2123-2081) donne la liste des jours néfastes. Elle comprend non seulement le 7e, le 14e, le 21e et le 28e mais aussi le 19e, soit le 49e (7 x 7) jour depuis le premier du mois précédent[10]. Il se peut que le Iahvé des Hébreux ait respecté cette tradition lorsqu'il se reposa le septième jour et « sanctifia le Sabbat ».

Exception faite de la création particulière de symboles numériques, l'importance écrasante du concept astronomique dans la symbolique des nombres reposait sur la croyance que les astres sont l'image de la volonté des dieux et que les groupes de nombres sacrés peuvent receler l'empreinte de la divinité. Par conséquent, après avoir découvert 4 orientations et 4 phases lunaires, l'homme s'employa à rechercher d'autres exemples de quaternité dans l'univers. Il mit bientôt en évidence 4 vents, puis 4 saisons, puis 4 veilles du jour et de la nuit, puis 4 éléments, 4 humeurs, 4 vertus cardinales. Sénèque n'avait pas tort d'attribuer la découverte des 4 éléments aux Égyptiens[11], qui semblent en effet avoir eu une conscience plus vive de ce nombre que n'importe quel autre peuple.

Les phases de la lune suggérèrent à l'homme des premiers âges une importante relation entre 4 et 7 ; par la suite, dans l'ancienne Babylone, il fallut faire passer le nombre des vents de 4 à 7. Rien ne montre plus clairement le caractère particulier et la force du symbolisme numérique que ces vers de l'*Épopée de la Création* où 4 devient 7 :

---

6. Webster, *Rest Days,* p. 173.
7. *Ibid.*, p. 187.
8. Langdon, *Epic of Creation*, p. 10.
9. *Op. cit.*, V, 12-23.
10. Webster, *op. cit.*, pp. 223, 232 ; Thompson, *Semitic Magic*, p. 138 ; Farbridge, *Studies in Biblical and Semitic Symbolis*m, p. 135 (le mois de 30 jours).
11. *Naturales quaestiones*, III, 4.

Il fit en sorte que rien n'échappât au contrôle des quatre vents,
Le vent du sud, le vent du nord, le vent d'est, le vent d'ouest.
À ses côtés, il déposa le filet, cadeau de son père Anou.
Il créa Imhullu, le vent mauvais, la Tempête, l'Ouragan,
Le vent quadruple, le vent septuple, le vent dévastateur, le vent sans rival.
Il lâcha les vents qu'il avait créés – tous les sept [12].

L'accent ainsi mis sur le 7, le navigateur, l'explorateur, voient 7 étoiles dans les Pléiades et la Grande Ourse, constellations sur lesquelles ils se guident [13]. Blake croit que la Grande Ourse fut la première constellation reconnue [14], puisque c'est sûrement celle qui apparaît le plus clairement à l'œil non exercé. Elle est aussi la plus remarquable des « étoiles indestructibles », particulièrement vénérables, qui sont visibles toute l'année et « elle est la seule qui ne participe pas aux bains de l'Océan [15] ». D'après une indication donnée dans les Brahmana [16], il y a tout lieu de penser que les 7 étoiles de la Grande Ourse ont suggéré les 7 dieux antérieurs au déluge [17] et les 7 sages sauvés après celui-ci et qui écrivirent les secrets de la divination, de la magie et de la sagesse [18] ; les 7 Hathor d'Égypte [19], les 7 prophètes du rite védique [20], ou les 7 sages de la Grèce dont les noms varient mais dont le nombre demeure constant [21]. Sept devient ainsi le nombre de la sagesse et de la divinité.

La signification de 40 vient apparemment de la disparition durant 40 jours des Pléiades babyloniennes [22]. Cette période de 40 jours coïncidait avec la saison des pluies. C'était un temps d'ouragans terribles pour le marin, un temps de pluies diluviennes et d'inondations pour le terrien – temps d'épreuve, de danger et d'exil des étoiles bénéfiques. Le retour des Pléiades donnait le signal des fêtes du Nouvel An dont le cérémonial consistait entre autres à brûler un faisceau de 40 roseaux [23], ce qui symbolisait peut-être la destruction des 40 démons qui avaient retenu les Pléiades en esclavage durant les 40 jours au cours desquels les mauvais esprits s'étaient déchaînés [24]. Les connotations de 40 se retrouvent dans les 40 jours du carême, les 40 années durant lesquelles les Hébreux errèrent dans le désert, les 40 jours d'isolement dans les ports romains, et jusqu'à notre « mise en *quarantaine* ».

Si la disparition des Pléiades conféra un aspect défavorable au nombre 40, elle donna aussi naissance à un 7 du Mal pour contrebalancer le 7 du Bien. Quoique de manière assez peu cohérente, il semble que l'on blâmait les Pléiades, dont le retour était célébré lors des fêtes du Nouvel An, pour leur disparition. Sur une tablette babylonienne bien connue, on les fustige comme des démons malveillants :

---

12. *Op. cit.*, IV, 42-47.
13. Tozer, *op. cit.*, p. 100 ; Thompson, « Science and the Classics », p. 29.
14. *Astronomical Myths*, p. 7.
15. *Iliade*, XVIII, 489.
16. Müller, *Mythology of All Races*, XII, 59.
17. Langdon, *Mythology of All Races*, V, 167.
18. *Ibid.*, p. 139.
19. Müller, *op. cit.*, p. 40.
20. Keith, *Mythology of All Races*, VI, 65, 144-145.
21. Zeller, *History of Greek Philosophy*, I, 119.
22. Langdon, *Epic of Creation*, pp. 26-27 ; Hésiode, *Les Travaux et les Jours*, I, 17 ; Pline, *Histoire naturelle*, XVIII, 59.
23. Langdon, *ibid*.
24. Farbridge, *op. cit.*, p. 148.

Ils sont sept ! Ils sont sept !
Dans l'Océan profond, ils sont sept !
Engraissés dans le ciel, ils sont sept
Nourris dans les profondeurs de l'Océan ;
Ni mâles ni femelles,
Ils sont le coup de vent qui rugit,
Ils n'ont pas d'épouses et n'enfantent pas de fils ;
Ne connaissant ni la miséricorde ni la pitié,
Ils ne prêtent l'oreille ni à la prière ni à la supplication.
Ils sont tels des chevaux élevés dans les collines,
Les mauvaises créatures d'Ea ;
Ils portent le trône des dieux,
Ils se tiennent au milieu de la voie pour la souiller ;
Ils sont mauvais, ils sont mauvais [25] !

D'autres tablettes les décrivent uniformément comme des démons du mal, impitoyables et destructeurs, que la magie chaldéenne combattait en mettant toutes ses ressources en œuvre [26]. Les cordes magiques avaient 7 nœuds, on répétait les incantations 7 fois, on faisait cuire 7 miches de pain. Naaman reçut le conseil de se baigner 7 fois dans le Jourdain pour se guérir de la lèpre [27], et l'enfant qu'Élisée ressuscita éternua 7 fois [28], chassant probablement de la sorte chacun des mauvais esprits. Les 7 démons peuvent prétendre à une antiquité aussi grande que les 7 dieux.

Ayant découvert 7 jours, 7 vents, 7 dieux et 7 démons, les astronomes entreprirent de rechercher 7 planètes et, fait remarquable, ils les trouvèrent ! La quête fut longue et difficile. Au tout début, seuls Jupiter et Vénus furent reconnus comme planètes [29]. Mais lorsqu'ils en eurent trouvé 7, la tâche des astronomes était terminée : ils n'avaient pas besoin de chercher plus avant [30]. Les planètes devinrent « les dieux qui présidaient à la destinée [31] » et, à une époque beaucoup plus tardive, furent affectées aux jours de la semaine, notion qui ne semble s'être imposée généralement qu'au Ier siècle av. J.-C. à Alexandrie [32].

Entre-temps, les prêtres géographes de Babylone avaient partagé la terre en 7 zones [33], les architectes avaient édifié le temple de Goudéa, « la maison des 7 divisions du monde », avec 7 degrés [34]. Les ziggourats – les tours de Babel –, qui avaient à

25. Thompson, *op. cit.*, p. 47-48 ; Lenormant, *op. cit.,* p. 18.
26. À l'origine, les Pléiades ont dû être considérées comme des étoiles bénéfiques dont on pleurait l'« exil » et dont le retour annonçait la venue du printemps. Mais, du fait de la perversité de la logique humaine, il semble qu'on leur reprochait le fléau de leur absence.
27. II Rois, V, 10.
28. II Rois, IV, 35.
29. Farbridge, *op. cit.*, p. 132.
30. Il s'agit là d'un raisonnement astrologique solide. Le Dr J.B. Fletcher a attiré mon attention sur l'argument de l'astronome florentin Francesco Sizzi contre la découverte par Galilée de satellites de Jupiter, ce qui faisait plus de 7 planètes : « La tête a 7 ouvertures, 2 narines, 2 yeux, 2 oreilles et une bouche ; de même y a-t-il dans le ciel 2 étoiles favorables, 2 non propices, 2 luminaires et Mercure, le seul à être indécis et indifférent. De ce phénomène et de beaucoup d'autres, tels les 7 métaux, etc., qu'il serait fastidieux d'énumérer, nous concluons que les planètes sont nécessairement au nombre de 7... En outre, les Juifs et d'autres peuples de l'Antiquité, ainsi que les peuples européens modernes, ont adopté la division de la semaine en 7 jours qu'ils ont nommés d'après les 7 planètes : or, si nous augmentons le nombre de celles-ci, tout le système s'écroule » (Sir Oliver Lodge, *Pioneers of Science*, Macmillan, 1913, p. 106).
31. McLean, *op. cit.*, p. 11.
32. Farbridge, *op. cit.*, p. 133 ; Webster, *op. cit.*, p. 215.
33. Jastrow, *The Religion of Babylonia and Assyria*, pp. 570, 620.
34. Farbridge, *op. cit.*, p. 133 ; Jastrow, *op. cit.*, p. 619. Goudéa (vers 2700 av. J.-C.) : roi babylonien de la dynastie d'Ur.

l'origine 3 ou 4 étages mais jamais 5 ou 6, étaient dédiées aux 7 planètes et finirent par consister en 7 degrés revêtus de briques émaillées des 7 couleurs, les angles faisant face aux 4 points cardinaux[35]. Ces 7 degrés symbolisaient la montée au ciel et un destin heureux était promis à celui qui en faisait l'ascension[36]. L'arbre de vie aux 7 branches dont chacune porte 7 feuilles[37], est peut-être l'ancêtre du chandelier à 7 branches des Hébreux. Même les déesses sont appelées par 7 noms, et elles s'en glorifient[38].

Nous avons signalé le 7 jumeau des dieux et des démons. Les 7 degrés des planètes, ou des escaliers de la tour, ajoutaient le 7 de la montée ou de la descente, du ciel et de l'enfer. Ishtar, dans son voyage au monde souterrain, se présente à 7 entrées où on la dépouille progressivement de ses parures jusqu'à ce qu'elle disparaisse parmi les ombres[39]. S'inquiétant de son absence prolongée, le peuple prie le grand dieu qui commande :

Va, Uddushu-naonir, à la porte du pays sans retour, modifie ton destin ;
Les sept portes du pays s'ouvriront devant toi[40].

Ishtar est ramenée, après qu'elle s'est arrêtée à chacune des portes pour reprendre les insignes de sa dignité.

Bien qu'inconnue sans doute de Dante, cette antique conception est le fondement de la construction des 7 corniches de la montagne du Purgatoire. Les 7 degrés marquent des étapes de purification successives qui seront récompensées par la vision du Paradis terrestre au sommet, c'est-à-dire à la huitième marche. Ici, comme dans la plupart des cas, la survivance de l'*idée* est plus importante que celle de telle ou telle légende. L'idée de 7 degrés menant à la perfection était une notion commune au Moyen Âge, que ce soit à travers les 7 arts ou les 7 vertus ou, plus spécifiquement, les 7 degrés ou étapes de la contemplation.

La conception initiale des 7 degrés se vit amplifiée par la croyance astrologique en la descente de l'âme à travers les sphères planétaires, au cours de laquelle l'âme acquérait des astres ses aptitudes et ses défauts. Après la mort, elle remonte pour rendre à chaque planète les passions et les dispositions qui s'y rapportent et pour atteindre enfin le huitième ciel – celui qui est au-delà de 7 – et connaître la béatitude éternelle[41]. Une telle astrologie était assez solidement établie pour permettre à Dante, dans son *Paradis*, de situer (symboliquement), de la même façon, les âmes des bienheureux dans les différentes planètes. La vision finale, celle de l'Église triomphante (vision qui comprend en réalité toutes les autres), apparaît au *huitième* ciel, tout comme l'apothéose de l'Église militante avait eu pour théâtre le huitième degré du Purgatoire.

Nous pouvons donc multiplier les 7 de la cosmogonie et de la religion babyloniennes par leurs innombrables descendants en d'autres lieux et d'autres temps car peu de nombres furent vénérés aussi universellement.

Avec le calcul de l'année estimée approximativement à 360 jours, la tentative de dénombrer ses lunaisons donna naissance au mois de 30 jours. Ce nombre prend toute

---

35. Jastrow, *op. cit.*, pp. 616-617 ; Fletcher, *History of Architecture*, p. 56.
36. McLean, *op. cit.*, p. 29.
37. Farbridge, *op. cit.*, p. 126.
38. Thompson, *op. cit.*, p. 41.
39. Rogers, *Cuneiform Parallels to the Old Testament*, pp. 121-125.
40. Jastrow, *op. cit.*, p. 57.
41. Cumont, *Astrology and Religion*, pp. 197-198 ; *Oriental Religions*, p. 121.

son importance dans l'idéogramme du mois qui est composé de « 30 » et de l'idéogramme du jour. De même, le signe du dieu de la lune, Sin, est formé de « 30 » et du symbole du dieu[42]. Par la suite, on trouva un cycle de 30 ans dans le voyage de Saturne à travers les signes du zodiaque[43]. À l'origine, l'année était probablement composée de 12 lunaisons, un treizième mois venant s'intercaler plus tard de temps à autre[44] ; celui-ci était porteur d'un aspect peu propice et néfaste[45]. Les 12 signes du zodiaque furent trouvés pour présider aux mois[46].

La douzaine devint le symbole d'un cycle complet et fut aussitôt utilisée pour les divisions de la journée. Le rapport d'un astronome royal au roi, provenant de la bibliothèque d'Assurbanipal, dit :

Le sixième jour de Nisan,
Le jour et la nuit furent équilibrés,
Il y eut six « heures doubles » du jour,
Six « heures doubles » de la nuit.
Puissent Nabu et Marduk
Se montrer favorables au roi, mon seigneur[47].

Dans l'*Épopée de Gilgamesh*, ce sont le 12 et le 7, plutôt que le 10, qui sont reconnus comme chiffres ronds. Il n'a pas dû falloir longtemps pour que 12 étoiles soient choisies comme objet de dévotion ; par ailleurs, le dualisme du bien et du mal, que nous avons vu à l'œuvre avec les 7 dieux et les 7 démons, faisait une distinction entre 12 étoiles de l'hémisphère Nord et 12 autres de l'hémisphère Sud, étoiles parfois invisibles et qui devinrent les 24 juges des vivants et des morts[48]. On en trouve peut-être la survivance dans les 24 anciens du livre hautement astrologique de l'Apocalypse. De la division du jour en 12 « heures doubles » découlait assez naturellement celle en 24 heures simples, 12 de jour et 12 de nuit[49].

Le vieux nombre 3 n'était nullement oublié dans cette évolution astrologique. L'antique panthéon babylonien (de l'époque de Goudéa, vers 2700 av. J.-C.) comprend deux triades : la première et la plus élevée est composée d'Anou, de Bel et d'Ea, maîtres du ciel, de la terre et de l'eau ; la seconde est composée de Sin, de Shamesh et de Raman, maîtres de la lune, du soleil et des tempêtes[50]. Cette dernière triade est parfois modifiée, Ishtar, l'étoile du matin et du soir, venant se substituer à Raman[51]. On trouve sur des bornes frontières datant du XIVᵉ siècle av. J.-C. le croissant et le disque contenant une étoile, symboles de la lune, du soleil et de Vénus, qui en appellent au pouvoir des maîtres du zodiaque[52]. L'adoption d'une semaine de 10 jours et d'un mois de 30 donna un autre 3 dans les semaines du mois sur lesquelles régnaient les étoiles du décan ou, comme on les appelait, les Dieux Conseillers :

42. Webster, *op. cit.*, p. 226.
43. McLean, *op. cit.*, p. 11.
44. Cumont, *Astrology and Religion,* p. 7.
45. Webster, *op. cit.*, p. 62.
46. McLean, *op. cit.*, p. 235. Un texte de Nippur datant d'environ 2000 ans av. J.-C. mentionne le zodiaque qu'on représenta dès 1117 av. J.-C.
47. Jastrow, *op. cit.*, p. 356.
48. Cumont, *Astrology and Religion*, p. 33.
49. McLean, *op. cit.*, p. 18.
50. Jastrow, *op. cit.*, pp. 107-108.
51. Farbridge, *op. cit.*, pp. 101-102 ; Cumont, *op. cit.*, p. 22.
52. Cumont, *ibid.*, p. 47.

Il installa les grands dieux chacun à son rang,
Fit des étoiles et même des Lumasi ce qu'elles sont,
Il fixa l'année et désigna les signes du zodiaque
Et à chacun des douze mois il attribua trois étoiles[53].

Que la symbolique complexe incarnée dans la théologie babylonienne n'ait pas disparu comme les tablettes sur lesquelles elle était gravée est mis en évidence par la réapparition des mêmes nombres, pratiquement dans les mêmes rapports, à chaque fois que le symbolisme numérique est pratiqué par la suite. Le don de l'astrologie fut accepté par toutes les civilisations ultérieures. Les Égyptiens adoptèrent l'année de 12 mois qu'ils corrigèrent au moyen de 5 jours intercalaires à la fin de l'année[54]. Les 36 décans devinrent les « *Horoscopi* » qui déterminent tous les événements humains[55]. Dans le même temps, on reconnaissait les 28 « maisons lunaires[56] » et les 28 constellations[57]. Pour Lewis, les diverses indications sur la vie du phénix correspondraient approximativement à la Grande Année[58]. On allumait 360 ou 365 lumières en l'honneur d'Osiris.

Chaque civilisation ancienne semble avoir eu ses douzaines importantes. Les 12 rayons de la roue du Rta hindou[59] ont leur équivalent dans les 12 portes de l'enfer où le dieu égyptien Ra doit passer les 12 heures de la nuit[60]. Qui n'a entendu parler des 12 travaux d'Hercule, des 12 dieux de la Grèce[61], des 12 vents[62], des 12 tribus d'Israël, des 12 dieux de Rome ou des 12 tables de la loi romaine ? La puissance de cette superstition est ainsi commentée par Hérodote : « Les Ioniens fondèrent 12 cités en Asie et refusèrent d'en accroître le nombre, sans doute (j'imagine) parce qu'ils étaient divisés en 12 États lorsqu'ils vivaient dans le Péloponèse[63]. » Qu'Hérodote imagine bien ou non, son affirmation est un excellent exemple de la superstition qui imposait de conserver un nombre traditionnel.

L'utilisation de l'astrologie pour interpréter les présages[64] prit par ailleurs une grande importance à Babylone, en Perse, en Égypte, en Grèce et à Rome[65]. L'un des principaux manuels médiévaux d'astrologie fut le *Mathesis* de Firmicus Maternus, dont la sagesse dérivait des *Aegypti veteres sapientes ac divini viri Babyloniique prudentes*[66]. On y trouve les 12 signes divisés en deux groupes de 6, gauches et droits, masculins et féminins. Y sont rattachées les 7 planètes, 5 d'entre elles se voyant accorder un signe

53. *Épopée de la Création*, V, 1-4.
54. Tannery, *Recherches sur l'histoire de l'astronomie ancienne*, p. 22 ; Müller, *op. cit.*, p. 57 ; Moret, *op. cit.*, p. 446.
55. *The Perfect Sermon*, XIX, 3, dans *Thrice Greatest Hermes* de Mead.
56. Narrien, *Historical Account of the Origin and Progress of Astronomy*, p. 82.
57. Blake, *op. cit.*, p. 97.
58. Lewis, *Historical Survey of the Astronomy of the Ancients*, p. 29.
59. Keith, *op. cit.,* p. 24.
60. Conway, *Demonology and Devil-Lore*, p. 344.
61. Hérodote, II, 43.
62. Sénèque, *op. cit.*, V, 16-17.
63. *Op. cit.*, I, 145.
64. Pour éviter toute confusion, j'ai cru nécessaire de distinguer entre l'astrologie en tant que concept et la pratique qui consiste à prédire l'avenir par les étoiles. Par le concept astrologique, j'entends la croyance selon laquelle les étoiles sont des divinités, des intelligences, des anges, des démons ou encore l'écriture de Dieu, et ont une influence directe sur les affaires d'ici-bas. Ceci faisait l'objet (avec de nombreuses variantes) d'une croyance générale. L'astrologie en tant que pratique suppose une connaissance précise et détaillée de cette influence.
65. Cf. Cumont, *Astrology and Religion* et *Oriental Religions*.
66. I, proem.

masculin ou féminin, ou « domicile », les 2 signes restants étant attribués au soleil et à la lune, le Cancer féminin à la lune, le Lion masculin au Soleil[67]. À chaque signe correspondent 3 décans et, par conséquent, 30 degrés. Chaque degré est encore divisé en 60 minutes[68]. Il y a 4 directions ou « frontières de naissance » et 4 lieux secondaires : dieu, déesse, fortune et bon démon[69]. Les 5 zones de la terre ont aussi une influence, ce qui répond à l'objection classique des sceptiques à propos des Africains, qui sont tous noirs quel que soit leur signe de naissance[70]. Lorsqu'on dresse l'horoscope, des opérations plus ou moins compliquées sont requises, dont la multiplication et la division par des nombres astrologiques, parmi lesquels 28, le nombre de la lune[71]. De nombreux ajouts furent apportés à cette science mais sans modifications essentielles. Avant tout, les nombres astrologiques dominants et la croyance à la relation entre microcosme et macrocosme furent conservés tels quels.

Dans la plupart des sciences, pseudo-sciences et pratiques magiques du Moyen Âge, on trouve la marque du symbolisme astrologique des nombres. Cependant, l'effet de toute cette symbolique ne peut se comparer à l'autorité écrasante de l'Ancien Testament dans lequel, on l'a indiqué, les nombres babyloniens se retrouvent en abondance. Les divers livres canoniques correspondent à une période qui s'étend depuis l'incorporation de légendes d'une antiquité inconnue jusqu'au Iᵉʳ siècle de notre ère (livre d'Esther)[72] ; mais la tradition numérique, quoique parfois incroyablement confuse, comme dans l'histoire du Déluge qu'ont obscurcie trop d'apports et de révisions différentes, n'est pas seulement d'une cohérence remarquable mais est aussi presque purement babylonienne.

Le vénérable nombre 7 reçoit la sanction de Jéhovah dans l'acte initial de la création. Sept actes de création sont spécifiquement indiqués dans la Genèse : la création de la lumière, du firmament, des plantes, des corps célestes, des poissons et des oiseaux, des animaux et des hommes. En même temps est instituée la semaine de 7 jours, fixée par décret divin[73]. La correspondance entre les 7 jours et les 7 actes de création suggère qu'un jour distinct aurait été initialement réservé à chacun de ceux-ci mais que, à un moment donné, on aurait pris connaissance du « Sabbat » babylonien et de ce qu'avait d'inconvénient, du coup, un acte de création ce jour-là. L'homme perdait de ce fait le privilège d'avoir été créé par un acte à part et était forcé de partager le jour de sa création avec les animaux. Cette légende donna naissance à la croyance selon laquelle la création préfigurait la durée du monde, qui serait donc de 6 âges (6 jours de 1 000 ans chacun), suivis par le grand Sabbat du Repos éternel.

Deux tables généalogiques distinctes sont insérées entre le récit de la création et celui du déluge. On ne tient aucun compte historiquement de la première, qui retrace la descendance d'Adam par Caïn, mais elle n'en est pas moins importante du point de vue numérique parce qu'elle est composée de 7 noms, le septième étant Lamech qui vit 777 ans et qui prétend : « Si Caïn doit être vengé 7 fois, alors Lamech le sera 77

67. II, 1-2.
68. II, 4-5.
69. II, 15-16.
70. I, 10.
71. Agrippa, *Philosophie occulte,* III, 15.
72. H.P. Smith, *Old Testament History.*
73. Genèse, I–II.

fois[74]. » Avec Lamech, qui répète la faute de Caïn, le 7 babylonien de la faute et de l'expiation fait sa première apparition. Il devient le nombre traditionnel du sacrifice, d'où les 7 couples d'animaux purs qui entrent dans l'Arche[75]. On utilise parfois 7 comme nombre de la servitude : ainsi les 7 années durant lesquelles Jacob sert Laban pour obtenir Léa et les 7 autres durant lesquelles il sert pour Rachel[76]. Le 7 annonce parfois une période d'épreuve et de punition, comme les 7 mois durant lesquels l'Arche d'alliance demeura entre les mains des Philistins[77] et les 70 ans d'esclavage des Hébreux[78]. Dans d'autres cas, 7 est nettement le nombre de la faute et de l'expiation, ainsi dans le décret de Jéhovah : « Je vous punirai 7 fois pour vos péchés[79] », dans les 7 jours d'impureté et dans le septième mois consacré à la fête annuelle de l'expiation[80].

La seconde généalogie[81], qui rattache la création au déluge, se compose de 10 patriarches antédiluviens dont on a souligné qu'ils avaient des ancêtres babyloniens[82]. Dans cette table, Énoch, qui est enlevé au ciel en récompense de son intégrité, représente la septième génération. Les 7 années d'abondance et les 7 années de famine en Égypte[83] offrent une version imagée de l'antithèse de Lamech et d'Énoch, les 7 jumeaux du Mal et du Bien. Le 7 du Bien reçoit la caution divine par le fait que Dieu prononce 7 fois le mot « bon » dans le premier livre de la Genèse[84]. On le reconnaît dans les 7 jours de la création, les 7 jours de la Pâque, les 7 branches du chandelier[85], les 7 000 justes d'Israël[86], les 7 prosternations de Jacob[87] et, plus généralement, dans les rites où le sacrifice et la bénédiction sont associés nécessairement. Même les 7 prophètes sont rappelés dans Proverbes, IX, 1 : « La sagesse a bâti sa maison, elle a taillé ses 7 colonnes. » Par extension, 70 devient un nombre important chez les Hébreux. On compte 70 nations[88], 70 personnes qui vont en Égypte[89], 70 enfants de Jacob[90] et 70 juges du Sanhédrin[91].

Ces quelques heptades parmi celles, innombrables, qui remplissent les pages de l'Ancien Testament, témoignent de l'enthousiasme avec lequel les Hébreux reçurent le nombre traditionnel, apporté peut-être par Abraham de l'« Ur des Chaldéens[92] ». Les Hébreux amplifièrent et renforcèrent l'importance du 7 dont ils tirèrent, apparemment de manière originale, la notion évoquée plus haut de la sainteté du 8[93]. Comme dans le rapport 9-10, et par le même raisonnement qui compte 7 fois 7 années et sanctifie la cinquantième, 8 devint un jour d'abondance après le jeûne, un jour de

74. Genèse, IV, 24.
75. Genèse, VII, 2-3.
76. Genèse, XXIX.
77. I Samuel, VI, 1.
78. II Chroniques, XXXVI, 21 ; Jérémie, XXV, 11 ; XXIX, 10.
79. Lévitique, XXVI, 24.
80. Lévitique, XVI, 29.
81. Genèse, V.
82. Cf. *supra*, p. 15.
83. Genèse, XLI, 26-27.
84. La formule « Dieu vit que cela était bon » apparaît à 7 reprises.
85. Les 7 étoiles d'Amos, V, 8 ?
86. I Rois, XIX, 18.
87. Genèse, XXXIII, 3.
88. Genèse, X, 32.
89. Genèse, XLVI, 27.
90. Exode, I, 5.
91. Nombres, XI, 16.
92. Genèse, XV, 7.
93. Cf. *supra*, p. 21.

purification après l'impureté et, surtout, le jour de la circoncision. C'est pour cette raison que le temple est sanctifié en 8 jours[94] ; et 8 fils sont un signe de bénédiction sur Abraham et sur Obédédom. Dans ce dernier cas, la sainteté du 8 est soulignée : on énumère le nom des fils des portiers ; nombreux sont ceux qui ont plus de 8 fils, mais on lit qu'Obédédom eut 8 fils « car Dieu l'avait béni[95] ».

D'autre part, le nombre 40 garde dans l'Ancien Testament sa connotation babylonienne d'épreuve et de privation. Selon une version, le Déluge dura 40 jours[96]. La loi décrète que les coups dont on frappe le coupable ne doivent pas excéder 40[97]. Un rappel inconscient de l'« exil » des Pléiades transparaît dans les 40, ou deux fois 40, jours de purification après les couches[98], les 40 années de domination philistine sur Israël[99], les 40 années dans le désert[100], les 40 jours passés par Moïse sur le Sinaï[101], les 40 jours du voyage d'Élie[102], les 40 jours de deuil pour Jacob[103] et les 40 jours de la prédiction de Jonas[104]. À partir de sa signification originelle, 40 en vient à indiquer une période « fatale », peut-être comme conséquence de l'affirmation selon laquelle, après le Déluge, les jours de l'homme seront de 120 ans[105] qui se diviseront exactement en 3 périodes de 40 ans chacune. La vie de Moïse est divisée de la sorte ; et Salomon[106], Joas[107], David[108] règnent chacun 40 ans[109]. Il s'écoule 480 ans de l'Exode à la construction du temple[110], durée qui se divise en 4 périodes de 120 années chacune, le temple étant commencé dans la quatrième année du règne de Salomon. Comme le fait remarquer Farbridge[111], le total égale 12 générations de 40 ans, durée qui sépare de nouveau cette époque de l'exil à Babylone.

Ces périodes approximatives valent pour leur prise en compte de 40, 3, 4 et 12 comme mesures temporelles logiques ainsi que comme nombres à haute teneur symbolique. L'emploi du 3 statistique se retrouve tout au long de l'Ancien Testament et il n'est pas impossible qu'il s'agisse là encore d'une reconnaissance de la divinité du 3, peut-être d'origine égyptienne. La triple bénédiction de Dieu au début de la Genèse[112] en est l'indication la plus claire, plusieurs autres références étant par ailleurs susceptibles d'une interprétation autre que statistique. Ézéchiel, qui est particulièrement conscient de la symbolique des nombres, nomme 3 hommes d'une sainteté remarqua-

---

94. II Chroniques, XXIX, 17.
95. I Chroniques, XXVI, 5.
96. Genèse, VII, 17.
97. Deutéronome, XXV, 3.
98. Lévitique, XII, 2-5. Le 7 de l'« impureté » apparaît aussi dans ce rite car, dans le calcul des périodes, on distingue les 7 ou les 14 premiers jours par rapport au reste.
99. Juges, XIII, 1.
100. Exode, XVI, 35.
101. Exode, XXIV, 18.
102. I Rois, XIX, 8.
103. Genèse, L, 3.
104. Jonas, III, 4 ; cf. aussi I Samuel, XVII, 16.
105. Genèse, VI, 3. Cent vingt équivaut au tiers du 360 astrologique.
106. I Rois, XI, 42.
107. II Rois, XII, 1.
108. II Samuel, V, 4.
109. Cf. aussi Nombres, XIII, 25 ; Juges, III, 11 ; V, 31 ; VIII, 28.
110. I Rois, VI, 1.
111. *Studies*, p. 146.
112. L'expression « Dieu bénit » apparaît 3 fois.

ble : Noé, Daniel, Job[113]. Le Seigneur appelle Samuel par 3 fois[114]. Élie ramène l'enfant à la vie en s'étendant 3 fois sur lui[115]. Il peut être significatif que l'armée de Gédéon ne remporte la victoire qu'après avoir été réduite de 32 000 hommes à 300 répartis en 3 compagnies. L'auteur est apparemment conscient de la symbolique des nombres puisqu'il donne 70 enfants à Gédéon et insiste sur le fait que les 300 hommes portaient 300 trompettes, 300 lampes et 300 cruches, soit 3 objets chacun[116]. Trois fois l'an, tous les individus mâles d'Israël sont tenus de comparaître devant Dieu lors des 3 jeûnes annuels[117]. Enfin, comme l'a fait remarquer Farbridge[118], Dieu est appelé de 3 noms divins dans le psaume L, 1 et dans Josué XXII, 22. On attachait de l'importance, du moins au Moyen Âge, au fait que 3 anges étaient apparus à Abraham[119]. Certaines de ces triades ont une signification incertaine. Les saisons étaient probablement à l'origine des 3 jeûnes. D'autres 3 peuvent être expliqués en termes purement statistiques. C'est le cas des 3 divisions de la terre[120] et des 3 jours passés par Jonas dans le ventre du poisson[121], mais, même en écartant ces exemples, il apparaît que les Hébreux connaissaient le 3 divin, quoique sans lui accorder de prééminence. Pour le théologien médiéval, toutes ces triades prendront en revanche une importance sacrée.

La signification de l'ancienne tétrade est plus solidement établie du fait de l'usage qui en est fait dans la deuxième version de la légende de la création[122]. Cette version dite du Iahviste, apparemment plus ancienne que la première, est une histoire imagée où le seul nombre retenu est le très ancien 4 des 4 fleuves. Elle ressemble à la légende égyptienne et fait sans doute référence à la division du monde en 4 qui était universellement reconnue. On la retrouve dans les 4 vents d'Ézéchiel, XXXVII, 9 et de Daniel, VII, 2 ; dans les 4 parties du ciel, dans Job IX, 9 ; dans les 4 anneaux d'or de l'Arche d'alliance[123] et de la table[124] ; dans les 12 bœufs, 3 regardant dans chaque direction, qui soutiennent la mer du temple[125] ; et dans les 4 bêtes, oiseaux ou anges que l'on rencontre constamment dans les prophéties. Farbridge, qui a relevé cet usage, ajoute : « Les bénédictions et les malédictions que l'on veut répandre ont un caractère quadruple. Ainsi l'oracle que Balaam adresse aux peuples païens est-il en 4 parties (Nombres, XXIV, 3, 15, 20, 23) et sa dernière prophétie prédit la suprématie d'Israël sur ses ennemis et la destruction de toutes les puissances du monde. Cette prophétie se divise en 4 différents oracles par la quadruple répétition des mots : "Et il proféra son oracle."[126] »

Comme l'année se divisait en 12 mois, il était naturel d'employer le nombre 12 pour d'autres divisions de l'espace et du temps. Salomon divisa par commodité son royaume en 12 sections à des fins d'imposition, et c'est probablement par analogie que le mythe

113. Ézéchiel, XIV, 14.
114. I Samuel, III.
115. I Rois, XVII, 21.
116. Juges, VII.
117. Exode, XXIII, 14, 17.
118. *Studies,* p. 106.
119. Genèse, XVIII, 2.
120. Genèse, IX, 19.
121. Jonas, I, 17.
122. Genèse, II.
123. Exode, XXV, 12.
124. *Ibid.*, 26.
125. I Rois, VII, 25.
126. *Studies*, p. 115.

des 12 tribus, qui ne furent en fait jamais 12, fut inventé[127]. Mais telle était la force de la tradition que, à chaque fois que ce nombre est mentionné, comme dans I Rois, XVIII, 31-34 ou I Rois, XIX, 19, il renvoie directement aux 12 tribus. Ce n'est qu'avec l'adoption du jour et de la nuit de 12 heures qu'il dépassa cette signification initiale. Le prêtre auteur des Chroniques (IVe siècle av. J.-C.) fait diviser par David les fils d'Aaron en 24 classes afin qu'aucune heure du jour ou de la nuit ne soit négligée. Vingt-quatre chantres sont aussi nommés, chacun ayant 12 fils et frères. Douze autres sont faits capitaines, un pour chaque mois, chacun devant commander à 24 000 hommes[128]. Par analogie, l'auteur du deuxième livre d'Esdras divise la durée du monde en 12 périodes, dont il pense que $10^{1/2}$ sont déjà écoulées[129]. Cette élaboration tardive, jointe à l'usage généralement au premier niveau du nombre dans les livres les plus anciens de la Bible, indique que les symboles numériques des Babyloniens avaient pénétré Israël sous une forme légendaire longtemps avant que les Hébreux n'aient la moindre idée de l'astrologie dont ils étaient issus.

De même que c'était la légende des 12 tribus, plutôt qu'une théorie cosmique, qui avait réussi à imposer finalement le nombre 12, de même les 10 Commandements, d'où qu'ils vinssent, apposèrent à la dizaine le sceau de l'approbation divine. Dans de nombreux passages, le 10 est employé, comme chez Homère, en tant que symbole de l'infinité ou d'une très grande quantité. Le meilleur exemple en est les 700 épouses et 300 concubines attribuées à Salomon. Comme on l'a suggéré[130], 70 épouses et 300 concubines eussent été davantage dans l'ordre des choses mais la splendeur de Salomon ne pouvait être attestée par un nombre moins significatif que 10, 100 ou 1 000. Il se peut que des révisions ultérieures, influencées par les mathématiques pythagoriciennes, aient fait du 10 plus spécifiquement un nombre représentant la perfection. Noé appartenait à la dixième génération et était « parfait parmi ceux de sa génération[131] ». Les 10 répétitions de la formule « Dieu dit » dans le récit de la création s'expliquent sans aucun doute par les commandements de Dieu énumérés dans les 3 versions du Décalogue[132]. Les 10 plaies d'Égypte, développées à partir des 7 du texte antérieur[133], attestent la puissance de Jéhovah et la dîme est prélevée pour signifier que les 10 dixièmes appartiennent à Dieu. Les possessions de Job entrent également dans ce cadre car elles sont énumérées par groupes de 7 fils et 3 filles, de 7 000 brebis et 3 000 chameaux, de 500 paires de bœufs et de 500 ânesses, « et cet homme était intègre et droit[134] ». Lors des cérémonies, 10 est un nombre récurrent. Dans le temple de Salomon, il y a 10 bassins, 10 chandeliers, 10 tables. Les chérubins ont une taille de 10 coudées et leurs ailes ont une envergure identique. La mer de fonte a 10 coudées de diamètre. Il y a 10 Lévites qui « officient devant l'arche du Seigneur[135] ».

Bien que ce survol rapide soit loin d'épuiser les témoignages qui illustrent l'adhésion des Hébreux à la symbolique des nombres, ce n'est pas le lieu ici de nous occuper de cas isolés ou douteux qui n'ont aucun retentissement sur des usages ultérieurs. Il sera

---

127. H.P. Smith, *op. cit.*, p. 157.
128. I Chroniques, XXIV, XXV, XXVII.
129. II Esdras, XIV, 10 *sqq.*
130. H.P. Smith, *op. cit.*, p. 160.
131. Genèse, VI, 9.
132. Exode, XXXIV, 1-28 ; Exode, XXIII, 1-19 ; Deutéronome, V, 6-21.
133. H.P. Smith, *op. cit.*, p. 57.
134. Job, I, 1.
135. I Chroniques, XVI, 4-5.

beaucoup plus profitable de nous attacher à un ensemble spécialisé de textes hébraïques que l'on peut désigner par le terme d'*apocalyptiques* et qui, par le recours à une tradition astrologique qui venait d'être découverte, inaugurent une nouvelle étape de l'histoire du symbolisme des nombres.

Leur indépendance politique perdue, les Juifs cherchèrent à maintenir leur unité au moyen d'une religion rigoureuse et formelle. Il en résulta la « découverte » de plusieurs manuscrits anciens dans lesquels des patriarches et des prophètes annonçaient des tribulations futures (qui maintenant se réalisaient) dues au laxisme moral, insistaient sur la nécessité d'un strict respect de la loi et offraient l'espoir d'un Messie qui apporterait la rédemption spirituelle et, dans certaines versions, temporelle au peuple repentant. Ces déclarations tenaient leur autorité de ce qu'elles avaient été délivrées sous forme de visions accordées à leurs auteurs en récompense de leur piété insigne. Les plus connus de ces écrits sont les livres d'Ézéchiel et de Daniel ainsi que leur pendant du Nouveau Testament, l'Apocalypse de saint Jean. Mais il nous reste bien d'autres apocalypses qui toutes revendiquent une haute antiquité [136].

Outre leur importance due au fait qu'elles rattachaient les nombres sacrés traditionnels des Hébreux à leurs sources astrologiques (le 4 des points cardinaux, le 12 du zodiaque), les apocalypses permettaient de mettre l'accent sur l'identité essentielle de tous les groupes définis par le même nombre. C'est ainsi que la quadripartité de la terre, manifestée par les points cardinaux, se retrouvait dans la sphère temporelle avec les 4 saisons [137], dans les 4 phases de la lune [138], nommées à cause des points cardinaux, dans les 4 jours intercalaires [139]. Que toutes ces quaternités fussent perçues comme des expressions communes d'une même vérité fondamentale apparaît dans le fait que l'on ait nommé les phases de la lune d'après les points cardinaux. On pourrait dire que 4 représentait le schéma archétypal du macrocosme, reproduit naturellement par le microcosme : « Et je l'ai nommé d'après les 4 substances, l'Est, l'Ouest, le Nord et le Sud [140]. » Il nous est heureusement épargné d'avoir à interpréter cette déclaration puisque les *Oracles sibyllins* [141] expliquent que les directions des Grecs, prises dans l'ordre suivant : ἀνατολή, δύσις, ἄρκτος, μεσημβρινός, donnent par leurs initiales le nom d'Adam.

L'interrelation de toutes choses rendait la prédiction possible, la durée du monde pouvant être prédite par la connaissance du modèle éternel. Les grands nombres astrologiques étant 4, 12 et 7, l'âge du monde se divisait en 4 périodes [142], en 12 parties [143], ou en 7 000 jours [144], 70 générations ou 7 semaines [145].

Les nombres des apocalypses n'étaient pas destinés à être compris d'emblée. Issus de l'astrologie, ils représentent le plan du monde. En tant que tels, ils sont connus de

---

136. On peut citer le *Livre d'Énoch* (éthiopien) et le *Livre des Secrets d'Énoch* (slave), *Les Testaments des douze patriarches*, *L'Ascension d'Isaïe*, *L'Apocalypse de Baruch*, *L'Assomption de Moïse*, *L'Apocalypse d'Abraham* ; dans la même tradition s'inscrivent les *Oracles sibyllins*.
137. Énoch, LXXXII.
138. Énoch, LXXVII.
139. Énoch, LXXVI, 1.
140. *Secrets*, XXX, 13.
141. *Op. cit.*, III, 24-26.
142. Énoch, LXXXIX, 72 ; XC, 5 ; Apocalypse de Baruch, XXIV, 3-6 ; Abraham, XXVIII ; Daniel, II, 31-45.
143. Baruch, XXVII.
144. *Secrets*, XXXIII, 2.
145. Énoch, X, 12 ; XCIII, 10.

Dieu et de quelques rares personnes à qui, tel Énoch, une grâce spéciale est échue. Pour le dévot, ils font l'objet d'une adoration qui passe la compréhension des mortels. Le halo de mystère qui entoure les nombres est particulièrement sensible dans le nombre sacré, connu de Dieu seul, qui déterminera l'âge messianique :

> Et des justes de ta semence il sera laissé un nombre que je garde secret[146].
> 4. Car lorsque Adam eut péché et que la mort eut été décrétée contre ceux qui viendraient à naître, la multitude de ceux qui viendraient à naître fut alors dénombrée et un lieu fut assigné pour ce nombre, où pourraient séjourner les vivants et où l'on pourrait garder les morts.
> 5. À moins par conséquent que le nombre dont il a été parlé ne soit atteint, ils ne revivront pas[147].

Lorsque ce nombre fut finalement révélé à saint Jean, il s'avéra qu'il s'agissait d'une somme astrologique :

> Et j'ai appris le nombre de ceux qui étaient marqués du sceau : et étaient marqués du sceau cent quarante-quatre mille de toutes les tribus de tous les enfants d'Israël[148].

146. Abraham, XXIX, p. 81.
147. Apocalypse de Baruch, XXIII, 4-5.
148. Apocalypse, VII, 4.

III

LA THÉORIE PYTHAGORICIENNE DES NOMBRES

T andis que les nombres astrologiques de la Babylone ancienne, aux associations complexes, se perpétuaient jusqu'à l'ère chrétienne, se développait indépendamment en Grèce une philosophie du nombre dont toutes les variantes furent rassemblées au Moyen Âge sous le nom de pythagorisme. De Pythagore lui-même (580 ?-500 ? av. J.-C.), qu'Hérodote appelait « le plus habile des philosophes grecs [1] », on ne sait rien avec certitude. La tradition veut qu'après avoir voyagé et étudié à Babylone et en Égypte, il soit revenu en Occident et ait fondé dans le sud de l'Italie un culte secret qui s'appuyait sur une explication numérique de l'univers. Les membres de la confrérie étaient unis à vie par un serment et accentuaient leur particularisme par la pratique de certains mystères orientaux et par l'observation de strictes règles morales et alimentaires. L'école se développa rapidement et prit une importance politique considérable, mais ses prises de position dans ce domaine, ou bien ses pratiques religieuses, le tout réuni peut-être, suscitèrent de violentes persécutions durant lesquelles Pythagore aurait péri [2].

L'exposé le plus complet du pythagorisme des origines se trouve chez Aristote :

> Les premiers à adopter les mathématiques... [ils] en regardaient les principes comme les principes de toutes choses. Les nombres étant par nature les premiers de ces principes et leur semblant comporter beaucoup de ressemblances avec les choses qui existent et qui viennent à être – plus que le feu, la terre et l'eau (telle ou telle modification des nombres étant l'âme et la raison, telle autre étant l'occasion – et de même presque toutes les choses pouvant être exprimées numériquement) ; comme en outre ils voyaient que les modifications et les proportions des gammes musicales pouvaient être exprimées en nombres ; comme toutes les autres choses leur semblaient être naturellement façonnées sur les nombres et que ceux-ci leur semblaient être premiers dans la nature, ils supposèrent que les éléments du nombre étaient les éléments de toute chose et que le ciel tout entier était une gamme musicale et un nombre. Et ils rassemblèrent et adaptèrent à leur

---

1. T.L. Heath, *A Manual of Greek Mathematics*, p. 23.
2. Pour des reconstructions hypothétiques du pythagorisme originel et pour des informations plus détaillées, consulter Zeller, *A History of Greek Philosophy* ; Scoon, *Greek Philosophy before Plato* ; Ritter, *Geschichte der Pythagorischen Philosophie*.

conception toutes les propriétés des nombres et des gammes dont ils pouvaient démontrer qu'elles s'accordaient aux attributs, aux parties et à l'ordonnance entière des cieux ; et s'il y avait une lacune quelque part, ils s'empressaient de faire des additions afin de donner cohérence à leur théorie globale[3].

Il est évident qu'Aristote ne fait guère preuve de sympathie à l'égard du pythagorisme ; mais Philolaus (vers 450 av. J.-C.), dont des fragments de l'ouvrage sur la doctrine pythagoricienne nous sont parvenus, confirme l'idée de base : « Toutes les choses ont un nombre, écrit-il, et c'est cela qui permet de les connaître[4]. »

L'originalité de l'approche des nombres par les pythagoriciens tient à l'énoncé de deux principes fondamentaux : la mise en avant de la dizaine, censée contenir tous les nombres et, par conséquent, toutes choses, et la conception géométrique des mathématiques. Du premier principe découle la théorie cosmique telle que la présente Aristote. Au cœur de l'univers était situé un feu central autour duquel tournaient la terre, le soleil, la lune, les planètes et les étoiles fixes. Les 9 sphères qui en résultaient contrariaient tellement l'idée pythagoricienne d'un univers ordonné et mathématique qu'un « contre-univers » fut postulé pour compléter la dizaine[5]. Non seulement le nombre 10 est nécessaire pour réaliser la complétude, mais toutes les choses sont contenues au sein de la dizaine puisque, après le 10, les nombres ne font que se répéter.

L'approche géométrique des mathématiques permettait par ailleurs de lier (autrement que par l'astrologie) le nombre abstrait et la réalité concrète. C'est par les nombres, dit Philolaus, que l'on arrive à la connaissance des choses. Le nombre 1, par conséquent, est représenté comme un point. Le nombre 2 donne l'étendue puisque l'on obtient une ligne en joignant 2 points. Mais ni le point ni la ligne ne sont des objets tangibles. La triade, cependant, est représentée par le triangle, la première figure plane, et est, de ce fait, le premier nombre *réel*. Le triangle devient ainsi le fondement de tous les objets perceptibles par les sens. C'est là la signification de la remarque de Platon selon laquelle la surface est composée de triangles[6].

Le nombre 3 étant la représentation la plus fondamentale de la surface, le premier volume est produit à partir du nombre 4. Car si un quatrième point est posé au-dessus du centre du triangle et est joint par des lignes aux 3 sommets de celui-ci, on obtient la pyramide ou tétraèdre, composée de 4 surfaces triangulaires. Ou bien, comme le formule un commentateur tardif, une surface délimitée par 3 points s'élève vers un point placé au-dessus[7]. Cinq de ces volumes « réguliers » furent découverts, tous entièrement composés de triangles. Les quatre premiers, le tétraèdre, l'octaèdre, l'icosaèdre et le cube étaient respectivement rattachés par Platon au feu, à l'air, à l'eau et à la terre[8]. Notons que le feu, le premier principe de la cosmogonie pythagoricienne, est décrit par le premier volume et que le quatrième, la seule figure dont les surfaces sont quadrangulaires, est attribué à la terre, apportant de la sorte confirmation philosophique à la croyance traditionnelle en la quadrature de la terre. Comme il n'y avait que 4 éléments, bien des philosophes grecs eussent été plus satisfaits s'il y avait eu 4 volumes

3. *Métaphysique*, A, 5.
4. T.L. Heath, *op. cit.*, p. 38.
5. Aristote, *De caelo*, II, 13 ; *Métaphysique*, A, 5.
6. *Timée*, 53 c. Sur la dimension géométrique du pythagorisme, cf. Grace Murray Hopper, « The Ungenerated Seven as an Index to Pythagorean Number Theory », *American Mathematical Monthly*, XLIII, 409-413.
7. Sextus Empiricus, *Hypotyposes pyrrhoniennes*, III, 20.
8. *Timée*, 55-56.

réguliers au lieu de 5. Platon laisse entendre que le cinquième comprend et domine les 4 autres, ou bien il élude le problème en disant que le dodécaèdre, avec ses 12 faces pentagonales, « sert à orner l'univers de constellations [9] ». Les philosophes ultérieurs se préoccupèrent davantage de définir la nature de la « quintessence ».

La démarche de Platon et sa terminologie, ici comme dans *La République*, paraissent en l'occurrence de nature entièrement géométrique. Le « nombre nuptial » de *La République* [10] vient du célèbre triangle rectangle 3, 4, 5, connu des Égyptiens 2 000 ans au moins avant J.-C. [11] et figure privilégiée de Pythagore lui-même selon la tradition [12]. Il pouvait certes en être ainsi puisque l'on devait inévitablement reconnaître l'importance d'une figure dont les dimensions sont entièrement rationnelles et dont les côtés, 3 et 4, le premier nombre plan et le premier nombre solide, s'unissent pour produire l'hypoténuse, 5, le nombre des volumes réguliers [13]. Le résumé des mathématiques grecques chez Euclide témoigne aussi de la prédominance de la pensée géométrique sur l'arithmétique, la découverte des proportions harmoniques, attribuée à Pythagore, ayant dû naître de l'expérience mathématique qui consiste à ajuster une corde tendue ou de l'observation des poids relatifs des marteaux d'un forgeron. De la géométrie découla la conception pythagoricienne du nombre parfait qui était la somme, non de ses diviseurs, mais de ses parties aliquotes. La philosophie pythagoricienne dut être grandement confortée en découvrant que le premier nombre parfait, 6 (= 1 + 2 + 3), correspondait également à la superficie du grand triangle rectangle 3, 4, 5, et que le deuxième nombre parfait était le nombre 28, doté de signification en astrologie.

Cette association de la philosophie et de la géométrie a fait considérer « mathématiques » et « pythagorisme » comme des termes presque interchangeables [14]. Certaines découvertes pythagoriciennes, comme la distinction des nombres pairs et impairs, les nombres premiers, furent purement mathématiques. Une autre tentative d'organisation des nombres entiers rationnels se fonda sur la découverte des nombres parfaits pour entreprendre la classification des nombres en parfaits, déficients ou abondants selon la relation du nombre à ses parties aliquotes. Cette conception est également géométrique. Dans la terminologie algébrique, les parties aliquotes d'un nombre sont ses diviseurs, à l'exclusion de lui-même. Un nombre parfait est par conséquent celui qui correspond à la somme de ses diviseurs ; par exemple, les diviseurs de 6 sont 1, 2, 3, et 1 + 2 + 3 = 6. Un nombre déficient est supérieur à la somme de ses parties : les parties aliquotes de 14 sont 1, 2 et 7, dont le total ne fait que 10. Un nombre abondant a, lui, des parties aliquotes qui l'excèdent : les parties de 12 sont 1, 2, 3, 4, 6, dont la somme fait 16.

Les nombres étaient aussi classés au moyen de représentations figurées. On découvrit que la somme de n'importe quel nombre de termes arithmétiques qui se suivent (en commençant par 1) forme un triangle : 1=., +2=∴+ 3 =.∵., etc. D'où la reconnaissance des nombres triangulaires. Les nombres carrés sont obtenus en ajoutant n'importe

9. *Ibid.*, 55 c.
10. *Op. cit.*, 545 c.
11. D.E. Smith, *History of Mathematics*, II, 288.
12. Cajori, *History of Mathematics*, p. 18.
13. Pour une interprétation du nombre nuptial, cf. Grace Chisholm Young, « On the Solution of a Pair of Simultaneous Diophantine Equations Connected with the Nuptial Number of Plato » ; également James Adam, *The Nuptial Number of Plato*.
14. Scoon, *Greek Philosophy before Plato*, p. 344.

quel nombre des termes successifs de la série des nombres impairs en commençant par 1. En suivant le même principe, l'addition successive des nombres pairs engendre les nombres rectangles dont les côtés diffèrent par 1. Un nombre rectangle est aussi le double d'un nombre triangulaire. Enfin, 8 fois un nombre triangulaire plus 1 égale un carré [15].

On n'avait pas perdu de vue par ailleurs les implications philosophiques du nombre. Bien des gens, suivant les traces de Platon et éventuellement de Pythagore lui-même, ont dû continuer à voir dans la dizaine le schéma archétypal de l'univers et dans les éléments de la dizaine l'expression des idées divines. Ce fut en tout cas la doctrine des « néo-pythagoriciens » qui, très répandue entre le Iᵉʳ siècle av. J.-C. et le Vᵉ siècle après, s'inscrivait dans une tradition qui s'était selon toute apparence conservée et amplifiée dans les écrits aujourd'hui perdus de leurs prédécesseurs. Ce que l'on connaît de cette école subsiste dans les écrits de Philon le Juif, de Nicomaque de Gérase et de Plutarque (Iᵉʳ siècle ap. J.-C.) ; de Plotin, de Diogène Laërce, de Porphyre et de Jamblique (IIIᵉ siècle) ; de Proclus, de Macrobe et de Martianus Capella (Vᵉ siècle), avec une ultime reprise au IXᵉ siècle chez Photius de Constantinople.

Ces auteurs, qui représentent le pythagorisme médiéval, s'accordent généralement sur l'importance et les propriétés des nombres. Ils tiennent le nombre pour le principe premier et, par conséquent, l'arithmétique pour la clé des secrets de l'univers. Nicomaque donne une formulation concise de la théorie dans son *Introduction à l'arithmétique* :

> Tout ce qui a été disposé systématiquement par la nature dans l'univers semble, à la fois dans ses parties et en tant que tout, avoir été décidé et ordonné en conformité avec le nombre par la prévoyance et l'esprit de celui qui a créé toutes choses ; car le schéma en fut fixé au préalable, telle une esquisse, par la domination du nombre préexistant dans l'esprit du Dieu créateur du monde, nombre uniquement conceptuel et totalement immatériel, mais en même temps essence véritable et éternelle, de manière à ce que, en référence à ce nombre comme à un projet artistique, soient créées toutes ces choses, le temps, le mouvement, les cieux, les astres, toutes sortes de révolutions. Il faut donc alors que le nombre scientifique, étant établi sur de telles choses, soit harmonieusement constitué en conformité avec lui-même ; non par un autre mais par lui-même [16].

Comme les termes numériques après 10 ne sont que de simples dérivés de la dizaine et comme, « clairement et indiscutablement [17] », l'ordonné et le fini ont préséance sur l'illimité et l'infini, il s'ensuit qu'une analyse complète des propriétés des 10 premiers nombres doit révéler non seulement la nature entière des nombres mais aussi le schéma de l'univers tel qu'il existe dans l'esprit de Dieu.

Les remarquables efforts de la philosophie grecque tendirent généralement à ramener la multiplicité à l'unité [18]. Empédocle aurait dit que « l'univers est alternativement en mouvement et au repos – en mouvement quand l'amour fait de l'un à partir du multiple ou quand le conflit fait du multiple à partir de l'un ; au repos entre-temps [19] ». Même ici, où deux états sont énoncés, on sent que c'est l'impulsion unificatrice qui est la plus désirable. Il est donc tout à fait naturel que les pythagoriciens aient considéré

---

15. T.L. Heath, *op. cit.*, p. 50.
16. *Op. cit.*, I, VI, 1-2.
17. *Ibid.*, I, XXIII, 4.
18. Xénophane, Parménide, Mélissos, Platon et Aristote recherchaient tous un principe unique.
19. Aristote, *Physique*, VIII, 1.

la monade comme le premier principe d'où découlent tous les nombres[20]. Elle n'est pas elle-même un nombre, mais une essence plutôt qu'un être[21] et est parfois, à l'instar de la dyade, désignée comme un nombre virtuel, puisque le point, tout en n'étant pas une figure plane, peut donner naissance à des figures planes[22]. En tant que premier créateur, la monade est bonne et divine[23]. Elle est à la fois paire et impaire, mâle et femelle[24], car ajoutée à l'impair elle donne le pair et, ajoutée au pair, l'impair[25]. Elle est le fondement et la créatrice du nombre mais même si elle est en réalité le grand Pair-Impair, sa nature est considérée comme s'apparentant davantage à l'impair masculin qu'au pair féminin. Bref, elle est toujours tenue pour représentative de tout ce qui est bon, désirable et *essentiel*, indivisible et non créé[26].

Si 1, le point, est le Père du nombre, il s'ensuit que la dyade, la ligne, en est la Mère[27]. En tant que ligne, elle naît de l'expansion de la monade[28], et comme chaque nombre, quelle que soit son importance, est unifié comme groupe[29], la dyade est connue mystiquement comme le « Grand Multiple[30] ». La ligne n'est ni spatiale ni concrète et, par conséquent, la dyade, à l'instar de la monade, est un principe plutôt qu'un nombre réel. À ce titre elle représente le divers, une rupture d'avec l'unité[31], et pour cette raison elle a parfois été qualifiée de « hardie[32] ». Elle est de ce fait représentative de la matière ou de l'existence, mère des éléments[33], éternelle mais non immuable, par opposition à l'Essence ou aux Idées[34], puisque tout ce qui est divisible est changeant et matériel[35]. Elle est le nombre de l'excès et du manque[36], du multiple et de l'homme parce qu'il est à la fois animal et raisonnable[37].

Ces deux premiers principes sont conçus en éternelle opposition et, pour cette raison, ils représentent respectivement l'intelligible et le sensible, l'immortel et le mortel, le jour et la nuit, la droite et la gauche, l'est et l'ouest, le soleil et la lune, l'égalité et l'inégalité[38].

De la dyade instable sort la procession des nombres pairs, appelés féminins parce qu'ils sont plus faibles que les nombres impairs : il y a un vide en leur centre tandis que, lorsqu'on divise les nombres impairs, il reste toujours un milieu[39]. De surcroît, le nombre impair est toujours maître parce que le mélange (l'addition) de l'impair et du pair donne toujours un nombre impair. Un pair plus un pair ne donne jamais un

20. Nicomaque, *Introduction*, II, VI, 3 ; Plotin, *Ennéades*, V, 1, 7 ; Photius, *Vie de Pythagore*, 7 ; Proclus, *Eléments de théologie*, A ; C, 21.
21. Plotin, *Ennéades*, VI, 9, 3.
22. Nicomaque, *op. cit.*, II, VI, 3.
23. *Ennéades*, VI, 1 ; 9, 6 ; V, 1, 7.
24. Macrobe, *In Somn. Scip.*, I, 6.
25. *De E apud Delphos*, 8.
26. Martianus Capella, *De nuptiis*, VII.
27. Martianus Capella, *ibid.* ; Plutarque, *De animae procreatione in Timaeo*, II.
28. Sextus Empiricus, *op. cit.*, III, 20.
29. *Ennéades*, VI, 6, 5.
30. *Ennéades*, V, 1.
31. *Ennéades*, V, 1, 4.
32. Robbins et Karpinski, *Studies in Greek Arithmetic*, p. 105.
33. Martianus Capella, *op. cit.*, VII.
34. Timée de Locres, *De l'âme du monde*, 1-6 ; *Ennéades*, V, 1, 8-9.
35. Porphyre, *Vie de Pythagore*, 50.
36. Photius, *Vie*, 4.
37. *Ennéades*, VI, 6, 16.
38. Porphyre, *De la grotte des Nymphes*, 13 ; *Vie*, 38.
39. Plutarque, *De E apud Delphos*, VIII, 4 ; Martianus Capella, *op. cit.*, VII.

nombre impair, mais les nombres impairs donnent des nombres pairs[40]. Les nombres pairs sont tous de mauvais présage[41] et sont délégués aux dieux inférieurs[42]. Comme si les nombres féminins n'étaient pas assez mal vus, ils portent le stigmate de l'infinité[43] en rapport, semble-t-il, avec la ligne. Il y avait une telle répugnance pour l'idée d'infinité que l'on peut dire que le principe de limite et d'unité fut la contribution essentielle du pythagorisme à la pensée médiévale qui, par analogie avec les mathématiques pythagoriciennes, croyait fermement en un monde ordonné et limité. « L'infini, dit Proclus, n'est pas apparenté à l'Un mais lui est étranger... La multiplicité des dieux n'est donc pas infinie mais marquée par une limite[44]. » Plotin ajoute : « Il ne fait pas de doute que l'univers est à la fois grandiose et admirable mais il ne l'est que dans la mesure où l'unité le retient de se disperser dans l'infini[45]. »

Puisque 1 et 2 ne sont que des principes ou nombres virtuels, 3 devient le premier nombre réel[46]. Il représente toute la réalité, non seulement en tant qu'image de la « surface » mais aussi comme ayant un commencement, un milieu et une fin[47]. En vertu de la triade, l'unité et la diversité dont il est composé[48] retrouvent l'harmonie, « parce que le moyen agissant en tant que médiateur lie les deux autres en un ordre unique et complet[49] ». On trouve une explication un peu plus mystique de la chose dans les *Theologoumena arithmeticae* : « De même que la présure fait des caillots dans le lait qui coule du fait de sa faculté créatrice et active, de même la force unificatrice de la monade, en pénétrant dans la dyade, source de mouvement facile et de rupture, a assigné une limite et une forme, c'est-à-dire le nombre, à la triade ; car celle-ci est le commencement du nombre réel, défini par une combinaison de monades[50]. » On peut trouver dans la triade pythagoricienne la logique de la Trinité chrétienne. Car bien que Dieu soit essentiellement Un, pourtant « tout ordre divin possède, par son plus haut terme, son moyen terme et son dernier terme, une unité triple en son origine[51] ». La meilleure définition de la triade est peut-être l'unité parfaite telle qu'elle est accessible à l'expérience humaine en vertu de la « forme ». Plotin[52] et Diogène Laërce[53] la rapportent à l'âme. Trois est aussi le premier des nombres impairs, lesquels sont masculins, finis et divins. Outre ces qualités, on a observé que la progression des nombres impairs à partir de la monade donnait toujours des carrés[54].

La tétrade complète la liste des nombres « archétypaux » en ce qu'elle représente le point, la ligne, la surface et le volume[55]. Mais les nombres archétypaux doivent leur prestige particulier au fait qu'ils produisent la dizaine, soit en tant que somme (1 + 2

40. Plutarque, *ibid.*
41. Platon, *Lois*, V, 100.
42. Plutarque, *Vie de Numa*, 14.
43. Aristote, *Métaphysique*, A, 5.
44. *Éléments*, L, 149.
45. *Ennéades*, VI, 6, 1.
46. Jamblique, *Vie de Pythagore*, 28 ; cf. *supra*, p. 32.
47. Aristote, *De caelo*, I, 1 ; Platon, *Phèdre*, 473 ; Philon, *Questions et solutions*, III, 3 ; Porphyre, *Vie*, 50 ; Martianus Capella, *op. cit.*, VII.
48. *Ennéades*, V, 1, 8-9 ; VI, 6, 4.
49. Proclus, *Éléments*, L, 148.
50. Robbins et Karpinski, *op. cit.*, p. 117.
51. Proclus, *Éléments*, L, 148.
52. *Ennéades*, V, 1, 10.
53. *Vie*, 19.
54. C'est-à-dire 1 + 3 = 4 + 5 = 9 + 7 = 16 et ainsi de suite ; Martianus Capella, *op. cit.*, VII.
55. Philon, *Des Dix Commandements*, 7.

+ 3 + 4 = 10), soit dans la représentation figurée de 10 comme nombre triangulaire. Cette figure était connue comme la tétraktys[56], le serment légendaire des pythagoriciens[57]. Lucien, dans *Les Sectes à l'encan*, représente le pythagoricien en train de demander à l'acheteur éventuel de compter. Lorsque celui-ci arrive à 4, le philosophe l'interrompt : « Vois ! ce que tu crois être quatre est dix, un triangle parfait, et notre serment[58]. » Philon ajoute que le nombre a 4 limites, l'unité, la dizaine, la centaine et le millier, qui tous sont mesurés par la tétraktys. Car, tout comme 1 + 2 + 3 + 4 = 10, de même 10 + 20 + 30 + 40 = 100, et 100 + 200 + 300 + 400 = 1 000[59]. Quatre est aussi le nombre du carré[60] et il est représenté dans les éléments, les saisons, les 4 âges de l'homme, les 4 principes de l'animal raisonnable, les phases de la lune et les 4 vertus[61].

L'addition et la multiplication du 3 masculin et du 2 féminin donne les nombres nuptiaux, 5 et 6[62]. Ils imitent tous les deux la cause première puisqu'ils sont incorruptibles par multiplication et reviennent toujours à eux-mêmes[63]. Cinq typifie la nature qui englobe toutes choses vivantes[64]. Il y a 5 essences, 5 parties des harmonies musicales, 5 zones, 5 habitants du monde (les plantes, les poissons, les oiseaux, les animaux, les hommes) et 5 sens[65]. Martianus Capella en fait le nombre du monde d'ici-bas puisque cet hémisphère est tiré du cercle parfait représenté par 10.

Six est le nombre nuptial féminin[66]. On passe sur son imperfection en tant que féminin, eu égard au fait que c'est le seul nombre parfait de la dizaine et qu'il participe des nombres de base 1, 2 et 3[67]. Martianus Capella l'appelle *Vénus*[68].

La philosophie pythagoricienne des nombres aurait difficilement pu se défendre si elle n'avait réservé un sort spécial à la puissante heptade. Au 7, par conséquent, est conférée la distinction d'être dans un isolement absolu et, de ce fait, étroitement apparenté à la monade. Un cycle a été achevé par le nombre parfait 6 ; 8 est le cube de 2 ; 9, le carré de 3 ; 10 est la somme des 4 premiers nombres. Le nombre 7, que Platon a distingué dans les planètes comme « l'image mobile de l'éternité[69] », est connu par conséquent comme Pallas, le nombre vierge dans la dizaine, ni engendré ni géniteur[70]. Macrobe l'appelle le nombre universel à cause des innombrables heptades du microcosme et du macrocosme[71]. C'est tout particulièrement le nombre de l'harmonie, à cause des 7 tons censés résulter des vitesses différentes des planètes, et il est de même

---

56. Photius, *Vie*, 4 ; Jamblique, *Vie*, 28 ; Martianus Capella, *op. cit.*, VII.
57. Jamblique, *Vie*, 28.
58. II, 457.
59. *Des Dix Commandements*, 7.
60. Plutarque, *De animae procreatione*, 1.
61. Diogène Laërce, *Vie de Pythagore*, 19, 7 ; *Theolog. Arith.*, 22 ; *Ennéades*, VI, 6, 16 ; Martianus Capella, *op. cit.*, VII.
62. Plutarque, *De E apud Delphos*, 8.
63. 5 x 5 = 25 x 5 = 125 ; 6 x 6 = 36, et ainsi de suite.
64. Macrobe, *op. cit.*, I, 6.
65. Plutarque, *De E apud Delphos*, 8 ; Philon, *Sur qui est l'héritier des choses divines*, 29 ; *Abraham*, 41 ; Martianus Capella, *op. cit.*, VII.
66. Plutarque, *De E apud Delphos*, 8.
67. Plutarque, *De animae procreatione*, 13 ; Jamblique, *Vie*, 28.
68. *De nuptiis*, VII.
69. *Timée*, 38.
70. Macrobe, *op. cit.*, I, 6 ; Philon, *Des fêtes*, I ; *Questions et solutions*, II, 12 ; Martianus Capella, *op. cit.*, VII.
71. *In somn. Scip.*, I, 6.

rattaché aux 7 voyelles et aux 7 Pléiades[72], tandis que Porphyre l'appelle la « lyre des muses[73] ». On peut voir dans les commentaires néo-pythagoriciens sur ce nombre le poids croissant de l'influence astrologique. Martianus Capella se donne baucoup de mal pour expliquer que cet ancien symbole lunaire est composé de 4 phases et de 3 formes ; de 3 formes seulement parce que l'une se répète. De plus, par une autre de ces coïncidences mystérieuses qui continuent à attirer des adeptes à la numérologie, la somme des 7 premiers nombres se trouve correspondre exactement à 28[74].

Huit est le premier cube[75], tenu pour parfait en vertu de ses 6 surfaces[76]. Neuf est le premier carré masculin[77] et la forme parfaite du nombre parfait 3[78]. Presque n'importe quel nombre, semble-t-il, peut être considéré comme « parfait » pour une raison ou une autre. Une autre « perfection » du 9 vient de sa proximité avec le 10. Les 9 sphères des étoiles fixes, des 7 planètes et de la terre ne sont complétées que par Dieu qui est le premier et le dixième[79].

Dix et 1 sont mystiquement identiques, comme le sont aussi 100 et 1 000, les « limites » du nombre. Dans la dizaine, le multiple revient à l'unité. Il y a 10 catégories[80], car 10 est le total de toutes choses, englobant le monde entier[81]. Il est le plus parfait de tous les nombres « parfaits » et est appelé par Porphyre « compréhension » en tant qu'il « comprend toutes les différences de nombres, de raisons, d'espèces et de proportions[82] ».

Tous les nombres supérieurs sont engendrés par les éléments de la dizaine et ils tiennent leurs vertus et qualités de leurs « parents ». Quelques nombres supérieurs faisaient l'objet d'une vénération particulière : 27 est le premier cube impair ou masculin[83]; 28 est le deuxième nombre parfait et le mois lunaire ; le nombre 35 est appelé « harmonie » par Plutarque, en tant qu'il représente la somme des premiers cubes féminin et masculin : 8 + 27[84]. En fait, Plutarque est un superbe démonstrateur des opérations des mathématiques pythagoriciennes. Il découvre que 36 est le premier nombre qui soit à la fois quadrangulaire (6 x 6) et rectangulaire (9 x 4), qu'il est le multiple des premiers nombres carrés, 4 et 9, et la somme des trois premiers cubes, 1, 8, 27[85] ; 36 est aussi un parallélogramme (12 x 9 ou 9 x 4) et il est appelé « accord » parce qu'en lui les quatre premiers nombres impairs s'unissent avec les quatre premiers nombres pairs : 1 + 3 + 5 + 7 = 16 ; 2 + 4 + 6 + 8 = 20 ; 16 + 20 = 36[86].

Le vieux nombre 40 n'est pas négligé, c'est une sorte de tétraktys glorifiée. Car, si l'on multiplie tour à tour chacun des 4 premiers nombres par 4 et que l'on additionne

72. Plutarque, *De E apud Delphos*, 4 ; Macrobe, *op. cit.,* I, 6 ; Martianus Capella, *op. cit.*, VII.
73. *Vie,* 41.
74. Martianus Capella, *op. cit.*, VII.
75. Philon, *Questions et solutions*, III, 49.
76. Macrobe, *op. cit.*, I, 5 ; Martianus Capella, *op. cit.*, VII.
77. Plutarque, *De animae procreatione*, 1.
78. Martianus Capella, *op. cit.*, VII.
79. Philon, *De la recherche de l'instruction*.
80. Photius, *Vie*, VI ; Aristote, *Métaphysique*, A, 5.
81. Aristote, *ibid.*
82. *Vie de Pythagore*, 52.
83. Plutarque, *De animae procreatione*, 1.
84. *De animae procreatione*, 12.
85. Il ne faudrait pas suivre trop à la lettre le raisonnement de la plupart des adeptes du pythagorisme : 36 n'est pas rectangulaire si l'on s'en tient à la définition précise ; la monade est tenue pour un cube ou un carré au gré de chacun.
86. *De animae procreatione*, 13.

les 4 résultats, on aboutit à 40 ; ce nombre est également obtenu par la somme des deux premiers tétraèdres, 1 et 4, et des deux premiers cubes, 8 et 27[87].

Ces manipulations complexes seront reprises par la plupart des docteurs médiévaux. Ce n'est pas cependant, en l'occurrence, la virtuosité d'un Plutarque qui importe tellement. C'est sa foi inébranlable dans les mathématiques en tant que représentation de la vérité fondamentale qui explique l'influence durable du pythagorisme. « L'erreur ne peut jamais se glisser dans un nombre car sa nature s'y oppose. La vérité appartient en propre au nombre[88]. » Ces mots étaient gravés dans les esprits du Moyen Âge, avec la formule de Plotin : « Les nombres existent avant les objets décrits par eux. La diversité des objets sensibles rappelle seulement à l'âme la notion de nombre[89]. »

Bien que l'astrologie et le pythagorisme eussent des démarches divergentes, peu de chose en réalité les séparait. Les pythagoriciens étaient tout à fait disposés à accepter le 4 comme nombre fondamental du cosmos ou le 7 comme prototype universel. Par conséquent, bien que les deux théories aient évolué pour l'essentiel indépendamment l'une de l'autre, leur union finit par se faire sous le signe de la concorde.

Le résultat de ce mariage de l'astrologie et du pythagorisme est décrit par le menu dans les écrits de Philon le Juif. Philon, qui vivait au Ier siècle de notre ère, était parfaitement au fait des doctrines platoniciennes de son temps ; un dicton aurait même vu le jour, selon lequel « ou bien Platon philonise, ou bien Philon platonise[90] ». Il suffit de parcourir les écrits qui nous restent de lui pour voir qu'il fut, comme la majorité des néo-platoniciens, très sensible aux implications philosophiques du pythagorisme. La manière dont il comprend la sainteté du nombre apparaît clairement dans son traité *De la postérité de Caïn*, où il déclare : « ce qui ne mérite pas d'être embrassé par le nombre est profane, et non sacré ; mais ce qui s'accorde avec le nombre reçoit l'approbation, comme ayant déjà été vérifié[91]. »

Philon était par ailleurs un juif pieux, qui se consacrait tout entier à l'exégèse des Livres saints et dont les commentaires firent une telle impression sur son époque que ses écrits allaient devenir plus tard le modèle consacré du commentaire biblique, pour les chrétiens ainsi bien que pour les juifs. La « découverte » révolutionnaire par Philon d'éléments pythagoriciens dans les livres de Moïse conduisit à la théorie selon laquelle les Grecs eux-mêmes avaient tiré leur savoir de ces livres à une époque antérieure. Par cet ingénieux sophisme, l'autorité divine, déjà revendiquée par l'astrologie, venait également renforcer le pythagorisme.

Les spéculations de Philon s'appuient sur l'idée d'un monde double, intellectuel et physique ; le second, formé sur le modèle du premier, révèle aux sens l'équivalent physique des idées invisibles. Entre la divinité inconnaissable et le monde matériel, Philon pose le Logos intermédiaire des gnostiques, qui confère à la matière brute, au chaos terrestre, des formes représentant matériellement l'intangible Idée divine. L'allégorie est la méthode au moyen de laquelle il est possible de déduire l'Essence de l'Apparence.

---

87. *Ibid.*, 14.
88. Stobée, I, 3, 8.
89. *Ennéades*, VI, 6, 4-5.
90. Yonge, dans *Works of Philo*, I, 3.
91. *Op. cit.*, 28.

Chaque ligne des Écritures est par conséquent scrutée par l'œil analytique de Philon avec des résultats tout à fait positifs. On trouve un excellent exemple de cette méthode, ainsi que de son approche philosophique, dans son commentaire de la création :

> Lorsque, par conséquent, Moïse dit : « Dieu acheva son œuvre le sixième jour », nous devons comprendre qu'il ne parle pas d'un nombre de jours, mais qu'il prend six comme un nombre parfait puisque c'est le premier nombre qui est égal en ses parties, dans sa moitié, dans son tiers et dans son sixième, et puisque ce résultat est obtenu par la multiplication de deux facteurs inégaux, deux et trois. Et les nombres deux et trois excèdent l'incorporalité qui existe dans l'unité parce que le nombre deux est une image de la matière, étant divisé en deux parties et décomposé comme elle. Et le nombre trois est l'image d'un corps solide parce qu'un solide peut être divisé en trois. Six s'apparente aussi aux mouvements des animaux organiques. Car un corps organique est naturellement capable de mouvement en six directions, vers l'avant, vers l'arrière, vers le haut, vers le bas, à droite et à gauche. En tout état de cause, Moïse veut montrer que les races des êtres mortels, tout comme celles des êtres immortels, existent selon leurs nombres appropriés. Cela, comme je l'ai dit, en mesurant les êtres mortels par le nombre six et les bienheureux êtres immortels par le nombre sept. Ayant donc par conséquent renoncé d'abord à la création de créatures mortelles le septième jour, Dieu commença à former d'autres êtres plus divins[92].

De même que Dieu sanctifia l'heptade dans le jour du sabbat, il ajouta de même à sa gloire en faisant de la lumière, incorporelle et, comme le 7, perceptible uniquement par l'intellect, sa septième création[93]. Des pages et des pages sont consacrées à ce saint nombre entier. La place centrale qu'il occupe dans l'Ancien Testament ainsi que dans le macrocosme et le microcosme s'explique par sa position archétypale de « Seigneur de l'Univers », image de Dieu, « étant un, éternel, durable, immuable, identique à soi et différent de tous les autres êtres[94] ». Philon ne se contente pas de décrire dans le détail les propriétés géométriques, astrologiques et harmoniques du nombre vierge ; il le met, ce qui semble être une de ses trouvailles personnelles, en rapport avec la tétraktys sacrée. Il en voit la preuve dans les 4 phases lunaires, chacune d'une durée de 7 jours[95]. Il précise ensuite, avec un mélange d'émerveillement et de satisfaction, que tout nombre à la puissance 7 est à la fois un carré et un cube[96].

C'est toujours le nombre lui-même, plutôt que sa représentation concrète, qui est considéré comme la réalité ultime. Par conséquent, le fait que les étoiles furent créées le quatrième jour conduit à une longue péroraison sur les beautés du 4, la dizaine potentielle, source à la fois de la matière et du temps[97]. Que le projet du Créateur fût fondé sur le nombre, cela ressort de la création de la première créature mortelle le cinquième jour, Dieu « pensant que les animaux étaient ce qui s'apparentait le plus au nombre 5[98] ». Une telle affinité reposait sur les 5 sens.

Il n'est pas de nombre scripturaire, si élevé ou si difficile soit-il, qui ne soit résolu par Philon en principes premiers. L'explication des 365 ans d'Énoch met sérieusement à contribution son pouvoir explicatif mais toute une série de subterfuges compliqués

92. *Des Allégories de la Loi sacrée*, 2.
93. *Création*, 7.
94. *Ibid.*, 23.
95. *Ibid.*, 34.
96. *Ibid.*, 30. Il en va nécessairement ainsi puisque la conception pythagoricienne de l'unité comme puissance première de tout nombre fait de la septième puissance pythagoricienne d'un nombre sa sixième puissance en réalité, laquelle peut toujours, bien entendu, être exprimée par un carré et un cube.
97. *Ibid.*, 15-19.
98. *Ibid.*, 20.

finissent par réduire ce nombre lui-même à sa forme archétypale[99]. L'effort dépensé dans ces calculs et d'autres aussi tortueux témoigne éloquemment du grand sérieux de cet interprète des nombres, ainsi que de la force de la vénération pour le nombre à l'aube de l'ère chrétienne.

99. *Questions et solutions*, 82-83.

IV

LES GNOSTIQUES

Nous avons vu dans les chapitres précédents quelle fascination le nombre avait exercée sur les esprits philosophiques et scientifiques de l'Antiquité. Il importe de remarquer que les premiers siècles de l'ère chrétienne (exactement du Iᵉʳ siècle avant J.-C. au Vᵉ siècle après) furent tout particulièrement dominés par les excès du mysticisme des nombres qui imprègnent les pages de Philon, de Plutarque et des néo-platoniciens.

Le caractère sacro-saint dont on finit alors par investir le nombre semble avoir été le résultat d'une pénétration progressive mais forte des « mystères » orientaux dans l'Empire romain [1]. Le vide spirituel du paganisme romain officiel (vide en partie dû à ce caractère officiel) créait une vacuité qui rendait doublement séduisant le mysticisme exacerbé d'Orient. Des divinités nouvelles entrèrent les unes après les autres dans le panthéon romain où elles jouirent d'une popularité fluctuante avant d'être toutes supplantées par la puissance supérieure des divinités égyptiennes Isis et Osiris d'abord, puis du culte perse de Mithra, et finalement du christianisme [2].

Ces croyances portaient l'empreinte de l'union ancienne de la science et de la religion, lien qui, s'il était nouveau pour l'esprit occidental, découlait inévitablement du caractère astral des religions égyptienne, perse et babylonienne. En Orient, la constitution du calendrier était la prérogative des prêtres, la prédiction était une fonction de leur ministère et les temples conservaient jalousement les registres de siècles d'hypothèses et de découvertes astronomiques. Ce qui veut dire que plusieurs nombres astrologiques furent réintroduits en Occident non en tant qu'objets de recherche philosophique, mais en tant que Révélation divine, et se virent investis, par conséquent, de tout le mystère et de toute la puissance des Secrets sacrés.

Une autre innovation orientale qui affecta la pensée religieuse fut d'éloigner le divin de la sphère des affaires d'ici-bas. La création de l'univers, au lieu d'être attribuée

1. Cumont, *Oriental Religions in Roman Paganism*.
2. Le culte de Mithra, introduit à Rome vers 70 av. J.-C., fut le plus redoutable rival du christianisme. Dill, *Roman Society in the Last Century of the Western Empire*, p. 78.

directement à la divinité, fut attribuée à un Démiurge créé lui-même à la suite d'une série d'émanations. Si l'on en remonte le cours, on s'aperçoit que les émanations sont d'une nature de plus en plus abstraite jusqu'à ce que l'on arrive à la Cause première, incompréhensible et non créée. Nul Iahvé ou Jupiter anthropomorphe ne fraie avec les créations terrestres et les dieux et déesses ne procréent pas à la suite de rapports charnels. À la place, un net dualisme entre la matière et l'esprit est posé en principe ; l'abîme qui les sépare n'est comblé que par les qualités abstraites qui émanent mystiquement de la Cause première. Ces qualités, en produisant à leur tour des émanations successives, finissent par conférer forme et ordre au chaos et par insuffler l'esprit à la matière inerte.

Tandis que la masse des prosélytes était probablement séduite par le pittoresque des légendes orientales et les extases que suscitait le déroulement des mystères, beaucoup de gens cultivés, déjà initiés à la philosophie hellénique, se sentaient attirés par l'astrologie orientale ainsi que par la subtilité et le caractère abstrait d'une théologie d'essence platonicienne. De tels hommes furent à l'origine du gnosticisme, et l'on peut décrire sommairement les premiers gnostiques comme des philosophes qui vivaient principalement à Alexandrie et qui tentèrent d'opérer la fusion de la philosophie grecque avec la science et la religion orientales. Dans cet amalgame, la part principale revient au pythagorisme. La doctrine de l'émanation s'apparente à celle de l'engendrement du système décimal par la monade. Les pythagoriciens avaient déjà fait une place à l'astrologie avec les 4 éléments, les 7 planètes et les 10 sphères. C'est ainsi que du brassage de toutes sortes de révélations, de sciences et de philosophies sortirent une grande diversité de sectes qui conservaient un fonds commun et se ressemblaient en ce qu'elles subordonnaient apparemment la moralité et la dévotion à la « gnose » de systèmes philosophiques occultes d'une grande complexité.

Avant de passer à l'étude des différentes variantes du gnosticisme qui ont contribué à la formulation de la symbolique médiévale des nombres, il nous faut reconnaître que l'exercice ne sera pas aisé. Les textes gnostiques qui nous restent sont rares et d'époques très diverses, et rien ne nous assure que ceux mêmes qui nous sont parvenus ne soient pas des vulgarisations populaires ou des productions déviantes. Ironie de l'histoire, le principal fonds d'informations se trouve chez les Pères de l'Église qui mettaient leur zèle à combattre ces hérésies. Mais bien que l'on ne puisse se fier entièrement à l'exactitude de leur connaissance de celles-ci ou à l'impartialité de l'image qu'ils en donnent, on sent malgré tout chez eux un intérêt suffisant pour la spéculation philosophique qui les forçait à tirer une certaine fierté de leur habileté à sonder les subtilités de la théologie gnostique. Enfin, les implications élémentaires des croyances gnostiques étaient si répandues qu'aucun homme cultivé ne pouvait manquer d'avoir une certaine connaissance des différentes tendances philosophiques caractéristiques de son époque.

La doctrine de l'émanation était si séduisante en fait que le panthéon grec lui-même fut divisé en une série de triades représentant les différents stades menant de l'Insaisissable et Incompréhensible aux Créateurs les plus proches du cosmos. Il résulta de l'apport d'éléments pythagoriciens que 3 et 4 devinrent des symboles numériques fondamentaux. Comme dans le pythagorisme, tout procédait de l'Un, mais le monde sensible était le produit de l'harmonie triadique de l'Être, de la Vie et de l'Intelligence associés aux 4 éléments créateurs ou aux 4 royaumes élémentaires[3]. Le caractère sacré

3. Mead, *Orpheus*, p. 167.

du 3 se vit renforcé du fait des regroupements triadiques des dieux égyptiens et babyloniens. Une nouvelle génération fut obtenue par l'addition et la multiplication de la triade et du quaternaire, aboutissant à une série d'hebdomades et de douzaines. Par ces calculs, le 3 et le 4 pythagoriciens sont directement à l'origine du 7 et du 12 astrologiques. Généralement, les hebdomades, associées aux planètes, s'appliquent aux mondes et aux dieux. Les douzaines, qui figurent le zodiaque, sont moins fréquentes et, curieusement, semblent avoir occupé une position plus élevée. Le nombre particulièrement sacré de l'orphisme est composé de 7 septénaires. On peut penser que la connaissance de 7 ordres (groupes de 7, tels les 7 planètes, les 7 voyelles, les 7 parties du corps humain) du macrocosme et du microcosme distinguait l'initié en possession de la gnose des 49 « Feux » de la Doctrine secrète[4].

L'introduction en Égypte de ce même ferment philosophico-religieux fut à l'origine des écrits hermétiques longtemps révérés. Leur auteur mythique, Hermès Trismégiste, est généralement identifié au dieu Thot dont se réclamaient des lettrés d'Alexandrie pour donner de l'autorité à leurs vérités absconses[5]. Les « 42 livres » traditionnels étaient censés avoir contenu tout le savoir concernant la religion, l'astrologie, la cosmographie, la géographie, le droit, la médecine et autres sujets de moindre importance[6]. Rien ne prouve que ces 42 livres, ni un nombre quelconque de livres, aient jamais existé : 42 est un nombre égyptien traditionnel. Les textes qui nous sont parvenus, comme le *Poemander*, qui ne figure pas au nombre de ces livres, portent sur une combinaison de théologie et d'astrologie. Une grande partie de la doctrine religieuse passa dans d'autres sectes gnostiques. Quant à l'astrologie, elle explique la vénération superstitieuse dont alchimistes et autres experts en magie entourèrent des siècles durant Hermès trois fois grand.

Bien que l'on ne puisse déduire aucun « système » cohérent des fragments et des commentaires subsistants, il est cependant possible d'y discerner des éléments de terminologie gnostique ainsi qu'un recours abondant à l'astrologie et au symbolisme des nombres. Naturellement, la Triade et l'Ennéade de la tradition égyptienne sont conservées et développées[7], mais les aspects historiques de la religion égyptienne ont été ensevelis sous un amas d'éléments astrologiques.

L'ordonnance matérielle ou mécanique de l'univers est regardée comme l'œuvre du zodiaque. Les 12 signes sont des forces du mal. Par conséquent, on les désigne comme les 12 « tourments de la matière » ou les « 12 bourreaux »[8]. La force spirituelle contraire, à l'œuvre dans tous les événements humains, procède des 36 Décans ou « Horoscopi »[9]. Les Décans règnent sur les 7 planètes ou les 7 Administrateurs dont dépendent les menées du destin[10]. Les planètes sont attribuées à 7 dieux qui régissent strictement les larmes, la naissance, la raison, le courage, le sommeil, le désir et le rire[11]. Par extension, 7 mondes spirituels et 7 mondes cosmiques sont désignés[12]. L'année de

---

4. Une courageuse tentative de reconstruction de la théologie orphique a été faite par Mead dans son *Orpheus*.
5. Scott, *Hermetica*, I, 4-5.
6. Mead, *Thrice Greatest Hermes*, III, 222-225.
7. Mead, *ibid*., I, 94, 146-147, 152, 164-165 ; *Poemander*, I, 3.
8. *Poemander*, XIII, 7.
9. *The Perfect Sermon*, XIX, 3.
10. Stobée, VI, 9 ; *Poemander*, I, 9, 17-18. Ce sont les 7 Hathor de la religion égyptienne.
11. Mead, *Thrice Greatest Hermes*, III, 91-92.
12. *Poemander*, XI, 7.

12 mois de 30 jours, plus 5 jours intercalaires, ou les 365 « zones », est attribuée à Abraxas ou Abrasax, dont le nom mystérieux est formé de 7 lettres ou éléments et donne une valeur numérique de 365 [13]. Les 5 jours intercalaires sont rattachés au système céleste en séparant la lune et le soleil des 5 autres planètes [14]. Le *Poemander* met par ailleurs l'accent sur ce nombre par un quintuple système d'émanations procédant de *Dieu* à l'*Éon*, au *Cosmos*, au *Temps* et au *Devenir* [15].

Dans la théologie hermétique comme dans l'Ancien Testament, une importance considérable est accordée au nombre 8. On obtient cette Ogdoade en décomposant l'Ennéade en un Dieu principal, Thot, et 8 dieux subalternes ou gardiens [16]. Dans les cieux, Thot est identifié au soleil et on obtient les 8 autres sphères nécessairement concomitantes en additionnant aux six planètes restantes la sphère des étoiles fixes et une sphère terrestre [17]. L'influence du pythagorisme se fait sentir non seulement dans la séparation de l'un et du multiple, mais dans les diverses extensions de cette idée. On lit sur une inscription de la vingt-deuxième dynastie : « Je suis 1 qui devient 2, je suis 2 qui devient 4, je suis 4 qui devient 8, je suis le 1 après cela [18]. » La même inscription donne le processus de génération de l'Ogdoade : 4 couples de pouvoirs, chaque syzygie représentant les principes mâle et femelle, positif et négatif, actif et passif [19]. On peut trouver une preuve de cette dérivation dans le traité *D'Isis et d'Osiris* de Plutarque [20], où la tétraktys est présentée non comme 4 ou 10 mais comme 36, appelé Cosmos, et obtenu en additionnant les 4 premiers nombres pairs et les 4 premiers nombres impairs. Mais, par une remarquable coïncidence du pythagorisme, de l'astrologie et de la religion, les Décans se voient conférer le titre de Souverains spirituels ayant même autorité sur les 7 Destinées ! Trois Décans sont assignés à chaque mois. C'est la triade égyptienne. Leur nom même est une image de la dizaine parfaite. Enfin, les 36 Décans de l'année sont précisément tirés du quaternaire pythagoricien et se trouvent procéder de l'addition des membres de l'Ogdoade (1 + 2 + 3 + 4 + 5 + 6 + 7 + 8 = 36).

La tentative constante de rattacher la science à la religion et de découvrir des affinités entre les mondes spirituel et matériel est une pratique courante de la gnose. Une ressemblance se prouve tout simplement par identité numérique, ce qui démontre encore une fois la primauté du nombre. C'est ainsi que l'Ogdoade se retrouve dans les 8 parties du corps humain [21]. En astrologie, la huitième sphère est celle des étoiles fixes [22]. En théologie, elle est identifiée à Asclépios, le frère des 7 Administrateurs [23]. Elle est spirituellement le but de l'initié qui a traversé les 7 cieux successifs [24]. C'est ainsi qu'en Égypte, comme en Judée, 8 devient un symbole de bénédiction [25].

---

13. Mead, *op. cit.*, I, 402.
14. *Ibid.*, III, 46.
15. *Poemander*, XI, 2.
16. Mead, *op. cit.*, I, 57, 121.
17. *Définitions d'Asclépios*, 17.
18. Mead, *op. cit.*, I, 120.
19. *Ibid.*, I, 57.
20. *Op. cit.*, LXXV, 12-15.
21. *The Perfect Sermon*, XI, 3.
22. *Définitions*, 17.
23. Mead, *op. cit.*, I, 127.
24. Mead, *op. cit.*, II, 42 ; *Poemander*, I, 24-26.
25. Cf. *supra*, p. 26.

Un autre aspect pythagoricien de la philosophie hermétique se manifeste dans l'importance majeure attribuée à la dizaine. Ce n'est pas un hasard si l'on fit des Décans, les Dieux Conseillers de Babylone, les maîtres incontestés des cieux. Dans un passage très intéressant du *Poemander*, Tat explique à Hermès que ces 10 pouvoirs de Dieu chassent les 12 bourreaux à cause de la supériorité de la dizaine sur le nombre 12[26].

L'origine de la gnose chrétienne est universellement attribuée par les premiers Pères à Simon le Magicien, qui assurait être lui-même « une grande Puissance de Dieu[27] ». Hippolyte lui attribue un système d'émanations relativement simple. Le feu, détenteur de 2 natures, secrète et manifeste, est déclaré être la Cause première de laquelle procèdent 3 couples créateurs qui complètent l'Hebdomade mystique par laquelle le monde est engendré[28]. Il faut reconnaître dans cette version simplifiée les traits essentiels de la plupart des « hérésies » gnostiques. On y retrouve les 2 niveaux, secret et manifeste, spirituel et matériel, ainsi que le système essentiel des couples créateurs. On y trouve aussi la reconnaissance de la triade divine qui, sous une forme ou une autre, est vénérée par les Naasénis[29], les Séthiens[30], les Justiniens[31], les Docètes[32] et les Marcionites[33]. Dans plusieurs de ces doctrines, la triade est une trinité. Hippolyte, écrivant sur les Naasénis (des gnostiques assyriens), indique que cette secte est probablement à l'origine de cette idée, « car les Assyriens ont été les premiers à émettre l'opinion que l'âme a 3 parties tout en étant cependant [essentiellement] une[34] ».

L'énumération des sectes ci-dessus donne une idée de la diversification de la gnose chrétienne. Une lecture d'Hippolyte laisse l'impression qu'il y avait autant de théologies que de gnostiques. Il n'était guère facile de faire la différence entre leurs doctrines, et les Pères eux-mêmes laissent transparaître une certaine confusion lorsqu'ils en font la présentation.

La variété de gnosticisme dont l'exposition est la plus complète est celle de Valentin, à qui on prête la compilation du principal texte gnostique subsistant, la *Pistis-Sophia*[35]. À l'instar du simonisme, l'« hérésie » de Valentin fait la distinction entre deux mondes, un univers physique et un ordre spirituel connu comme le *Plérôme*[36]. Au sommet du Plérôme on trouve *Bythos* (la Profondeur, la Cause première) qui coexiste avec *Eunoé* (l'Idée). D'eux procèdent *Nous* (l'Intelligence) et *Aléthéia* (la Vérité), de sorte qu'est ainsi complétée la tétrade pythagoricienne. Le dernier couple produit *Logos* (le Verbe) et *Zoé* (la Vie), qui à leur tour créent *Anthropos* (l'Homme) et *Ecclésia* (l'Église). Ils forment tous ensemble la première Ogdoade engendrée, semblable aux couples créateurs d'Hermès. Sur ce, *Nous* et *Aléthéia* offrent au Père un nombre parfait par la création de 10 Éons.

> *Logos* et *Zoé* virent alors que *Nous* et *Aléthéia* avaient célébré le Père de l'univers par un nombre parfait ; et *Logos* lui-même ainsi que *Zoé* voulurent magnifier leurs propres

---

26. *Op. cit.*, XIII, 12.
27. Actes, VIII, 5, 9, 10.
28. Hippolyte, *Réfutation de toutes les hérésies*, VI, 9.
29. *Ibid.*, V, 3.
30. *Ibid.*, V, 14.
31. *Ibid.*, V, 21.
32. *Ibid.*, VIII, 1.
33. *Ibid.*, X, 15.
34. *Ibid.*, V, 2.
35. King, *The Gnostics and Their Remains*, p. 21.
36. En grec : πλήρωμα, mesure complète, nombre entier, somme.

père et mère. Toutefois, comme *Nous* et *Aléthéia* étaient engendrés et ne possédaient pas de créativité paternelle et parfaite, *Logos* et *Zoé* ne glorifient pas leur père *Nous* avec un nombre parfait mais, tout au contraire, avec un nombre imparfait. Car *Logos* et *Zoé* offrent 12 Éons à *Nous* et à *Aléthéia*[37].

Deux de ces Éons sont *Pistis*, la Foi, et *Sophia*, la Sagesse. Se trouve de la sorte complétée la triacontade du Plérôme, tripartite, par la prise en compte du 30 et du 12 astrologiques, du 8 hermétique ainsi que du 4 et du 10 pythagoriciens. Divers passages des Écritures sont cités, y compris les 30 années de préparation du Christ à son enseignement, censées illustrer de manière énigmatique la formation du Plérôme.

L'absence de l'heptade dans ce système est rapidement compensée par la création de 7 cieux ou anges, le septième étant la demeure du *Démiurge* dont la mère, *Achamoth*, complète le nombre de l'Ogdoade. Un autre mystère est énoncé dans l'émanation symbolique des lettres de l'alphabet grec à partir des 3 puissances. Les 9 consonnes sourdes furent produites à partir de la dyade originelle ; les 8 semi-voyelles le furent à mi-chemin de l'Ogdoade à partir de *Logos* et de *Zoé* ; et les 7 voyelles le furent à partir d'*Anthropos* et d'*Ecclésia*. Cela fait un total de 24 mais, par l'addition des 3 lettres doubles δs, κs, πs, qui sont les images des images des 3 puissances, on obtient le 30 au complet[38].

La *Pistis-Sophia* représente l'enseignement du Christ à ses disciples durant les onze années [*sic*] qui suivirent la Résurrection. Dans une terminologie mystérieuse, incompréhensible pour les non-initiés, le Christ fait la promesse (qu'il ne tiendra jamais) de tout révéler à ses disciples sur les 24 mystères, les 24 espaces, les 24 louables, les 3 Puissances, les 24 invisibles, les 5 impressions, les 5 arbres, les 7 voix, les 7 Amens et les 3 Amens, les 12 puissances, les 12 qui ne se manifestent pas, les 12 qui ne se révèlent pas, les 5 supports, les 7 vierges de lumière, les 5 souverains, les 365 ouvriers, les 12 Sauveurs. Ce sont les nombres qui fournissent la principale indication quant à l'identité de ces habitants cryptiques du Plérôme. Il est facile de reconnaître l'alphabet dans les 24 invisibles, louables, etc., et, dans les 12 et les 3 puissances, des références au système formel du Plérôme ou du Zodiaque. Les 7 voix sont les 7 voyelles. Les « 7 vierges de lumière » représentent le soleil, la lune et les 5 planètes, les souverains qui règnent sur les 365 ouvriers. Pline mentionne 5 arbres saints[39] consacrés à des divinités romaines, et les impressions, supports, etc., sont probablement des embellissements du système central, inventés ou dérivés, étant donné que la recherche d'une image de l'Ordre divin reproduite à toutes les étapes du monde matériel faisait partie de la théorie gnostique, ce qui lui avait été légué par l'astrologie.

La plus puissante des hérésies gnostiques, et celle qui se maintint le plus longtemps, fit son apparition au IIIe siècle. Le manichéisme, du nom de son fondateur, Mani, se développa à l'origine en tant que schisme au sein de la pensée zoroastrienne avec laquelle se confondait l'astrologie courante des Babyloniens. L'astrologie occupait toutefois une place particulièrement importante dans le manichéisme du fait de son origine et parce que Babylone était demeurée le principal bastion de la secte, où celle-ci revint après des persécutions successives[40]. Elle paraît, d'après ce qu'en disent les Pères de l'Église, avoir comporté une phraséologie et des idées empruntées ou communes à

37. Hippolyte, *Réfutation*, VI, 25.
38. Irénée, *Contre les hérésies*, I, 1-14.
39. *Histoire naturelle*, XII, 2.
40. Newman, *Introductory Essay on the Manichean Heresy*.

d'autres courants de la pensée gnostique et avoir de la sorte perpétué les éléments de croyances gnostiques par ailleurs défuntes.

Ce qui distingue fondamentalement le manichéisme d'autres variétés de gnosticisme, c'est la place éminente accordée à la dualité zoroastrienne qui est conservée dans le 2 non créé et dans les divinités opposées, connues sous le nom de « Souverain de la Lumière » et de « Souverain des Ténèbres ». On retrouve dans les émanations et créations successives de ces souverains le mélange habituel de nombres pythagoriciens et astrologiques avec, cependant, une insistance particulière sur le 5, le nombre sacré des Orientaux[41]. Il n'y a rien là d'étonnant si, ainsi que nous l'apprend Archélaos, l'un des trois disciples, Hermias, « prit la direction de l'Égypte[42] ».

L'acceptation du gnosticisme par les juifs, dont il y a des signes avant-coureurs chez Philon et dans les apocalypses, donna naissance aux spéculations de la cabale. Les deux grands textes, le *Sefer Yetsirah* (*Livre de la création*) et le *Zohar* (*La Splendeur*), furent compilés respectivement au IXe et au XIIIe siècle[43], mais représentent des siècles de développement et d'élaboration. La doctrine s'apparente pour l'essentiel à celle des autres gnostiques, si bien que les commentateurs s'accordent à en dater les origines du tout début de l'ère chrétienne, certains, tel Maeterlinck, allant jusqu'à la situer à une date antérieure aussi bien au gnosticisme qu'au néo-platonisme.

Dans sa forme présente, elle offre la formulation la plus complète parmi toutes ces philosophies apparentées. Les « Éons » de la gnose chrétienne deviennent les « Sephiroth », mot que l'on peut traduire par « émanations numériques ». Au nombre de 10, elles représentent la forme la plus abstraite de la dizaine pythagoricienne[44]. La première Sephira, la monade, est la Source première des neuf autres. Elle est indivisible et ne peut être multipliée mais peut se *réfléchir* de manière à produire une dyade (Iahvé), correspondant à elle-même et à son reflet[45]. La troisième Sephira (Elohim), égale à la deuxième, est appelée la Mère[46] et complète la grande trinité primordiale qui est à l'origine de toute chose.

De l'union de Iahvé et d'Elohim émanent successivement 6 autres Sephirot pour former ce qu'on appelle « le Plus Petit Contenant » ou le Microprosopus. Ces 6 Sephirot sont indiquées dans les 6 mots du premier verset de la Genèse où le premier mot, BRASHITH (« Au commencement »), peut se diviser en deux, BRA SHITH, « Il créa le 6 ». Les 9 Sephirot sont censées être composées de 3 trinités, chacune étant une image de la trinité originelle des principes mâle et femelle associés à l'intelligence unificatrice. La trinité des trinités est à son tour décrite comme Supérieure (Intellectuelle), Moyenne (Morale) et Inférieure (le Monde matériel) ; Couronne, Roi et Reine ; les équivalents physiques en sont le *Primum Mobile,* le Soleil et la Lune. Chaque Sephira est en outre identifiée à une sphère céleste. La dixième Sephira, Adoni, ou « le Royaume », représente le retour mystique du 9 à l'unité. Dans leur totalité et leur unité, les 10 Sephirot sont appelées le Macroprosopus ou « Grand Contenant » et préfigurent l'homme archétypal, Adam Cadmon.

---

41. Jackson, *Researches in Manichaeism* ; Archélaos, *Disputes*, VI ; saint Augustin, *Contra epistolam Manichaei.*

42. *Disputes*, VI.

43. Maeterlinck, *Le Grand Secret*, p. 184.

44. Mathers, *The Kabbalah Unveiled*, p. 21.

45. *Ibid.*, pp. 22-23.

46. Dans la cabale, les nombres pairs sont masculins, les nombres impairs féminins.

L'image de la dizaine est omniprésente dans la théologie cabalistique. Elle se retrouve dans les 10 noms divins, les 10 archanges, les 10 ordres angéliques, la division en 10 parties du monde matériel, les 10 ordres démoniaques et les 10 archidémons. Car aucune distinction numérique n'est faite entre les anges et les démons, la trinité divine ayant son pendant dans la trinité infernale composée de Samael (Satan), de la Prostituée et de la Bête. Une idée dominante de la cabale, directement inspirée du pythagorisme, veut que l'unité se développe en trinité, laquelle est toujours complétée par le quaternaire qui retourne idéalement à la dizaine ou à l'unité. L'étude de la première Sephira, le Vieil Un, donne lieu à une découverte du 7 pythagoricien, ou Harmonie des 7 conformations du crâne, et à une nouvelle représentation de l'Unité dans les 13 divisions de la Barbe, puisque la valeur numérique d'*Achad*, l'unité, est 13 ; et 13 semaines égalent une saison. Les 13 conformations de la Sainte Barbe peuvent être évoquées comme 13 fontaines, 13 portes de la miséricorde, etc. [47]

La ressemblance de la cabale avec le gnosticisme chrétien est encore plus prononcée dans l'exposition concomitante des 32 voies merveilleuses de la sagesse avec lesquelles Dieu a établi son nom. Ces 32 voies sont constituées de la dizaine et des 22 lettres de l'alphabet hébraïque. Les lettres sont divisées en 3 Mères, 7 Doubles et 12 Simples, que l'on retrouve partout dans la représentation symbolique. Les Mères sont les 3 éléments (l'eau, l'air, le feu), les 3 divisions de l'année (chaude, froide, tempérée), les 3 parties du corps humain (la tête, le cœur, l'estomac). Les Doubles comprennent les planètes, la semaine, les 7 degrés de l'existence, les 7 tabernacles de l'enfer, les 7 attributs de la Divinité, les 7 portes du corps humain. Les Simples se retrouvent dans les signes du zodiaque, les mois et les 12 parties principales du corps. Dans toute la pensée gnostique, le système du monde, Intellectuel, Macrocosme et Microcosme, est considéré comme fondé sur quelques nombres simples qui sont les mêmes quelle que soit la philosophie.

Une conséquence, ou plutôt une concomitance, de tous les courants du gnosticisme fut le développement de la science connue sous le nom de gématrie qui consiste à attribuer des valeurs numériques aux lettres de l'alphabet et à tirer ainsi, des noms, des mots et de passages entiers des Écritures, de nouvelles significations et des rapports inédits. Casper Lewis, dans la *Jewish Encyclopaedia*, a daté la première apparition effective du mot *gematria* des environs de l'an 200 [48] mais le système était sûrement en usage depuis beaucoup plus longtemps. Farbridge a mis en évidence un exemple unique de gématrie babylonienne dans les instructions de Sargon pour la construction de la muraille de Khorsabad, dont les mesures devaient correspondre à la valeur du nom Sargon [49].

La découverte de la gématrie allait de soi pour les juifs, étant donné que les lettres de l'alphabet hébraïque faisaient office de chiffres, si bien que tout mot correspondait effectivement à un nombre. Le système numérique utilisait les 10 premières lettres comme unités, les 10 suivantes comme dizaines et le reste, plus diverses formes des lettres de 3 à 9, comme centaines [50]. Cette méthode devint celle de toute gématrie, étant applicable à n'importe quelle langue. Lewis donne trois exemples possibles de gématrie

47. *Ha Idra Rabba Qadisha* ; Mathers, *op. cit.*, pp. 213, 233, 259.
48. Vol. V, 589.
49. *Studies*, p. 94.
50. *Ibid.*, p. 93.

dans l'Ancien Testament. Le plus convaincant des trois est le fait que l'on n'ait retenu le nom que d'un seul des serviteurs d'Abraham, Éliézer, nom qui a la valeur numérique de 318, correspondant au nombre des serviteurs[51]. Philon le Juif témoigne de sa familiarité avec cette science lorsqu'il indique que le nom de Sara fut changé en *Sarra* parce que, en grec, la lettre *rho* égale 100[52]. Dans le Talmud aussi, « l'âge mur » est défini comme 60, étant donné que c'est la valeur numérique du mot hébreu correspondant[53].

Les gnostiques semblent avoir eu recours constamment à la gématrie pour l'exégèse des Écritures. Tertullien se retranche derrière l'apôtre Marc pour affirmer que le Christ, en se désignant comme l'Alpha et l'Oméga, avait justifié la recherche de valeurs numériques[54]. Notons en passant que cette affirmation du Christ explique la remarque énigmatique de la *Pistis-Sophia* selon laquelle le vingt-quatrième mystère (la vingt-quatrième lettre) est aussi le premier. Le Christ est connu chez les gnostiques comme 801 à cause du mot « colombe »[55] ou 888 à cause du mot « Jésus »[56]. « Ces hommes, fulmine Tertullien, parcourent tout l'alphabet... et calculent les ogdoades et les dizaines[56]. » Une application de cette théorie, en usage chez les Ophites et les Séthiens, voulait que tout nom dont la somme était inférieure à 100 relève de la main gauche (matérielle, destructible), tandis qu'étaient attribués à la droite (spirituelle, éternelle) tous les noms correspondant à un total de 100 et plus[57]. Par une autre règle, les nombres simples ou unités étaient censés signifier les choses divines, les dizaines les choses célestes, les centaines les choses terrestres et les milliers l'avenir[58].

La cabale se sert de la gématrie pour instaurer de nombreuses relations cachées, comme celle du mot *Amen* avec Dieu, étant donné qu'*Amen* et *Iahvé Adonaï* égalent tous les deux 91[59]. Il arrivait aussi que la signification de certains nombres fût instituée. Le nombre 13 est contenu dans *Achad*, l'unité. Il est aussi contenu dans *Ahebah*, l'amour. Donc, 13 signifie l'amour de l'unité[60]. C'est cependant pour l'exégèse scripturaire que la gématrie est le plus mise à contribution. Un exemple simple en est l'interprétation de Genèse, XLIX, 10 : « Shiloh viendra. » Les lettres hébraïques de la phrase donnent la somme de 358. Or le mot *Messie* est aussi égal à cette somme. Par conséquent, le verset doit être interprété comme une prophétie[61].

Il ressort à l'évidence de ce qui précède que la gématrie n'est pas une science exacte. En recourant à l'alphabet, au mot et au système entier, il est pratiquement possible de déduire de n'importe quel mot ou passage n'importe quelle signification souhaitée. L'interprétation dépend entièrement de la fantaisie et de l'ingéniosité de son auteur. Il va de soi également qu'aucune valeur numérique symbolique ne peut être interprétée avec quelque précision, à moins qu'une indication ne soit donnée sur l'alphabet employé et sur les intentions de l'auteur. Même dans ce cas, on peut trouver diverses

51. Genèse, XIV, 14 ; *Jewish Encyclopaedia*, V, 589.
52. *Questions et solutions*, III, 54.
53. Traité *Ebel Rabboth*, 9, dans *The Babylonian Talmud*, VIII.
54. *Contre les hérétiques*, III.
55. Hippolyte, *Réfutation de toutes les hérésies*, VI, 45.
56. Tertullien, *Contre les hérétiques*, III.
57. Irénée, *Contre les hérésies*, II, 24.
58. Mathers, *op. cit.*, p. 48.
59. Mathers, *op. cit.*, p. 89.
60. Mathers, *op. cit.*, p. 166.
61. Mathers, *op. cit.*, p. 7.

solutions également réalisables puisque tout nombre élevé peut être scindé en diverses combinaisons de l'alphabet dotées de sens.

Le nombre de la bête dans l'Apocalypse a permis à d'innombrables commentateurs d'exercer leur ingéniosité sans la moindre possibilité de parvenir à une solution définitive. Les interprétations médiévales les plus en faveur étaient TEITAN, fondé sur la gématrie grecque, et DICLUX, obtenu à partir d'un remaniement des symboles numériques latins[62]. Ce nombre est particulièrement curieux dans la mesure où il est obtenu en posant dans l'ordre les symboles numériques latins en commençant par 500 : DCLXVI. Il se pourrait donc qu'aucun nom précis ne soit suggéré et que l'auteur ne fasse que reprendre sous une forme imagée l'affirmation de Marc V, 8-9 et de Luc VIII, 30 selon laquelle le nom est *Légion*. Irénée a résolu le problème de la manière la plus sensée qui soit : « Il est donc plus sûr et moins hasardeux d'attendre la réalisation de la prophétie que de faire des hypothèses et de scruter tous les noms qui peuvent se présenter, d'autant que plusieurs noms sont susceptibles de posséder le nombre mentionné ; et la question restera sans solution[63]. »

La même remarque vaut pour le prophétique « *un cinquecento diece e cinque* » de *La Divine Comédie*[64]. Étant donné qu'il est pratiquement certain que Dante s'inspirait des solutions proposées pour le nombre de la bête, il devrait être facile en principe de trouver un nom ou un mot, à la fois en latin et en grec, qui corresponde à 515. En fait, la création d'une énigme soluble par deux systèmes différents présenterait des difficultés pratiquement insurmontables. Le latin DVX est certainement impliqué par analogie avec DICLUX. Quant à savoir s'il y a ou non une solution grecque, il est impossible de le dire. Je dois avouer que j'ai gaspillé beaucoup de papier à « scruter tous les noms qui peuvent se présenter ».

La suggestion du Dr Moore[65], qui déduit Arrico (Arrigo, Henri VII) en utilisant l'alphabet hébraïque, dépend, outre sa faiblesse interne avouée, de la supposition que Dante aurait compliqué un problème déjà suffisamment complexe en utilisant un système de gématrie pratiquement inconnu de ses contemporains. Si Dante avait effectivement deux interprétations en vue, l'une d'elles est presque certainement forcée. Le Dr Moore ne fait qu'affaiblir infiniment le bien-fondé de ce qu'il avance lorsqu'il voit dans le DVX une signification secondaire et sans importance. Si 515 n'était pas important en latin, il ne reste aucun motif raisonnable de recourir à un système inconnu et douteux de préférence à la manière normale de procéder. N'importe quelle gématrie est assez incertaine comme cela ! Le fait qu'aucune solution raisonnable ne s'offre en grec ou en hébreu rend l'interprétation du DVX presque obligatoire. Pour le reste, il nous faut soit accepter DVX comme étant la signification entière, soit être disposés à admettre une signification indirecte ou forcée qu'on ne saurait prouver.

L'emploi de lettres latines (les « chiffres romains ») pour indiquer les dates n'a rien à voir en réalité avec la gématrie. L'Arioste fut pourtant sans aucun doute influencé par la prophétie obscure de Dante lorsqu'il chercha, dans le trente-cinquième chant de l'*Orlando furioso*, à teinter sa propre prédiction de mystère divinatoire en déclarant :

62. Sanders, « The Number of the Beast in Revelations ».
63. *Contre les hérésies*, V, 30.
64. *Purgatoire*, XXXIII, 43.
65. « The DVX Prophecy », *Studies*, 3ᵉ sér., pp. 253-283.

Che venti anni principio prima avrebbe
Che coll' M e col D fosse notato
L'anno corrente dal Verbo incarnato[66].

(Ceci... adviendra vingt ans avant,
À dater du Verbe incarné, l'année
Marquée par les hommes d'un M et d'un D.)

John Skelton utilisa un code anglais de gématrie dont il fut probablement l'inventeur et qui consistait à numéroter les voyelles de 1 à 5 puis à donner aux consonnes la place numérique qui est la leur dans l'alphabet. Selon ce système, A = 1, B et E équivalent à 2, C = 3, D = 4, F = 6, etc. (I et J sont tenus pour une seule et même lettre, qui porte le numéro 3.) Dans *The Garland of Laurel*, par conséquent, les nombres

« 17.4.7.2.17.5.18

18.19.17.1.19.8.5.12 »

donnent le nom ROGERUS STRATHAM[67]. Le « vers ou deux » écrit par Pensitate dans *Ware the Hawk* comporte dans sa forme énigmatique un puzzle numérique que même l'application de ce code ne peut résoudre complètement :

« 18.10.2.11.19.4.13.3.3.1 dix valet »

S K E L T O N I I A K

J J

C C

En admettant que des erreurs se soient glissées dans la copie d'un tel enchaînement de chiffres privés de sens, on peut raisonnablement penser que l'on voulait signifier *Iak Skelton*. Le « valet » fait peut-être partie de la phrase entière dont ceci est la conclusion[68].

Il existe, dans la même veine que la gématrie, un secret gnostique tout aussi révéré, le mystère du Nom Ineffable. Si la croyance en l'importance des nombres semble venir de Babylone, on a toutes les raisons de penser que la dévotion attachée au nom est d'origine égyptienne. Dans une étude détaillée de la religion et du folklore égyptiens, E.A. Wallis Budge remarque : « Pour les Égyptiens, le nom faisait partie de l'homme au même titre que son âme, son double ou son corps, et il est tout à fait avéré que

---

66. Strophe 4 ; cf. Dante, *Paradis*, XIX, 127-129.
67. C'est Mr. Richard Hughes qui a élucidé ce code ; cf. son édition des *Poems* de John Skelton (Heinemann, 1924).
68. Skelton est un auteur déroutant, même du point de vue numérique. Dans sa prière *To the Second Person* (À la deuxième personne), il utilise le refrain « *Defend me with they piteous woundes five* » (Protège-moi avec tes cinq pitoyables blessures), ce qui est assez conventionnel. Mais je ne sais que tirer de la quatrième strophe de *Now Sing We, as We Were Wont* (Nous chantons aujourd'hui, comme nous en avions coutume) :
« *Man, thou shalt now understand,*
Of my head, both foot and hand,
Are four c. and five thousand
  Woundes and sixty ;
Fifty and vii.
Were told full even
  Upon my body. »
(Homme, tu comprendras maintenant
Que ma tête et ma jambe et ma main
Sont quatre C et cinq mille
  Soixante blessures ;
Cinquante et VII
Qu'il fut ordonné
  Qu'on m'infligeât également sur le corps.)

c'était là une conception très ancienne en Égypte[69]. » Les noms des dieux, gardés secrets, étaient censés receler un pouvoir terrible. On lit sur un papyrus : « Il est le roi des hommes et des dieux... ses noms sont multiples et inconnus, les dieux eux-mêmes ne les connaissent pas[70]. »

Il n'est pas étonnant que les hermétistes aient intégré cette tradition à leurs mystères, le Logos gnostique ayant souvent une fonction analogue[71]. Chez eux, comme chez les Égyptiens, le Nom de Dieu ne devait jamais être prononcé. Dans les manuscrits, il est indiqué par des blancs, des croix ou le terme *Tetragrammaton*.

La composition du Nom varie. Selon Valentin, il est composé de 22, 42 ou 72 lettres ou syllabes[72]. *L'Apocalypse* de Marc le pose comme contenant 30 lettres et 4 syllabes[73]. Archélaos parle à propos de Mani de Noms connus seulement des 7 élus[74]. Le Nom Ineffable de la cabale est de même composé de 4, 22, 42 ou 72 lettres : « Celui qui peut le prononcer correctement fait trembler le ciel et la terre car c'est le nom qui fait l'univers[75]. »

Dans ce résumé du gnosticisme, nous avons vu, portée rigoureusement à ses ultimes conséquences, une conception philosophique selon laquelle un ordre strict règle l'univers ; cet ordre peut être exprimé par le nombre qui est une sorte de prototype abstrait de la réalité ; le Plan divin qui se reflète dans les cieux se répète *ad infinitum* dans les mondes spirituel, sensible et matériel. Tout comme dans le pythagorisme, le nombre n'est pas tant un symbole qu'une essence. Il revêt donc une importance capitale.

Les siècles suivants continueront d'être régis par cette philosophie. Quant aux gnostiques eux-mêmes, bien que regardés avec suspicion et éliminés partout où cela était possible par la Vraie Église, ils continueront de cultiver et de transmettre leurs mystères. Il semble que le manichéisme, la plus puissante des sectes gnostiques, ne fut jamais éradiqué et que les importants mouvements cathares se soient beaucoup inspirés de la théologie manichéenne. Les formules gnostiques se perpétuèrent par ailleurs dans la magie, l'astrologie et l'alchimie – dans tous les domaines où l'on accordait une grande valeur aux secrets cosmiques. Dans le même temps, les croisés en Orient et, à Tolède, les étudiants aventureux qui venaient en nombre suivre l'enseignement universitaire, entraient directement en contact avec les doctrines cabalistiques[76].

69. *Egyptian Magic*, p. 157 ; cf. Cumont, *Oriental Religions*, pp. 29-30.
70. Papyrus d'Ani, Budge, *op. cit.*, pp. 137-141.
71. Mead, *Thrice Greatest Hermes*, I, 165.
72. Gaster, *Studies and Texts*, I, 291-293.
73. King, *op. cit.*, p. 286.
74. *Actes de la Dispute*, AN XX, 289.
75. Mathers, *op. cit.*, p. 30.
76. Lea, *A History of the Inquisition of the Middle Ages*, *passim* ; Gebhart, *Mystics and Heretics in Italy*, *passim*.

V

LES PREMIERS AUTEURS CHRÉTIENS

L e fait que la symbolique médiévale des nombres n'atteignit jamais en Europe l'extravagante complexité du gnosticisme est directement imputable à la simplicité marquée de la foi chrétienne primitive. La question de savoir qui, des « gnostiques » ou des « chrétiens », est le plus ancien demeure ouverte mais il est certain que le christianisme du Iᵉʳ siècle était à part dans le fouillis des religions et des philosophies de l'époque. Car, au milieu des émanations, des éons, des dissertations savantes, quoique obscures, sur la cosmologie et l'eschatologie, était née une foi plutôt qu'une « gnose », qui adorait une personne plutôt qu'un principe et se tenait aux antipodes des mœurs spéculatives du temps.

Les exégètes du Nouveau Testament étaient certes capables de découvrir des secrets numériques partout dans la vie et dans l'enseignement de Jésus mais il saute aux yeux du lecteur le moins averti qu'une telle interprétation savante est en contradiction complète avec l'esprit ingénu et sans détour des Écritures. Les Épîtres de saint Paul, les plus anciens et certainement les plus authentiques des documents originels, ne font absolument pas appel à la théorie des nombres. Les Évangiles synoptiques ainsi que le récit plus discutable de saint Jean et les Actes, qui furent tous rédigés au Iᵉʳ siècle, comportent des nombres mais ce ne sont des nombres « symboliques » que dans le sens le plus élémentaire du terme.

Le nombre 10, par exemple, avec ses connotations pythagoriciennes, est une expression très naturelle de la totalité. Il n'est pas nécessairement plus significatif que la référence courante à une « dizaine » ou une « vingtaine » pour désigner approximativement un groupe. Dans un récit, il était donc naturel de parler de 10 vierges (Matthieu, XXV), de 10 pièces d'argent (Luc, XV, 8), de 10 lépreux (Luc, XVII, 12-17), de 10 serviteurs (Luc, XIX, 12-25). Une même propension à arrondir explique les 100 brebis de Matthieu, XVIII, 12 et de Luc, XV, 4.

Les théologiens ultérieurs allaient trouver des indications de la Trinité dans les 3 dons des Mages, les 3 reniements de saint Pierre, les 3 jours précédant la Résurrection, les 3 personnages de la Transfiguration et de la Crucifixion, les 3 disciples réveillés 3 fois à Gethsémani, les 3 tentations du Christ et ses 3 apparitions à ses disciples après sa mort. La liste est passablement longue mais un jugement à froid ne trouvera guère dans ces triades de symbolisme plus évolué que celui du 3 statistique, universellement commun au récit, à la fable et à la légende ; s'y ajoutent peut-être ici des connotations de sainteté qui se sont toujours attachées à ce nombre. Rien n'indique non plus que d'obscurs principes premiers se dissimulent dans ces nombres.

L'abandon par les chrétiens de la tradition philosophique rendit toutefois nécessaire qu'on y substitue la garantie d'une « vérité » aussi vénérable. C'est ainsi qu'à la différence des gnostiques qui répudiaient pour l'essentiel l'Ancien Testament et son Dieu, les premiers chrétiens se trouvèrent une assise dans les écrits hébraïques et virent dans les prophéties des Hébreux confirmation de la divinité de Jésus qu'ils identifiaient au Messie attendu depuis si longtemps. Il nous importe peu en l'occurrence de déterminer la part du réel et celle de l'invention pieuse dans les Évangiles. Il se peut que Jésus ait réellement choisi 12 disciples. Il se peut que la déclaration « Vous siégerez vous aussi sur 12 trônes pour juger les 12 tribus d'Israël[1] » soit pure fiction. Dans un cas comme dans l'autre, l'intention évidente est de continuer la tradition hébraïque.

Il en va ainsi pour la plupart des nombres du Nouveau Testament. Il est possible que la désignation par le Christ de 70 missionnaires, en plus des 12[2], ait été destinée à rappeler à un esprit juif que « tes pères allèrent en Égypte au nombre de soixante-dix ; et voilà que le Seigneur t'a fait aussi nombreux que les étoiles des cieux » (Deutéronome, XX, 22). Même le rapprochement de 70 et de 12 se rattachait aux coutumes hébraïques. Car lorsque Moïse fut appelé sur la montagne pour y recevoir la Loi, 70 anciens furent délégués pour « se prosterner à distance » et 12 stèles furent dressées « selon le nombre des tribus d'Israël » (Exode, XXIV, 1, 4). Ces 12 tribus et 70 anciens furent rapidement rapprochés des 12 sources d'eau et 70 palmiers qui apportèrent réconfort aux Hébreux à Elim[3].

Les 40 jours de la tentation du Christ renvoient de même aux 40 jours de solitude d'Élie ou aux 40 jours d'épreuve du Déluge. Les anciens 7 du mal et de la pénitence se retrouvent dans les 7 démons de Marie Madeleine[4] et dans les discussions sur le pardon du péché (Matthieu, XVIII, 22 ; Luc, XVII, 4). Dans tous ces cas, le choix des nombres n'est symbolique qu'en ce sens qu'il perpétue un idiome connu et accepté. L'esprit général du Nouveau Testament est d'écrire des chapitres nouveaux dans un livre ancien. « Afin que l'Écriture s'accomplisse », notent les biographes du Christ, qui ont toujours un œil sur leur sujet et l'autre sur les textes sacrés des juifs. Dégagés de toute subtilité théologique ou métaphysique, ils trament leurs récits avec le fil dont ils ont hérité. Comment les apôtres auraient-ils pu ne pas être au nombre de 12 ? Comment aurait-il pu y avoir plus ou moins de 7 démons ? Quand, sinon le jour de la Pentecôte, le Saint-Esprit pouvait-il descendre[5] ?

C'est dans l'Évangile de Jean que l'on rencontre ce qui se rapproche le plus d'un symbolisme numérique délibéré. Jean rapporte la triple apparition du Christ après sa mort et le partage en 4 parties de ses vêtements[6], ce qui doit s'entendre dans le même

---

1. Matthieu, XIX, 28 ; Luc, XXI, 30.
2. Luc, X, 1.
3. Nombres, XXXIII, 9.
4. Marc, XVI, 9 ; Luc, VIII, 2.
5. Actes, II, 1-4.
6. Jean, XIX, 23.

sens que le rassemblement des élus « des 4 vents » de Matthieu, XXIV, 31. On peut trouver encore une signification symbolique dans la question posée par le Christ : « Le jour n'a-t-il pas 12 heures ? Si quelqu'un marche durant le jour il ne trébuche pas parce qu'il voit la lumière de ce monde[7]. » Il se peut, au vu de ces indications, qu'une valeur particulière soit attribuée aux 153 poissons que Pierre retire de la mer[8] – valeur qui reste un mystère complet.

Mais même si les deux généalogies compilées numériquement, qu'on trouve chez Matthieu et chez Luc, étaient considérées comme des documents authentiques du christianisme du Ier siècle, même si on y ajoutait les légendes et les évangiles apocryphes, il sauterait encore aux yeux que la théologie numérique n'était pas la voie choisie par le christianisme primitif. Une telle singularité se fût maintenue en dépit des sollicitations de toutes parts, n'eût été une faille dans l'armure de simplicité de cette religion.

Le seul fait que des nombres figurent dans les Évangiles était en lui-même une faiblesse fatale à une époque obsédée par le nombre. Et l'adjonction de l'Apocalypse de saint Jean aux textes canoniques, du fait d'une attribution supposée, invitait ouvertement les commentateurs à se pencher sur les mystères des nombres. Mieux encore, l'acceptation de l'Apocalypse justifiait le sérieux avec lequel on prendrait en considération le *Pasteur* d'Hermas, plein lui aussi d'allégories numériques auxquelles venait s'ajouter l'attrait supplémentaire des interprétations internes. Ce texte allait devenir l'un des plus populaires de l'Église chrétienne durant les IIe, IIIe et IVe siècles. À la même époque étaient promulguées les *Reconnaissances* pseudo-clémentines (avant 231), qui se présentaient comme le récit des pérégrinations de Clément en compagnie de l'apôtre Pierre, récit encombré de données astrologiques, pythagoriciennes et gnostiques dont la plupart sont exprimées par Pierre lui-même. Bientôt on en appela à l'autorité d'Hermès pour soutenir la Vraie Foi[9].

En même temps, l'Église admettait en son sein des hommes d'inclination érudite et philosophique, intéressés par la création d'un corpus cohérent de théologie chrétienne. Le grand docteur d'Alexandrie Clément (mort en 200) et ses disciples, Origène et Hippolyte, étaient de ceux-là. Ces hommes, qui vivaient dans de grands centres philosophiques et gnostiques, s'inspirèrent inévitablement des modèles avec lesquels ils étaient en contact. La faiblesse doctrinale majeure du chistianisme, ainsi qu'en témoigne l'hérésie arienne, résidait dans la dualité de la divinité. L'acceptation du « logos » de Philon et son identification avec le Fils fut le premier pas vers une solution, mais l'addition d'une troisième personne, le Saint-Esprit, apporta une preuve indiscutable d'Unité. La présence de triades divines dans toutes les croyances gnostiques fut certainement un facteur déterminant pour la création de la Trinité, mais les fondements pythagoriciens sous-jacents de la philosophie du temps conférèrent à la doctrine un caractère de nécessité. Que le Père et le Fils fussent Un était discutable en termes tant numériques que philosophiques. Mais le Père, le Fils et le Saint-Esprit étaient indiscutablement Un du seul fait qu'ils étaient Trois !

Beaucoup d'auteurs paléochrétiens, Paul y compris, semblent n'avoir jamais entendu parler de cette doctrine. C'est pour cette raison que les deux références du Nouveau Testament, l'une à une triade (Matthieu XXVIII, 19) et l'autre précisément à la Trinité

7. Jean, XI, 9.
8. Jean, XXI, 11.
9. Cyprien (200-248), *De la vanité des idoles*, 6.

(I Jean V, 7), sont, tout spécialement la seconde, soupçonnées d'être des interpolations. Les références à la Trinité ne deviennent courantes ou décisives qu'au IIIᵉ siècle et la doctrine ne recevra sa formulation définitive et officielle que lors du concile de Constantinople, en 381 [10]. L'acceptation de ce principe fondamental du pythagorisme allait à lui seul cautionner la philosophie tout entière. La doctrine du Purgatoire formulée par Clément [11] et Origène [12] créa, avec le Ciel et l'Enfer, une autre triplicité dans l'univers spirituel.

L'intérêt philosophique pour le nombre se répandait par ailleurs d'une manière plus générale. Irénée, dans sa réfutation des gnostiques, affirme que leur théologie est fausse, non parce qu'elle s'appuie sur les nombres, mais parce que son système numérique est incorrect. N'ignorent-ils pas entièrement le nombre 5 qui est partout manifeste dans la Vraie Foi ? *Soter* (Sauveur) est composé de 5 lettres, tout comme *Pater*. Le Seigneur a béni 5 pains et nourri 5 000 personnes. La croix a 5 extrémités, il y a 5 doigts, 5 sens [13]. De la même manière, Tertullien soutient le 12, mettant en évidence le grand nombre de douzaines dans l'Ancien Testament et argumentant : « Le Christ de Marcion est-il capable de montrer qu'il peut aussi bien défendre un tel nombre [14] ? » Les références à Philon deviennent fréquentes et on parle même d'Hermès avec respect. Justin le Martyr apporte du poids à ses arguments en citant Pythagore, lequel, en affirmant que « l'unité est le premier principe de toutes choses et est la cause de tout bien..., enseigne au moyen d'une allégorie que Dieu est Un et seul [15] ». Origène est convaincu que Dieu a fait le monde « en fonction d'un nombre défini, prédéterminé par lui, car il est impensable... que les créatures n'aient pas de limite [16] ». Il ajoute que certains passages des Écritures ne contiennent pas de « sens corporel » mais doivent être interprétés au figuré, illustrant la chose à l'aide d'un passage numérique :

> Et il se peut qu'en l'occurrence, les récipients contenant chacun 2 ou 3 tonnelets soient attribués à la purification des juifs, comme nous le lisons dans l'Évangile selon Jean : l'expression signifie de façon obscure, concernant ceux que l'apôtre appelle secrètement « juifs », qu'ils sont purifiés par la parole de l'Écriture, recevant parfois 2 tonnelets, autrement dit le sens « psychique » et le sens « spirituel » ; et parfois 3 tonnelets puisqu'ils ont aussi, outre ceux déjà mentionnés, le sens « corporel », qui est capable de produire l'édification. Et 6 récipients conviennent à ceux qui sont purifiés dans le monde, lequel fut fait en 6 jours [17].

Cherchant à la suite de Philon une justification à l'apparente absence de sens de l'interprétation littérale de certains passages des Écritures, divers Pères de l'Église entreprirent d'écrire des interprétations figurées des textes bibliques. Ils trouvèrent un précédent à cette entreprise dans les instructions précises données pour les dimensions

10. Reinach, *Orpheus*, p. 260.
11. *Stromates*, VII, 6.
12. *Contre Celse*, V, 14-15.
13. *Contre les hérésies*, II, 24, 4.
14. *Contre Marcion,* IV, 13 ; AN VII, 222 ; de telles affirmations ne sont pas des procédés subtils pour discréditer l'ensemble du système numérique, comme le prouve l'importance accordée aux nombres dans d'autres écrits des mêmes auteurs.
15. *Discours aux Grecs*, XIX ; AN II, 305.
16. *De principiis*, II, 9 ; AN X, 127.
17. *Ibid.*, IV, 1 ; AN X, 303-304.

du tabernacle [18] et dans le témoignage du Livre de la Sagesse selon lequel « Dieu a tout réglé selon le nombre et la mesure [19] ».

Les premières interprétations des nombres scripturaires s'en tenaient aux plus éminents d'entre eux, tels les 12 sources d'eau et les 70 palmiers d'Elim, les 318 serviteurs d'Abraham, et aux écrits apocalyptiques. On peut reconnaître quelque chose de gnostique, c'est-à-dire de l'ordre des mystères scripturaires cachés au profane, dans l'interprétation de Barnabé que voici :

> Sachez donc, mes enfants, prenant une ample vue des choses, qu'Abraham, le premier qui ait connu la circoncision, anticipant l'esprit de Jésus, pratiqua ce rite après avoir reçu le mystère des 3 lettres. Car [l'Écriture] dit : « Et Abraham circoncit 10, 8 et 300 hommes de sa maisonnée. » Que lui était-il donc donné à connaître par là ? Apprenez d'abord le 18, puis le 300. De cette manière, le 10 et le 8 sont indiqués : 10 par I et 8 par H. Vous avez [les initiales du nom de] Jésus. Et, comme la croix devait exprimer la grâce [de notre rédemption] par la lettre T, il dit aussi « 300 ». *Je n'ai accordé à personne d'autre meilleure connaissance que celle-ci mais je sais que vous en êtes dignes* [20].

L'interprétation de 318 par la gématrie devient traditionnelle et T, ou 300, devient de ce fait le symbole de la croix. Selon saint Ambroise, c'est là qu'il faut chercher la signification du choix de 300 hommes par Gédéon [21] et la valeur de 300 deniers accordée à l'onguent par Judas Iscariote [22]. Hippolyte interprète de nombreux psaumes en fonction de leurs nombres, expliquant que « les psaumes qui traitent de sujets historiques ne sont pas ordonnés chonologiquement, et la raison doit en être cherchée dans les nombres selon lesquels les psaumes sont disposés [23] ».

Certaines des premières explications des nombres scripturaires sont plutôt forcées, comme le raisonnement de saint Ambroise sur les 15 coudées de l'arche. Elles représentent, dit-il, trois fois les 5 sens « ainsi que la chose saute aux yeux [24] » ! On reconnaît toutefois un consensus croissant entre les Pères sur cette question à mesure qu'ils prennent appui les uns sur les autres. Des associations numériques particulièrement significatives finissent par s'imposer, qui traverseront telles quelles le Moyen Âge, si bien qu'il n'est pas rare de rencontrer une affirmation d'Ambroise reprise textuellement par Augustin ou Thomas d'Aquin. Les plus durables sont tirées de la Bible, du pythagorisme et de l'astrologie. L'un des effets des écrits apocalyptiques fut de donner une force particulière aux implications astrologiques et, par là, de les officialiser. Les *Reconnaissances* de Clément ont un certain contenu astrologique traditionnel, y compris la proposition souvent citée : « car Il est l'année acceptable de Dieu, ayant fait de nous, ses apôtres, comme ses 12 mois [25] ». Par un raisonnement de même nature, Victorinus appelle les 24 anciens de l'Apocalypse les 24 anges du jour et de la nuit et répartit les 7 « dons » du Saint-Esprit entre les 7 cieux [26].

18. Clément, *Stromates*, VI, 11.
19. Sagesse, XI, 20 ; Origène, *De principiis*, II, 9.
20. Épître IX ; AN IV, 117 ; c'est moi qui souligne.
21. *De Spiritu Sancto*, I, Introduction.
22. *Ibid.*, III, 17.
23. *Des Psaumes*, 5 ; AN VI, 501.
24. *De Noë*, XV ; P.L. 14, 405.
25. *Op. cit.*, IV, 35 ; AN III, 301.
26. *De la Création* ; AN XVIII, 391. Dante a peut-être ces anges-heures présents à l'esprit lorsqu'il parle des heures de la nuit comme de créatures ailées (*Purgatoire*, IX, 7-9).

L'analogie hébraïque qui fait de la création un prototype de l'histoire humaine[27] conduisit à de nouvelles recherches sur la durée du monde. La reprise dans II Pierre, III, 8 de l'affirmation du Psaume XC (verset 4) selon laquelle un jour est pour lui comme 1 000 ans réaffirme ce laps de temps comme la longueur d'un âge. Par conséquent, Irénée[28] et Lactance[29] s'accordent pour limiter la durée du monde à 6 000 ans[30]. L'astrologie insiste par ailleurs sur la nature septuple du monde, et la résurrection du Christ le huitième jour, jour de la circoncision et premier jour de la deuxième semaine, indique que le huitième âge, sans fin et intemporel, sera celui de la vision béatifique. C'est la conclusion de Clément[31], de Victorinus[32] et de Basile[33]. Aucune de ces thèses n'était entièrement satisfaisante, étant donné que le Repos était universellement attribué au Sabbat et la Régénération au nombre 8 ; 7 et 8 symbolisent par conséquent l'un et l'autre la Gloire ultime. Il allait revenir à saint Augustin de résoudre ce dilemme. Il ne faisait aucun doute pour lui que la création du monde en 6 jours annonçait 6 âges terrestres. Le septième jour, celui du repos, symbolisait le Repos éternel. Mais il n'y avait pas de soir du septième jour ! Le huitième, par conséquent, représente un retour à la vie originelle, non pas disparue à jamais mais rendue éternelle[34]. Autrement dit, les septième et huitième âges sont à la fois spirituels et intemporels mais ils servent l'un et l'autre à signifier le double caractère sabbatique et régénérateur du Dernier Âge. Le septième jour est le repos des saints qui progressent spirituellement durant le sixième âge. Les sixième et septième jours culmineront dans le Jugement et la Regénération éternelle du huitième[35].

C'est saint Augustin qui sanctionna la reconnaissance définitive de la symbolique des nombres. Homme d'une intelligence supérieure et d'une vaste culture, initié aux complexités de la théologie manichéenne, il introduisit dans l'étude de la théologie une plus grande curiosité intellectuelle et un plus haut degré de logique analytique que tous les auteurs chrétiens avant lui. En tant que philosophe, il voyait dans les nombres une image de l'absolu, car « il existe un rapport inaltérable entre les nombres et rien ni personne ne peut faire que le nombre qui vient après un ne soit le double de un[36] ». Ou encore :

> Quant à la science des nombres, il apparaît à l'esprit le plus obtus qu'elle n'a pas été l'œuvre de l'homme mais le fruit de la recherche... Il n'est au pouvoir de personne de décréter à son gré que 3 x 3 ne font pas 9, ne font pas un carré ou ne sont pas le triple de 3...[37]

27. On me dit que les juifs orthodoxes attendent encore la fin du monde pour l'an 7000 depuis la création, soit 3239 selon le calendrier grégorien.
28. *Contre les hérésies*, V, 28, 2-3.
29. *Institutions divines*, VII, 14.
30. Certains, sans modifier en rien la convention établie des 6 âges, soutenaient qu'une « prime » de 1000 ans avait été accordée par l'entremise du Christ, ce qui accomplissait la promesse implicite de l'Ancien Testament évoquée par Josué (=Jésus) arrêtant le soleil et la lune durant une journée entière (Josué, X, 13 ; Raban Maur, P.L., 108, 1045 ; saint Augustin, P. L. 35, 2175-2176).
31. *Stromates*, IV, 25.
32. *De la Création* ; AN XVIII, 390.
33. *De Spiritu Sancto*, XXVII, 66.
34. Lettre LV, 9, 17.
35. *Contra Faustum*, XII, 8.
36. *Sur la morale des manichéens*, XI, 24.
37. *De la doctrine chrétienne*, II, 38, 56.

Par l'investigation, l'homme peut toutefois découvrir les mystères de Dieu déposés dans l'Écriture. C'est ainsi que sa façon d'envisager les 6 jours de la création conduit saint Augustin à un long développement sur les nombres parfaits où il explique :

> Nous ne devons pas mépriser la science des nombres qui, dans de nombreux passages des Saintes Écritures, s'avère être d'un grand secours à l'interprète avisé. Ce n'est pas non plus sans raison que l'on a loué Dieu d'avoir « ordonné toutes choses selon le nombre, la mesure et le poids[38].

On trouve une autre manifestation de l'emploi du nombre par Dieu chez Isaïe, XI, 26, « Qui répand leurs armées en nombre » ; dans Matthieu, X, 30, « Même les cheveux de votre tête seront dénombrés ». Dieu connaît *tous* les nombres « car son entendement est infini[39] ». Comme « l'ignorance des nombres [...] nous empêche de comprendre des choses qui se trouvent dans l'Écriture sous une forme figurée et mystique[40] », même l'étude des païens a de la valeur en ce qu'elle nous enseigne « la science du raisonnement et des nombres[41] ». Saint Augustin est disposé à accepter les prophéties de la Sibylle, d'Hermès, d'Orphée ou de n'importe quel poète païen afin d'aider les païens sur le chemin de la foi[42]. C'est ainsi que, en matière de nombre, Hermès est considéré comme un maître[43] et qu'on nous rappelle que Platon lui-même présentait Dieu comme ayant façonné le monde à partir de principes numériques[44].

Saint Augustin ne cesse de s'émerveiller des propriétés du nombre. Il y a un passage révélateur à cet égard où, à propos du septième jour, il remarque qu' « on pourrait dire beaucoup de choses encore sur la perfection du nombre 7, mais ce livre est déjà trop long et je craindrais qu'on ne voie là de ma part une manière plus puérile que profitable de saisir l'occasion de faire connaître mes rudiments de science[45] ». Mais cette considération même n'est pas assez forte pour le retenir d'expliquer que 7 est composé du premier nombre pair et du premier nombre impair[46] et symbolise donc tous les nombres. En conséquence, 7 signifie « la complétude parfaite ».

Il faut noter à ce propos que saint Augustin est l'une des sources les plus détaillées concernant la théorie néo-pythagoricienne des nombres et il perd rarement l'occasion de la discuter. Dans son commentaire de Jean, il ne passe sous silence aucune référence numérique, pas même les heures du jour ou les « 25 ou 30 stades » (Jean, VI, 19). : « La vérité pourrait-elle être mise en danger par un simple calcul... ? Examinons le nombre 25[47]. »

Il est fermement convaincu de l'intention symbolique des nombres de l'Écriture, se demandant pourquoi autrement l'arche aurait des dimensions aussi précises ou pourquoi on en aurait fait état si ce n'est « pour l'étude fervente des générations futures[48] ».

Le récit du Déluge allait revêtir une importance accrue dans la théologie chrétienne, étant donné qu'on y voyait un prototype du salut de l'homme par le christianisme :

---

38. *Cité de Dieu*, XI, 30.
39. Psaume CXLVII, 5 ; *Cité de Dieu*, XII, 8.
40. *De la doctrine chrétienne*, II, 16, 25.
41. *Ibid.*, II, 39, 58.
42. *Contra Faustum*, XIII, 1.
43. *Cité de Dieu*, VIII, 23.
44. *Ibid.*, XII, 8.
45. *Ibid.*, XI, 31.
46. Trois et quatre sont les premiers nombres réels ; cf. *supra*, pp. 36-37.
47. *Sur Jean*, XXV.
48. *Contra Faustum*, XII, 38.

l'arche et le déluge signifient le salut par le bois (la croix) et par l'eau (le baptême). Saint Augustin n'épargne pas sa peine pour interpréter l'histoire tout entière ; nous reproduisons ici le début de son argumentation pour illustrer son étonnante ingéniosité ainsi que pour donner un aperçu de la méthode de l'exégèse médiévale des nombres :

14. Faisant abstraction, par conséquent, de nombreux passages de ces Livres où le Christ peut être trouvé mais qui requièrent une explication et une démonstration plus longues, *même si les significations les plus cachées sont les plus délectables*, on peut obtenir un témoignage convaincant par le recensement d'éléments du type de ceux qui suivent : Qu'Énoch, le 7e depuis Adam, agréa à Dieu et fut enlevé au ciel, comme il y aura un 7e jour de repos lors duquel seront enlevés au ciel tous ceux qui, durant le 6e jour de l'histoire du monde, auront été créés une nouvelle fois par le Verbe incarné. Que Noé, avec sa famille, est sauvé par le bois et l'eau, de même que la famille du Christ est sauvée respectivement par le baptême et la souffrance de la Croix. Que l'arche est faite de poutres disposées en carré, de même que l'Église est constituée de saints prêts à toute bonne œuvre : car un carré tient solidement sur chacun de ses côtés. Que la longueur de l'arche correspond à 6 fois sa largeur et 10 fois sa hauteur, comme un corps humain [étendu], afin de montrer que le Christ s'est manifesté sous la forme d'un corps humain. Que sa largeur est de 50 coudées ; de même que l'apôtre dit : « Notre cœur est élargi » (II Corinthiens, VI, 11), c'est-à-dire avec l'amour spirituel dont il dit encore : « L'amour de Dieu a été répandu dans nos cœurs par l'Esprit saint qui nous a été donné » (Romains, V, 5). Car le 50e jour après sa résurrection, le Christ envoya son Esprit pour élargir le cœur de ses disciples. Qu'elle a 300 coudées de longueur, pour faire 6 fois 50 : comme il y a 6 âges dans l'histoire de ce monde [...] qu'elle a 30 coudées de hauteur, le dixième de sa longueur ; parce que le Christ est une hauteur qui, dans sa 30e année, a donné sa sanction à la doctrine de l'Évangile en déclarant qu'il n'était pas venu détruire la loi mais l'accomplir. Or les 10 commandements sont connus pour être le cœur de la loi ; aussi la longueur de l'arche est-elle de 10 fois 30. Noé lui-même était également le 10e depuis Adam [...].

15. [...] Qu'il y a dans l'arche des animaux purs et des impurs, de même que les bons et les méchants participent aux sacrements de l'Église. Que les purs vont par 7 et les impurs par 2, non parce que les méchants sont moins nombreux que les bons, mais parce que les bons gardent l'unité d'esprit dans le lien de la paix. Et il est parlé de l'Esprit dans l'Écriture comme ayant une opération septuple, comme étant « l'Esprit de sagesse et de compréhension, de conseil et de pouvoir, de connaissance et de piété, et de crainte de Dieu » (Isaïe, XI, 2, 3). Il en va de même du nombre 50 qui se rattache à la venue de l'Esprit et est formé de 7 fois 7 plus 1 ; c'est pourquoi il est dit : « Vous appliquant à garder l'unité d'esprit dans le lien de la paix » (Éphésiens, IV, 3). Les méchants, une fois encore, sont sous le signe du 2 comme étant facilement divisés du fait de leur tendance au schisme. Que Noé, si l'on dénombre sa famille, était le 8e parce que notre espoir de résurrection est apparu dans le Christ qui est ressuscité des morts le 8e jour, c'est-à-dire le jour après le 7e, jour du sabbat. Ce jour était le 3e après Sa passion, mais dans le décompte ordinaire des jours, c'est à la fois le 8e et le 1er.

[Je saute le paragraphe 16, consacré à la division des espaces inférieurs en 2 et 3 chambres.]

17. Que le Déluge eut lieu 7 jours après que Noé fut entré dans l'arche, de même que nous sommes baptisés dans l'espoir du repos futur qui a été signifié par le 7e jour... Qu'il plut 40 jours et 40 nuits, de même que le sacrement du baptême céleste nous lave de toutes nos fautes contre les 10 commandements aux 4 coins du monde, que la faute ait été commise au jour de la prospérité ou dans la nuit de l'adversité.

18. Que Noé avait 500 ans lorsque Dieu lui ordonna de construire l'arche et 600 lorsqu'il y entra, ce qui montre qu'il fallut 100 ans pour la construire, ce qui semble correspondre aux années de l'âge du monde. Ainsi le 6e âge est rempli par l'édification de l'Église au moyen de la diffusion de l'Évangile... Encore une fois, ce fut le 2e mois de

la 600ᵉ année que Noé entra dans l'arche, et dans 2 mois il y a 60 jours, si bien qu'ici, comme dans tout multiple de 6, nous avons un nombre qui renvoie au 6ᵉ âge [49]. »
[Et ainsi de suite jusqu'au paragraphe 21.]

En transcrivant ce passage, je n'ai omis que quelques phrases, essentiellement répétitives. On notera que le nombre sert de fil directeur à l'interprétation de l'histoire tout entière.

L'interprétation par saint Augustin des 153 poissons est presque aussi ingénieuse. Le nombre 153 est décomposé en 50 x 3 + 3, tous nombres sacrés. Ou, dans une autre perspective, l'Homme dans la Nouvelle Vie, 7 fois affiné, recevra sa récompense dans le dénaire, de sorte que, dans la récompense, 10 et 7 se rencontrent en lui. Or 153 est la figure triangulaire de 17 [50] !

Tous les grands nombres, on l'a vu, sont ramenés à leurs racines à des fins d'explication. À proprement parler, le fait d'additionner les nombres rassemble en les récapitulant leurs significations en une seule unité. La multiplication diffuse une propriété dans un nombre donné de directions ou d'objets. La mise au carré donne l'extension. Le mise au cube donne le volume ou, plus souvent, la hauteur ou le divin. L'addition de un à tout nombre composé unifie le tout si une limite reconnaissable est par là atteinte. Du coup, l'incapacité pour un nombre d'atteindre une limite reconnue implique un défaut ou un manque. Trente-huit, par exemple, ne peut atteindre la limite de 40, alors que 39 y parvient par l'ajout de l'unité. C'est ainsi qu'il est dit de l'homme guéri par le Christ qu'il traînait son *infirmité* depuis 38 ans [51].

Si les premiers auteurs chrétiens empruntèrent abondamment à la philosophie des nombres du passé, ils ajoutèrent aussi de nouvelles significations aux symboles numériques reçus et, abandonnant bien des connotations païennes, ils créèrent un climat typiquement chrétien autour de l'ensemble de la science des nombres. *Un* n'est plus une « Cause première » abstraite ; c'est spécifiquement Dieu, Jéhovah, le Seigneur. De même, la triade est arbitrairement une tri-unité et aussi particulièrement Dieu. Elle devient, par relation au divin, le nombre de la perfection [52] et est de la sorte l'essence de toute chose. La grande preuve de la Trinité apparaît dans les 3 époques d'un monde qui est essentiellement un. Ces 3 époques sont respectivement appelées « Avant la Loi » (d'Adam à Moïse), « Sous la Loi » (de Moïse au Christ) et « Sous la Grâce » (du Christ au Jugement dernier) [53]. La liste des triplicités découvertes dans l'Écriture, dans l'univers et dans le monde spirituel est infinie.

Au sein de la Trinité, cependant, on trouve la dyade, dont la position, comme dans le pythagorisme, indiquait la diversité, incluse et harmonisée dans la triade. Au sein de la Trinité, la nature duelle du Christ est le meilleur exemple du dualisme du christianisme. Car, même si l'opposition du bien et du mal est reconnue comme dans le manichéisme, l'accent est désormais mis sur l'opposition du spirituel et du matériel. Le matériel, à l'instar du mal, est opposé au spirituel mais lui est subordonné. Cette dualité archétypale est signifiée par les oppositions du ciel et de la terre, de l'Ancien et du Nouveau Testament, du temporel et du spirituel, des vies active et contemplative,

49. *Ibid.*, XII ; c'est moi qui souligne.
50. Lettre LV, 17, 31 ; cf. *supra*, pp. 33-34.
51. Jean V, 5 ; saint Augustin, *Sur Jean*, XVII, 4.
52. Saint Augustin, *Du Sermon sur la Montagne*, XIX, 61.
53. Saint Augustin, Épître LV, 35.

symbolisées par Léa et Rachel (par Marthe et Marie dans le Nouveau Testament)[54]. La suprématie du raisonnement astrologique apparaît dans la croyance établie qu'il doit y avoir accord entre ces catégories opposées comme entre le macrocosme et le microcosme. C'est-à-dire que la trinité implique nécessairement l'anti-trinité, ou la trinité manifestée dans le ciel et sur la terre. Saint Augustin pose donc 3 étapes dans le péché (le cœur, l'acte, l'habitude) en opposition aux 3 de la vertu[55].

Le principal apport chrétien à la science des nombres consista en l'identification de cette dualité spirituel/temporel avec les nombres archétypaux 3 et 4. Quatre, du fait des analogies connues des 4 vents, des 4 éléments, des 4 saisons et des 4 fleuves, est tout spécialement le nombre de l'ici-bas. Et, de même que les 3 premiers jours de la création annoncent la Trinité, de même le quatrième porte la « marque de l'homme[56] ». Du point de vue mystique, le fait que l'homme soit une tétrade est illustré par le nom d'*Adam* dont les lettres sont les 4 vents[57]. Pour cette raison, la connaissance des choses divines est disséminée dans le monde par les 4 Évangiles, les 4 évangélistes ou les 4 bêtes, symbolisée par les 4 extrémités de la croix[58], la quadruple division des vêtements du Christ et les 4 vertus ou formes d'amour ainsi que les appelle saint Augustin[59]. « Les Évangiles, dit Irénée, ne pouvaient être ni plus ni moins nombreux qu'ils ne sont[60]. »

Du triple principe de Dieu et du quadruple principe de l'homme découlent les symboles universels 7 et 12. L'addition de 3 et de 4, le spirituel et le temporel, donne 7, qui est de ce fait le premier nombre impliquant la totalité[61]. C'est le nombre de l'univers et de l'homme, signifiant la créature en tant qu'opposée au Créateur[62]. Les 7 dons du Saint-Esprit viennent d'Isaïe, XI, 1-3[63]. On s'aperçut que le « Notre Père » contenait 7 requêtes[64]. De même, on reconnut 7 béatitudes[65] et, par le principe des contraires, ces septénaires furent contrebalancés par les 7 péchés capitaux[66]. Plus tard, l'adjonction des 3 vertus théologales (la Foi, l'Espérance et la Charité) aux 4 vertus cardinales donna l'une des heptades les plus connues du christianisme. L'habitude consistant à présenter ces entités spirituelles sous des regroupements numériques précis indique qu'on percevait un rapport entre elles mais c'est à saint Augustin qu'il allait revenir de démontrer le lien précis entre les 7 requêtes du « Notre Père » et les 7 béatitudes, lesquelles se rapportent à leur tour aux 7 dons de l'Esprit ou aux 7 étapes

54. Saint Augustin, *Harmonie des Évangiles*, V, 18.
55. *Du Sermon sur la Montagne*, I, 12, 35.
56. Théophile d'Antioche, *À Autolycos* ; AN III, 82 ; également saint Ambroise, *De fide*, II, Introduction ; saint Augustin, *Sur Jean*, IX, 14.
57. Saint Augustin, *Sur Jean*, IX, 14 ; cf. *supra*, p. 29.
58. La croix était censée avoir 4 ou 5 pointes – 5, si on comptait l'intersection. Image de 4, elle englobait l'homme et l'univers. Emblème de 5, elle correspondait aux 5 blessures qui ont permis le salut de l'homme, à ses 5 sens, ou à ceux qui vivent sous l'Ancienne Loi du Pentateuque.
59. *De la Morale de l'Église catholique*, XV, 25.
60. *Contre les hérésies*, III, 11, 8.
61. Saint Augustin, *Cité de Dieu*, XX, 5.
62. Saint Augustin, *Du Sermon sur la Montagne*, II, 10, 36 ; Lettre LV, 15, 28.
63. Tertullien, *Contre Marcion*, V, 8 ; Victorinus, *De la Création*.
64. Cyprien, *Du « Notre Père »* ; Tertullien, *De la prière*, II, 8.
65. Saint Augustin, *Du Sermon sur la Montagne*, II, 10-11.
66. Tertullien, *Contre Marcion*, IV, 9 ; saint Augustin, *Harmonie des Évangiles*, VI, 13.

vers la sagesse[67]. Sept est le nombre du Sabbat et du Salut mais c'est aussi celui du péché[68]. Les Églises sur terre sont nécessairement 7, à la ressemblance de l'univers[69].

Étant donné que l'univers est constitué de 7, 8 est le nombre de l'Immortalité[70]. Il revient à l'Unité en tant que premier jour de la deuxième semaine[71] ou dans la huitième phrase des Béatitudes qui reprend la première[72]. C'est le nombre de la résurrection et de la circoncision, le nombre de ceux qui n'ont pas péri lors du Déluge[73]. Ce nombre correspond au huitième âge du Salut éternel, ce pourquoi il est écrit : « Donne une part à 7 et aussi à 8[74]. »

On a longtemps vu dans 10 l'image de l'unité mais c'est le pythagorisme augustinien qui l'obtint en ajoutant la Trinité du Créateur à l'hebdomade du créé[75]. Dans l'usage chrétien, son type majeur est celui des 10 Commandements dont la division traditionnelle en 2 groupes de 5 devait très tôt se transformer en 3 et 7 du fait de cette doctrine.

La prise en compte de 3 et de 4 comme principes premiers explique non seulement la signification de 7, 8 et 10 mais fait aussi entrer en scène le grand nombre astrologique et scripturaire, 12. Car 12, « bien considéré », est simplement une autre forme de 7, étant donné que les deux nombres sont formés de 3 et de 4 et que l'un et l'autre sont l'illustration de l'univers en 7 planètes ou 7 jours de la semaine, et 12 signes du zodiaque ou 12 heures du jour. Le Christ choisit 12 disciples pour se désigner lui-même comme le Jour spirituel[76] et pour faire connaître sa Trinité dans les 4 parties du monde[77]. Cette explication de la « génération » de 12 se retrouve dans les figures sculptées des cathédrales médiévales où les disciples sont généralement disposés en 4 groupes de 3. L'importance de ce nombre est rendue manifeste par le choix d'un autre apôtre pour faire le compte lorsqu'un des 12 disparut[78]. Il y a encore Noé qui, à la dixième génération, eut 3 fils mais l'un d'eux tomba dans le péché afin que le nombre 12 fût sauvegardé[79]. La tribu de Lévi donnait aussi en réalité un total de 13 tribus mais on en parle toujours comme de 12, ce qui prouve que l'idée du nombre est plus importante que la réalité[80].

La christianisation de la symbolique des nombres est particulièrement remarquable dans le traitement du 5 et du 6. Toutes les connotations antérieures de 5 sont négligées au profit des 5 sens[81], ce qui en fait le symbole de la chair[82]. On conçoit alors que l'Ancienne Loi, à laquelle manquait la perfection finale, soit contenue dans le Penta-

67. *Du Sermon sur la Montagne*, II, 10-11 ; *Contra Faustum*, XII, 15 ; *De la doctrine chrétienne*, II, 7, 9-11.
68. Saint Augustin, *Harmonie des Évangiles*, VI, 13.
69. Saint Augustin, Lettre LV, 5, 9.
70. Saint Augustin, *Contra Faustum*, XVI, 29.
71. Saint Augustin, Lettre LV, 15, 28.
72. Saint Augustin, *Du Sermon sur la Montagne*, I, 3, 10.
73. Saint Augustin, *Cité de Dieu*, XV, 20.
74. Saint Augustin, Lettre LV, 13, 23.
75. Saint Augustin, *Contre l'Épître de Manichéus appelée fondamentale*, X, 11.
76. Saint Augustin, *Sur Jean*, XLIX, 8.
77. *Ibid.*, XXVII, 10.
78. *Ibid.*
79. Saint Augustin, *Cité de Dieu*, XV, 20.
80. *Ibid.*, XX, 5.
81. Lactance, *Institutions divines,* VI, 20 ; Clément, *Stromates*, V, 6.
82. Méthode, *Le Banquet des 10 Vierges*, VI, 3 ; saint Augustin, *Sur Jean*, XV, 21.

teuque[83]. La perfection de 6 est de même limitée à la perfection terrestre[84], de sorte que ces deux nombres sont plus proches du 4 que du 3.

Si les Pères de l'Église furent en un sens obligés de prendre les nombres en considération, ils ne le firent pourtant pas à contrecœur. La plupart, tel saint Augustin, sont manifestement fiers de leurs connaissances en la matière et ne manquent jamais de se réjouir de la découverte de nouveaux exemples de l'harmonie numérique de toutes choses. Il n'est pas rare que l'on rencontre dans leurs écrits d'amples développements sur la science des nombres, développements que n'imposait pas le contexte. Cela devient également une pratique courante chez eux que de faire le panégyrique de tel ou tel nombre, en s'écartant du sujet pour indiquer le plus grand nombre possible de significations ou d'usages du nombre en question. Les nombres étaient en outre utilisés par les Pères en un sens symbolique. Saint Augustin classe les opinions de Vincent en 11 types d'erreur[85], ce qui s'avère une façon assez suggestive de traiter la question puisque 11, dépassant ou transgressant le 10 de la loi, était connu comme le nombre du péché[86]. La Bible des Septante, comme son nom l'implique, est censée avoir été traduite par 70 inspirés. Quant au concile de Nicée, Eusèbe nous dit que 250 évêques y assistaient, Athanase plus de 300, Sozomène 320 environ ; mais, du fait des propriétés nouvellement découvertes du nombre 318, c'est celui-ci que la tradition a retenu[87].

Saint Augustin ne se tient pas d'admiration devant la division symbolique des 41 livres de Varron, qu'il explique minutieusement[88]. À partir de considérations semblables, même la disposition formelle des livres chrétiens paie tribut à la science des nombres. *La Cité de Dieu* est soigneusement organisée en 22 livres (comme l'Ancien Testament et les lettres de l'alphabet hébraïque), 2 groupes de 5 étant consacrés à la réfutation, peut-être par allusion aux 10 interdits de l'Ancienne Loi, et 3 groupes de 4, évoquant l'évangélisation apostolique, à l'argumentation positive et à l'exposition. Raban Maur laisse de même entendre que la somme de tout le savoir est contenue dans les 22 livres de son traité *De universo*. Les encyclopédies de Barthélemy l'Anglais, de Thomas de Cantimpré et de Grosseteste sont chacune composées de 19 livres, symbolisant sans aucun doute les 12 signes et les 7 planètes, et se présentent donc comme universelles. Les célèbres *Institutions divines* de Lactance sont de la même manière un texte complet ainsi qu'en témoigne leur division en 7 parties – complet, mais également divin. D'autres ouvrages comportent 12, 50 ou 100 rubriques, comme le *Centiloquium* de Bonaventure. Sur ce modèle, Dante garantit le caractère achevé de sa *Divine Comédie* par la division formelle en 100 chants.

83. Saint Augustin, *Sur Jean*, XVII, 2.
84. Saint Augustin, *Cité de Dieu*, XI, 30.
85. *De l'âme et de son origine*, III.
86. *Cité de Dieu*, XV, 20.
87. Saint Ambroise, *De fide*, I, Prologue et 18 ; NPN, X, 201-202, 320-321.
88. *Cité de Dieu*, VI, 3.

VI

LA PHILOSOPHIE MÉDIÉVALE DES NOMBRES

Il était inévitable que la conscience des nombres se prolongeât au Moyen Âge pour la simple raison qu'il n'y avait littéralement pas une seule source de savoir ou d'inspiration, à l'époque, qui ne fût imprégnée de la philosophie des nombres. Même la reprise des relations avec l'Orient, à travers le commerce, les Croisades et la culture arabe d'Espagne, ne modifia en rien la conception du nombre en tant que modèle du cosmos. Les apports orientaux, tels les principes de l'averroïsme, furent d'origine alexandrine et présentaient nombre de points communs avec le manichéisme et la gnose. La redécouverte d'Aristote ne servit qu'à accroître l'importance, déjà reconnue, de groupes numériques établis comme les 4 causes, les 4 éléments, les 10 catégories. Conséquence de ces influences diverses, il est indiscutable que toutes les théories des nombres étudiées dans les chapitres précédents, ainsi que des variantes dont il n'a pas été fait mention, se retrouvent au Moyen Âge.

La position dominante au Moyen Âge à l'égard des nombre fut toutefois celle du christianisme, élaborée à partir de la numérologie d'Augustin et de ses prédécesseurs. Pour cette raison, la signification fondamentale de la majorité des symboles numériques médiévaux peut être dérivée des principes augustiniens exposés dans le chapitre précédent. La philosophie affirmait explicitement ou implicitement que le nombre était pour le moins une clé, et d'importance, permettant d'accéder aux secrets du cosmos. De même que dans les écrits de Philon et dans les diverses théories gnostiques, l'astrologie et le pythagorisme furent mis à contribution dans une tentative pour définir le schéma de l'univers. On tira de l'astrologie l'hypothèse selon laquelle tous les agrégats fixes définis par le même nombre étaient en relation (7 planètes, 7 jours, 7 Églises). On déduisit aussi de l'astrologie la majorité des symboles numériques dont la validité fut rendue indiscutable du seul fait de leur présence dans les pages de l'Écriture. On devait au pythagorisme l'organisation de ces vérités établies (la relation de 3 et de 1, de 7 et de 8) ainsi que les méthodes de manipulation des nombres destinées à découvrir des secrets plus profonds que ce que livraient les apparences.

Tout laisse à penser qu'aucun facteur ne joua plus en faveur de la généralisation et de la perpétuation de l'axiome d'un ordre cosmique (et, par conséquent, de la nature immuable des agrégats numériques) que l'astrologie, dont nous avons vu qu'elle était à l'origine de presque toutes les manifestations de la science des nombres. De Firmicus Maternus[1] (vers 346) à Roger Bacon[2] (1214-1294 environ), les principes de l'astrologie demeurèrent pour l'essentiel inchangés tandis que dans le même temps ses doctrines s'insinuaient dans toutes les branches du savoir. En théologie, il était admis, alors même qu'on niait l'effet des astres sur la volonté et l'intellect, que l'homme physique était influencé par les corps célestes[3]. Du point de vue mystique, le soleil était la représentation et le symbole éminent de la Divinité[4], ce qui est précisément affirmé par Albert le Grand : « Dans le soleil, parce qu'il encercle la "machine" du monde, est signifié le pouvoir du Père, la sagesse du Fils et l'amour de l'Esprit saint[5]. » Le Phénix, symbole du Christ dans le poème en vieil anglais qui porte ce titre, se lève par conséquent avec le soleil, se baigne 12 fois, prend 12 gorgées d'eau à la source jaillissante et marque le passage des heures en battant des ailes[6]. En tant que science, l'astrologie connut un développement tous azimuts, depuis les prédictions du charlatan ou la mystification d'un Merlin dans le livre VII (chapitre IV) de l'*Historia* de Geoffrey de Monmouth jusqu'à la pédagogie sensée, quoique élémentaire, de la *Confessio amantis* de Gower et à l'érudition très sérieuse de l'école de Chartres[7]. Mais dans toutes ses versions, des plus fantaisistes aux plus approfondies, le fondement essentiel de la science babylonienne demeura le même, et l'ordonnancement de toutes choses, depuis la vie humaine jusqu'aux pierres précieuses[8], aux herbes[9] ou aux métaux[10], était censé avoir son modèle dans les astres.

Cette préoccupation généralisée pour les phénomènes célestes est tout à fait manifeste dans *L'Almanach des Bergers*. Même s'il n'a été publié qu'en 1493[11], ce qu'on appelle « le premier livre imprimé pour le peuple » est un document foncièrement médiéval[12]. Le ton de l'ouvrage est donné au chapitre II, qui suit le prologue de « l'auteur qui a mis ce livre en écrit » :

> Ici commence le Maître Berger.
> Il faut comprendre qu'il y a dans l'année quatre quarts désignés sous les noms de Ver, Hiems, Aestas et Autumnus. Ce sont les quatre saisons de l'année. Le Printemps dure trois mois, février, mars et avril.
> Puis vient l'Été, mai, juin et juillet ; pendant ces trois mois, chaque herbe, grain et arbre est selon son espèce dans toute sa force, sa beauté et même la grandeur de sa taille.

---

1. *Mathesis*, cf. *supra*, p. 23.
2. *Opus majus*, II, *passim*.
3. Thomas d'Aquin, *Summa theologica*, I, qu. 5 ; cf. saint Bonaventure, *Sentences*, II, dist. 2, pars 2, art. 1.
4. C'est la thèse essentielle du *Symbolism in Medieval Thought* de Miss Dunbar.
5. *De laudibus B. Mariae Virg.*, XII, 5.
6. Cf. vers 28, 69, 106, 108, 144-147.
7. Cf. Wedel, *Medieval Attitude toward Astrology*, p. 32.
8. Evans, *Magical Jewels of the Middle Ages* ; cf. également Kunz, *The Curious Lore of Precious Stones*.
9. Thorndike, *History of Magic and Experimental Science*, II, 259.
10. *Ibid.*, II, 392.
11. Édition originale publiée par Guy Marchant à Paris ; traduction en anglais vers 1518. En 1656, dix-sept éditions en anglais et une en écossais avaient été données.
12. Selon Thorndike (*op. cit.*, I, 674), ce genre d'encyclopédie était répandu dès le IXe siècle.

Puis vient l'Automne, août, septembre et octobre, où tous les fruits mûrissent, sont cueillis et engrangés. Puis viennent novembre, décembre et janvier, les trois mois de l'Hiver, époque de peu de profit.

Nous les bergers disons que la vie d'un homme est de soixante-douze ans, ce qui pour nous ne fait qu'une seule année. Car nous prenons six ans pour chaque mois, janvier, février, etc. : car, de même que l'année change avec les douze mois de douze manières différentes, de même un homme change douze fois dans sa vie, si bien qu'il vit jusqu'à soixante-douze ans, car trois fois six font dix-huit et six fois six font trente-six, âge où l'homme est en sa meilleure condition et aussi à son apogée, et douze fois six font soixante-douze, la vie de l'homme.

Il faut calculer six années pour chaque mois ou entendre la chose comme les quatre quarts et saisons de l'année[13]. L'homme est donc divisé en quatre parties, la jeunesse, la force, la sagesse et l'âge. Il est jeune dix-huit ans, fort dix-huit ans, dix-huit ans dans la sagesse et accomplit ses soixante-douze ans durant les dix-huit dernières années.

Et maintenant, il faut montrer comment l'homme change douze fois à la manière des douze mois.

Cet exposé laborieux du rapport du microcosme au macrocosme est suivi d'un calendrier normal avec les fêtes des saints, les cycles de la lune et la position du soleil dans le zodiaque. Sont ensuite successivement donnés les 7 Douleurs de la Vierge Marie, les arbres des vices des pécheurs qui présentent les branches des 7 péchés capitaux, les 7 requêtes du « Notre Père », les 12 articles du Symbole des Apôtres répartis entre ces derniers, les 10 Commandements ainsi que les 10 commandements du diable, les 7 vertus, les 12 signes du zodiaque mis en relation avec les 12 parties de l'homme, les 4 humeurs, les 7 planètes et leur empire sur les parties de l'homme, les 248 os du corps humain, les 4 éléments et les 4 tempéraments, les 9 ciels mobiles (certains en donnent 3 autres : l'immobile, le cristallin, l'empyrée), les cycles des planètes, les 4 parties du zodiaque, les 12 symboles, degrés, minutes, secondes et tierces, les 5 zones, les 12 maisons de la terre et du ciel, les 7 planètes régissant les 7 jours de la semaine, les 4 tempéraments de nouveau (en relation cette fois avec les 4 éléments et les 4 humeurs) et les 4 clés du Purgatoire d'après saint Grégoire. L'ensemble se termine, très naturellement, par un poème sur la sonnerie de la trompette du Jugement dernier.

C'est une masse d'informations, considérées manifestement à la fois comme élémentaires et fondamentales. Elles sont toutes sans exception de nature numérique. Elles sont surtout astrologiques et théologiques. Ce qui est tout à fait typique, c'est la correspondance que cela laisse supposer entre les vérités physiques et spirituelles.

Dans cette synthèse, on retrouve à la fois la simplicité et la complexité de la symbolique médiévale des nombres. On aura eu une idée de la complexité dans les chapitres précédents : le mystère initial des nombres revêtant une signification religieuse, l'impulsion religieuse donnant naissance à l'astrologie à Babylone, l'enrichissement ultérieur de l'Ancien Testament par les nombres astrologiques, la séparation de l'astrologie officielle et de la religion, un retour à l'unité avec le pythagorisme, doté d'une forte dimension numérique et d'une théorie des nombres indépendante. Aussi, plutôt que de nier ou de négliger le passé, l'Église accepta la théorie des nombres sous toutes ses formes qu'elle conserva et revivifia de ce fait. De même qu'elle ramena le mysticisme

---

13. C'est l'argument de l'églogue de décembre du *Shepheardes Calender* de Spenser, inspirée de l'*Églogue au Roy* de Clément Marot. Le berger de Marot, Robin, apprenait aussi le nom des 4 parties du monde et des 4 vents.

oriental et la philosophie grecque à un seul dénominateur commun, de même l'Église articula entre elles les sciences des nombres antérieures pour les mettre au service de la Vraie Foi.

La philosophie médiévale des nombres était donc réellement catholique et complexe en conséquence – si on la considère de l'extérieur. Au sein de l'Église, cependant, tous les désaccords étaient résolus et ramenés à l'harmonie transparente de la Vérité ultime. Issue de la Révélation, cette harmonie toucha tous les domaines de la vie médiévale : chrétiens, profanes, païens ; et c'est au christianisme, en tant que facteur dominant de l'équation médiévale, qu'il faut attribuer l'harmonie qui distingue toute la pensée de l'époque.

Ainsi, quoique le principe de l'ordre cosmique ait certainement été encouragé par le courant astrologique du Moyen Âge, ce fut au christianisme qu'il revint d'établir l'axiome d'un univers fini et ordonné, si cohérent que les vérités tant spirituelles que matérielles étaient incluses dans un plan cosmique unique et rigoureux. D'un point de vue profane, cette conception était un prolongement naturel de l'éclectisme philosophique et scientifique des cinq premiers siècles de notre ère. En théologie, sa validité se vit confirmée par l'affirmation indéfiniment reprise de l'Écriture selon laquelle « toutes les choses sont ordonnées en mesure, en nombre et en poids ». Formulé dans les termes du dogme chrétien, cela devient : « *Nihil in universo est inordinatum* [14]. » Il n'est guère possible de construire un système philosophique sans prémisses fondatrices, mais rarement les implications architectoniques sont allées jusqu'à la mesure exacte d'impondérables comme les facultés de l'âme ou la durée du monde.

On crut pourtant possible, grâce aux divers symboles numériques hérités et découverts (tels qu'on les rencontre dans *L'Almanach des Bergers*), de découvrir l'archétype essentiel reproduit à la fois dans le macrocosme et le microcosme, « car, de même que le monde est à l'image de Dieu, de même l'homme est à l'image du monde [15] ». C'est ainsi qu'Isidore déclare que l'once est « un poids licite parce que le nombre de ses scrupules mesure les heures du jour et de la nuit », et que la livre est « une sorte de poids parfait parce qu'elle est faite d'autant d'onces que l'année a de mois ». « Le Centenarium est un poids de 100 livres. Ce sont les Romains qui ont institué ce poids à cause de la perfection du nombre 100 [16]. » Albert le Grand examine les 3 méthodes et moments de l'adoration de Dieu, les 3 attributs de Dieu, les 3 dimensions de l'espace et du temps [17]. Le nombre 3, conclut-il, est par conséquent dans toutes choses et « signifie la trinité des phénomènes naturels [18] ». Saint Thomas d'Aquin précisera ultérieurement la relation de la créature au Créateur. Le Créateur est triple, Père, Fils et Saint-Esprit. La créature aussi est triple, cette triplicité se rapportant précisément à la trinité. En tant que substance créée, elle représente la cause et le principe, et manifeste le Père. En tant qu'elle a une forme et une espèce, elle représente le Verbe. En tant qu'elle est en relation à l'ordre, elle représente l'Esprit saint, étant donné que celui-ci est amour et que l'ordre découle de la Volonté du Créateur [19]. Raoul Glaber a montré comment les 4 Évangiles sont liés aux 4 éléments, aux 4 vertus cardinales et aux 4

14. Saint Bonaventure, *Sentences*, II, dist. 6, art. 2, qu.1.
15. Agrippa, *Philosophie occulte*, II, 36.
16. *Etymologiae*, 16, 26, 19-23.
17. Passé, présent, futur.
18. *De caelo et mundi, ab initio*.
19. *Summa theologica*, I, qu. 45, art. 7.

fleuves du Paradis[20]. Par un procédé inverse, saint Thomas d'Aquin démontre que le nombre 7 signifie l'universalité parce que la vie de l'homme est rythmée par 7 jours, à cause des 7 dons du Saint-Esprit, parce que la foi en la Trinité a été annoncée dans les 4 parties du monde, parce qu'il y a 7 Églises[21].

On recherchait passionnément des rapports entre des groupes numériques identiques. Honorius mesure les distances entre les planètes par les intervalles de la gamme musicale, « parce que l'homme, étant 7 (4 = le corps, 3 = l'âme), a 7 voix (tons de la gamme) et reproduit, en tant que microcosme, la musique céleste[22] ». Albert le Grand souligne le rapport entre les 7 dons de l'Esprit et les 7 paroles du Christ sur la Croix[23], les 7 péchés[24], les 7 requêtes du « Notre Père »[25] et les vertus cardinales et théologales[26]. Saint Bonaventure relève la correspondance entre les 7 requêtes et les 7 dons, les 7 béatitudes, les 7 vertus et les 7 vices[27]. Les arguments en faveur de la validité de ces nombres sont à double sens : 7 est le nombre de l'universalité, donc il y a 7 Églises puisque l'Église est universelle ; d'autre part, une preuve de l'universalité du nombre 7 est qu'il y a 7 Églises, 7 planètes, etc. Il est manifeste que ces agrégats établis avaient valeur de dogme – nous avons vu leur origine – et qu'ils étaient partie intégrante de la vérité médiévale fondée sur l'Écriture.

L'organisation de ces vérités numériques, c'est-à-dire leurs rapports entre elles et au Divin, était rendu possible par les principes du pythagorisme. En accord avec la doctrine de la procession du multiple à partir de l'un, le plan cosmique était conçu sous la forme d'une progression graduée du microcosme et du macrocosme, ainsi que du Monde Intelligible, à partir d'une Cause première, à l'instar de la progression des sphères célestes à partir du *Primum Mobile*. Certains, comme Thomas d'Aquin, accordaient l'infinité à la Cause première[28], tandis que d'autres, tel Bonaventure, restaient fidèles au principe pythagoricien selon lequel l'infinité n'était pas compatible, même dans le Divin, avec « la perfection et l'ordre[29] ». Tous convenaient, toutefois, que le Premier Moteur était Un ou l'Unité, si bien qu'il ne restait plus qu'à découvrir la corrélation entre la Cause Une et la multiplicité des effets. Un *modus operandi* tout trouvé était fourni par les implications philosophiques de la progression arithmétique, dans laquelle la multiplicité procède de l'unité sur un mode ordonné et revient périodiquement à sa source (dans les nombres terminaux 10, 100, etc.). Thomas d'Aquin formule une règle générale lorsqu'il déclare à propos de l'âme : « Puisque l'âme est une et que les facultés sont multiples et puisqu'un grand nombre de choses qui procèdent d'une seule doivent procéder en un certain ordre, il doit donc y avoir un ordre au sein des facultés de l'âme[30]. »

Pythagore et Hermès Trismégiste, « qui vint avant Pythagore[31] », étaient les autorités reconnues quant à l'aspect mathématique de cet ordre. Les gens instruits connaissaient

20. Thorndike, *op. cit.*, I, 674-675.
21. *Expositio II in Apocalypsim*, VIII.
22. *De imagine*, I, 81-82 ; cf. Érigène, P. L., 122, 718 et *sqq.*
23. *Commentarii in Psal. LVI, 9.*
24. *Sermo XV de tempore.*
25. *Expositio in Matth. VI, 9.*
26. *Sermo XLIII de tempore.*
27. *Expositio in cap. sextum evang. S. Matth., De oratione dominica.*
28. *Summa theologica*, I, qu. 7, art. 1.
29. *Sentences*, I, dist. II, qu. 3.
30. *Summa theologica*, I, qu. 77, art. 4.
31. Albert le Grand, *De caelo et mundi*, I, I, 2.

de leurs formules et de leurs théories. Thomas Hoccleve invoque même Pythagore, de manière inattendue, à l'appui de la proposition parfaitement non pythagoricienne selon laquelle les femmes sont supérieures aux hommes. La conclusion est inévitable, étant donné que la femme a été créée à partir d'une côte torse et

> ... in the writyng and in the scripture
> Of Philosophers, men may see and reede,
> Cercly shap is most perfite figure,
> Bitokenyng, in gemetrie, onhede ;
> And crokydnesse a part is, that may lede
> Sumwhat unto cercle or a cumpas :
> What so men seyen, women stonde in gode caas [32].

(... dans les écrits et les textes
Des Philosophes, on peut voir et lire
Que le cercle est la figure la plus parfaite,
Signifiant en géométrie l'unité ;
Et la courbure en fait partie, qui peut conduire
D'une certaine manière au cercle ou à un contour :
Que les hommes disent ce qu'ils veulent, les femmes tiennent le bon bout.)

Il n'était guère nécessaire en l'occurrence de consulter les « Philosophes » puisque les sources de ce qui constitue l'essentiel du pythagorisme médiéval se trouvent dans les traités mathématiques de l'époque. Tous ces ouvrages semblent effectivement dériver de l'*Introduction à l'arithmétique* de Nicomaque (vers 100 de notre ère), lequel appartenait, nous l'avons vu, à l'école néo-pythagoricienne.

L'*Introduction* s'ouvre sur une glorification de l'arithmétique en termes désormais familiers, où il est affirmé que la science existe dans l'esprit de Dieu comme schéma ou modèle archétypal de ses créations matérielles [33]. Le nombre est par conséquent l'essence vraie et éternelle [34]. Suivent alors une définition du nombre et une explication mathématique de l'exclusion de 1 et de 2 du système décimal. L'ouvrage s'efforce surtout de systématiser ou d'ordonner les nombres entiers rationnels. Il y parvient en classant les nombres en parfaits, abondants et déficients [35] ; ou encore par les quatre distinctions du pair et de l'impair [36] ; par les nombres premiers et premiers entre eux [37] ; et, enfin, au moyen de nombres figurés [38]. Une discussion sur les proportions arithmétiques clôt l'ouvrage. Dix proportions différentes sont distinguées, « ce qui donne le nombre 10 qui, selon la conception pythagoricienne, est le plus parfait possible [39] ». Nicomaque fut connu dans le monde romain peu après sa mort, ou possiblement avant, grâce à Apulée dont Cassiodore [40] et Isidore de Séville [41] disent qu'il fut le premier à

---

32. *The Regement of Princes*, vers 5125-5131.
33. *Introduction*, I, 4, 2.
34. *Ibid.*, I, 6.
35. Désignés aussi comme *imparfaits* ou *diminutifs* ; cf. *supra*, p. 33.
36. Pair, impair, pairement pair (toujours divisible par 2 tant qu'on n'a pas atteint une monade ; par ex., 64), impairement pair (nombre pair qui contient un diviseur impair ; divisé successivement par 2, il se ramène à 3 ; par ex., 24).
37. Un nombre premier n'est divisible que par lui-même et par 1 ; nombres premiers entre eux : qui n'ont pas de diviseurs communs et ne se divisent pas l'un l'autre ; par ex., 21 et 25.
38. Cf. *supra*, p. 33.
39. II, 22, 1.
40. P. L., 70, 1208.
41. P. L., 82, 155.

traduire l'*Introduction* grecque en latin [42]. Quoi qu'il en soit, l'*Introduction* est presque littéralement reproduite dans l'Arithmétique de Martianus Capella (*De nuptiis*, VII), dans celles de Boèce, de Cassiodore, d'Isidore, de Bède, d'Alcuin, de Gerbert et de Hugues de Saint-Victor. Le texte de Boèce demeura la texte de référence dans les écoles religieuses tout au long du Moyen Âge [43] et le *Traité des Sept Arts* de Capella, quoique regardé avec suspicion durant les siècles qui suivirent immédiatement sa composition, à cause de l'allégorie païenne qui en constitue la trame, fut remis à l'honneur par Érigène (qui en écrivit un commentaire) et finit par être tenu en haute estime [44].

Les philosophes et les théologiens médiévaux, s'appuyant sur saint Augustin, considéraient les aspects purement mathématiques du nombre comme d'origine divine. Innocent III intègre à un sermon [45] une leçon sur les nombres déficients, parfaits et abondants. Alcuin explique que la seconde origine de la race humaine provient du nombre 8 déficient, les 8 personnes de l'arche de Noé, d'où le fait que la seconde création ne fut pas aussi parfaite que la première, laquelle s'était accomplie en 6 jours [46]. Au sujet de celle-ci, Raban Maur explique que le sénaire n'est pas parfait parce que Dieu a créé le monde en 6 jours, mais plutôt que Dieu l'a parfait en 6 jours parce que ce nombre était parfait [47]. L'arithmétique est donc la clé du dessin ou de la forme du monde ; ou, en un autre sens, elle est la méthode par laquelle l'Intellect divin devient intelligible à l'entendement humain *per enigmatem*.

Cette conception, inspirée des gnostiques et dont le pythagorisme était implicitement porteur, entraînait deux corollaires qui furent tout spécialement exploités par les mystiques :

1. Les nombres essentiels du Plan divin sont tous compris dans la dizaine, étant donné que les nombres supérieurs à 10, à l'exception des nombres premiers, peuvent être ramenés aux éléments constitutifs de la dizaine et que l'on compte les nombres premiers pour 1. C'est-à-dire que les 12 disciples sont en fait 4 x 3 disciples qui prêchent la Trinité dans les 4 parties du monde [48].

2. Toutes choses sont essentiellement Une en Dieu. Mais, tout comme 3 est le premier nombre qui puisse être visualisé (dans le triangle, la première figure plane) par l'œil humain, de même le multiple est plus compréhensible à l'entendement humain qui ne peut aspirer à l'intensité de l'Un [49]. Bonaventure énumère les 12 qualités de Dieu face à celles des mortels [50]. La suprême grandeur de l'essence divine est comprise dans ces 12 qualités mais elles se ramènent à 3, l'Éternité, la Connaissance et la Béatitude, et ces 3 qualités se ramènent à 1 : la Connaissance [51]. Cette doctrine est résumée par

42. Robbins et Karpinski, *Studies*, p. 124.
43. D.E. Smith, *Rara mathematica*, p. 28.
44. *Ibid.*, p. 66.
45. *Sermo 3, De sanctis* ; P. L., 217, 459 et *sqq*.
46. P. L., 100, 665.
47. P. L., 107, 399.
48. Thomas d'Aquin, *Expositio II in Apocalypsim*, IV.
49. « *Quanto virtus magis est unita, tanto magis est intensa : sed in patria virtus charitatis erit potentissima : ergo erit unitissima. Sed quod maxime accedit ad unitatem, maxime recedit a latitudine : si ergo charitas in patria habit magis uniri, videtur quod potius ibi habeat arctari quam dilatari* » (saint Bonaventure, *Sentences*, dist. XXXI, art. III, qu. 2).
50. La Vie face à nos vies, le Sens face à nos sens, l'Intelligence face à nos intelligences, l'Immortalité face à notre mortalité, la Puissance face à notre impuissance, la Justice face à notre injustice, la Beauté face à notre difformité, le Bien face au mal, l'Incorruptible face au corruptible, l'Immuable face au muable, l'Invisible face au visible, l'Incorporel face au corporel.
51. *Breviloquium*, I, 1.

saint Thomas d'Aquin : « L'âme humaine requiert nombre d'opérations et de facultés diverses. Mais un moindre nombre de facultés suffit aux anges. En Dieu, il n'y a pas de faculté ni d'action au-delà de Sa propre Essence [52]. » Dieu est unité, dit Alain de Lille, parce que l'unité régit toute pluralité [53]. Plus l'essence est pure, par conséquent, plus petit est le nombre requis pour l'exprimer. La triple triade est attribuée aux anges en ce qu'elle est moins sainte que la Trinité et le 3 sacré n'est que le nombre expressif de l'Unité. Raymond Lulle dit dans le *Chant de l'Ami et de l'Aimée* : « L'Ami a trouvé dans les nombres 1 et 3 une harmonie plus grande que dans tous les autres parce que toute forme corporelle passe par ces nombres de l'existence à la non-existence. Et l'Ami a pensé que l'harmonie la plus grande résidait dans l'Unité et la Trinité de l'Aimée [54]. » Dans la Trinité, l'unité s'étend dans trois directions mais l'essence n'en est pas multipliée pour autant [55].

Pour découvrir les sens derniers propres aux nombres significatifs, on recourait à diverses méthodes. Nous devons à Hugues de Saint-Victor [56] une analyse des neuf manières différentes dont les nombres peuvent être significatifs :

> 1. Par l'ordre de la position :
>   Unité = premier nombre = principe de toutes choses
>   Binaire = deuxième nombre, le premier à s'écarter de l'unité, ce qui signifie le péché qui s'éloigne du Bien premier.

Hugues a choisi ici deux cas où la signification d'un nombre est strictement fonction de sa place dans le système décimal. C'est, en plus vague, l'exposé de mon second corollaire : on peut dire que les nombres acquièrent d'autant plus d'imperfection qu'ils s'éloignent de l'unité, un nombre élevé étant de ce fait plus applicable à la créature qu'au Créateur. En pratique, toutefois, on peut montrer que presque tout nombre élevé participe de la nature de l'unité. Sept est un nombre sacré en partie parce qu'il est composé du *premier* nombre pair (4) et du *premier* nombre impair (3) [57]. Cela vaut également pour 12. Dix, 100 et 1 000 reviennent tous à l'unité. Quarante est apparemment très éloigné de l'unité mais ses parties aliquotes additionnées donnent 50, qui est unité parce qu'il signifie 1 jubilé [58]. Grâce à ces étonnantes performances des mathématiques et de la logique, presque toute « règle » établie dans la science des nombres peut être abrogée à volonté.

> 2. Par la qualité de la composition :
>   2 peut être divisé par 2, ce qui signifie le corruptible et le transitoire.
>   3, parce que la présence de l'unité en lui fait qu'il ne peut être divisé en 2, est appelé indissoluble et incorruptible.

Les propositions ci-dessus concernant 2 et 3 valent respectivement pour tout nombre pair et impair. Les nombres impairs étaient universellement considérés comme plus

---

52. *Summa theologica*, I, qu. 77, art. 2.
53. *Regulae Alani de sacra theologia* ; P. L., 210, 623.
54. *Op. cit.*, 259.
55. Pierre de Poitiers, *Sentences* ; P. L., 211, 926 ; Bacon, *Opus majus* ; Burke, I, 245 ; cf. *supra*, p. 57.
56. *Exegetica*, XV ; P. L., 175, 22-23.
57. Saint Grégoire, *Moralia*, I, I, pp. 18-19.
58. Innocent III, *Sermo* XI ; P. L., 217, 357 et *sqq.*

divins, plus parfaits et (dans la magie) plus puissants que les nombres pairs. C'était là, semble-t-il, l'un des principes pythagoriciens les plus connus[59].

   3. Selon l'extension (la relation aux autres nombres) :
      7 au-delà de 6 = repos après le travail
      8 au-delà de 7 = éternité après la mutabilité
      9 en deçà de 10 = défaut au sein de la perfection
      11 au-delà de 10 = transgression de la mesure
   4. Par le mode de disposition (géométrique) :
      10 = 1 dimension = droiture dans la foi
      100 s'étend en largeur = amplitude de la charité
      1 000 s'élève en hauteur = grandeur de l'espérance.

De manière moins mystique, un nombre pouvait être considéré comme linéaire, plan ou solide. En géométrie, un nombre pouvait représenter un point, une ligne, un triangle, un carré ou autre figure plane, un volume. En vertu du concept selon lequel l'unité est la première puissance de tout nombre, 1 représentait un point, 10 était souvent considéré vaguement comme linéaire, 100 comme bidimensionnel et 1 000 comme tridimensionnel, ou solide ; 1 000 était appelé pour cette raison la limite ultime du nombre[60]. Mettre un nombre au carré revenait à lui donner de l'extension ; le mettre au cube, à lui ajouter la dimension de la hauteur. Les nombres circulaires ou sphériques, 5 et 6, appartiennent à une catégorie à part. Un nombre circulaire est un nombre qui se reproduit lui-même dans son dernier chiffre lorsqu'on l'élève à ses puissances. Lorsqu'il était au cube, on considérait qu'il avait atteint une troisième dimension, sphérique. Neuf fut aussi considéré comme circulaire après l'introduction des chiffres arabes parce que, aussi souvent qu'on le multiplie, il se retrouve continuellement dans la somme de ses chiffres. Dix, qui en réalité n'est ni parfait ni circulaire, était néanmoins considéré comme tel : parfait parce qu'il comprend tous les nombres et est 1 ; circulaire parce que le cercle, comme lui, comprend toutes les figures planes.

   5. Selon le calcul des nombres [système décimal] :
      10 = perfection parce qu'il signifie la fin du calcul.
   6. Par multiplication [décomposition] :
      12 = signe d'universalité parce qu'il est composé de 4 x 3, 4 étant corporel et 3 spirituel.

Cette méthode était de loin la plus populaire de toutes. C'est d'après elle que Thomas d'Aquin commente le 144 000 de l'Apocalypse. La question du millier est vite réglée : il signifie la perfection. Le 144 restant = 12 x 12. Un des 12 signifie (comme toujours) la foi dans la Trinité diffusée dans les 4 parties du monde. L'autre représente la doctrine des 12 apôtres ou bien les 12 tribus[61]. De même, 7 000 signifie la perfection universelle : perfection par le millier, universalité par le 7[62]. Hugues de Saint-Victor omet de mentionner que cette règle s'applique également à l'addition : 7 est aussi composé de 4 et de 3.

59. « La chance réside dans les nombres impairs... On dit qu'il y a du divin dans les nombres impairs, que ce soit pour la naissance, la destinée ou la mort » (*Les Joyeuses Commères de Windsor*, acte V, scène 1).
60. Thomas d'Aquin, *Expositio II in Apocalypsim*, VII.
61. *Ibid.*, VII.
62. *Ibid.*, XI.

7. Selon les agrégats :
   6 est parfait, 12 abondant, etc.
8. Selon le nombre de parties (le nombre comme groupe d'unités) :
   2 = 2 unités = l'amour de Dieu
   3 = 3 unités = la Trinité
   4 = 4 unités = les quatre époques de l'année
   5 = 5 unités = les 5 sens.

Cette classification comprend toutes les significations numériques tirées des représentations concrètes (les 9 orifices du corps humain) ou de l'autorité (7 Églises, 12 apôtres, 4 humeurs).

9. Selon l'exagération :
   7 punitions (Lévitique, XXVI, 28) = multiplicité de punitions.

La tentative de Hugues de Saint-Victor pour organiser les principes de la science médiévale des nombres est en elle-même un indice du peu de rigueur avec lequel on appliquait ces principes. Il s'agissait moins de définir la signification d'un nombre donné en le confrontant à ces règles, que de choisir la règle susceptible de fournir la signification traditionnelle ou désirée. Le nombre 12 était traditionnellement universel à cause des 12 mois (règle 8). Le fait que ses facteurs (4 x 3) donnaient 7, autre symbole d'universalité (les 7 jours), rendait la règle 6 applicable elle aussi. La règle 7 (l'abondance de 12) était souvent citée à propos des 12 disciples (abondance de la grâce) mais on l'ignorait lorsqu'il était question de l'universalité qui est parfaite plutôt qu'abondante ou déficiente. La perfection de l'univers était démontrée par la création du monde en 6 jours. L'imperfection de 12 ou de 6 (en tant que nombre pair, règle 2) n'était pas prise en considération. De même, 13 pouvait être un nombre sacré du fait de la règle 6 (les 10 Commandements + la foi en la Trinité) et un nombre du péché du fait de la règle 3 (il allait au-delà du 12 des apôtres). Aucun auteur médiéval ne semble, en fait, avoir noté la moindre différence entre les concepts de la signification d'un nombre en tant qu'élément du système décimal, en tant qu'indicateur astrologique du temps ou en tant que représentant symbolique d'une vérité physique ou spirituelle précise. En dernière analyse, on tirait la signification des nombres entiers de traditions anciennes ou en se référant directement à l'emploi de ce nombre dans l'Écriture. S'il arrivait que le raisonnement mathématique ou astrologique apportât une justification supplémentaire au nombre, c'était tant mieux.

De pair avec l'arithmétique s'était donc développée une science apparentée connue comme l'arithmologie. On peut approximativement définir l'arithmologie comme la philosophie des facultés et des vertus de nombres entiers particuliers. Des éléments de commentaires de ce type existaient probablement déjà du temps des pythagoriciens, mais les ouvrages complets sur la question paraissent avoir pour origine les *Theologoumena arithmeticae*, attribués à Nicomaque ou à Jamblique. La théologie des nombres considère individuellement chaque nombre de la dizaine en précisant ses propriétés mathématiques, la divinité à laquelle il correspond dans le panthéon grec, ses attributs moraux et ses reflets dans le cosmos [63].

Les arithmologues les plus éminents furent Martianus Capella (*De nuptiis*, II, VII), Isidore (*Liber numerorum*) et Raban Maur (*De numero*). Capella reprend largement les

63. Robbins et Karpinski, *Studies in Greek Arithmetic*, pp. 101-107.

propositions des *Theologoumena* et se contente de même d'étudier la dizaine. Raban et Isidore reprennent à leur compte les attributs essentiels des nombres chez les pythagoriciens mais leur adjoignent les applications proprement théologiques. L'autorité des premiers Pères de l'Église et, finalement, de la Bible elle-même est invoquée, de sorte que l'ouvrage de Raban mériterait tout à fait, lui aussi, le titre intégral qu'Isidore avait donné au sien : *Liber numerorum qui in sanctis scripturis occurrunt*. Certains nombres sont justifiés à la fois par voie mathématique et par révélation directe. D'autres, comme le 30, le 60 et le 100 de la parabole du semeur (Matthieu, XIII), sont interprétés en référence directe à la source scripturaire. L'exégète y reconnaissait sans hésitation une allusion aux 3 degrés de Sainteté ou de Chasteté au sein de l'Église. Le 100 était donc attribué aux Vierges et aux Prélats ; le 60 aux Continents et aux Veuves ; le 30 aux Époux [64]. Passée la dizaine, la progression mathématique se fait hautement sélective. Isidore ne va pas au-delà de 153 mais Raban, quelque deux siècles plus tard, réussit à étendre la liste au 144 000, le nombre final des Élus.

En dépit de leur objectif ambitieux, ces deux ouvrages sont extrêmement succincts. C'est Isidore qui donne le plus de références. Raban va plus loin du point de vue mathématique. Ils recueillent tous les deux un matériau issu d'une tradition déjà bien établie dont ils négligent autant qu'ils en retiennent, ce qui ne s'explique que par la tendance généralement laconique de leurs ouvrages encyclopédiques. Parmi les arithmologues postérieurs de premier plan, on peut mentionner Cornelius Agrippa, dont le *Deuxième Livre de philosophie occulte* est le plus élaboré de tous les textes sur la question, et Petrus Bungus, un prêtre qui écrivit son *Mysticae numerorum significationis liber* à l'intention des prédicateurs.

De tels ouvrages indiquent la volonté de définir une science des nombres, mais ils ne donnent guère l'idée de la popularité dont jouissait la symbolique des nombres au Moyen Âge. En réalité, aucune branche de la pensée médiévale ne semble avoir échappé entièrement à l'influence du symbolisme numérique. Ses implications philosophiques affectèrent la théologie, la science et la magie. Sa nature par essence mystérieuse fit qu'il imprima sa marque sur les œuvres d'imagination – légèrement sur la littérature populaire, fortement sur une œuvre d'érudition comme *La Divine Comédie*.

C'est l'Église qui fit l'usage le plus approfondi et le plus ample des nombres symboliques. La théologie médiévale était très soucieuse d'établir le rapport numérique entre les univers supraterrestre, ecclésiastique et temporel. Un enchaînement de raisons permit d'établir les 9 ordres angéliques, et il serait difficile de surpasser la beauté et la justesse de cette attribution numérique par laquelle la place des légions angéliques dans la théologie est si précisément définie. Car la perfection angélique est à la fois absolue et relative. Les créations parfaites de Dieu sont entièrement parfaites. En elles, le 3 parfait se réfléchit lui-même, *super se reflexat* [65]. Cette perfection est pourtant inférieure à celle de Dieu et c'est pourquoi l'addition de l'Unité du Divin est nécessaire pour compléter la dizaine. La nature angélique est également plus proche de l'homme et plus compréhensible pour lui que la Divinité absolue ; 9 est donc aussi plus « expres-

---

64. Une justification mathématique de ces nombres est proposée par Albert le Grand : 100 = les 5 sens intérieurs + les 5 sens extérieurs « portés par » les 10 Commandements = 100 = les vierges ; 60 = les 6 œuvres de miséricorde dans l'obéissance aux 10 Commandements = les veuves ; 30 = les 3 biens du mariage (Institution, Pratique, Fruit -- bien du sacrement, bien de la foi, bien des enfants) dans le respect des 10 Commandements (*Expositio Matt. XIII, 8*).

65. Saint Bonaventure, *Sentences*, II, dist. 9, qu. 8, ad opp. 2.

sif » que la Trinité[66]. L'armée des anges est par ailleurs affaiblie par la défection des anges déchus. Une école de pensée soutenait par conséquent que les anges déchus constituaient le 10ᵉ ordre, qui serait remplacé par l'Homme dans la Perfection finale. La justification scripturaire de cette thèse se trouve dans Luc, XV, 8-9, la parabole de la femme aux 10 pièces d'argent qui en perd une et qui la recherche inlassablement jusqu'à ce qu'elle la trouve[67]. Langland éclaire cette conception :

> For Christ, king of kings, knighted ten
> Cherubim and Seraphim, seven such and another
> And gave them mastery and might, in his majesty.
> ....
> Lucifer with legions learned it in heaven.
> He was loveliest to see, after our Lord
> Till he broke obedience through boast of himself
> Then fell he with his fellows, and fiends they became[68].
>
> (Car le Christ, roi des rois, adouba dix
> Chérubins et Séraphins, sept autres semblables et un autre,
> Et leur conféra maîtrise et puissance en sa majesté.
> ....
> Lucifer l'apprit dans le ciel avec les légions.
> Il était le plus beau après notre Seigneur
> Jusqu'à ce qu'il refuse d'obéir par présomption ;
> Il fut alors précipité avec ses compagnons, et ils devinrent des démons.)

« Sept autres semblables » sont les ordres inférieurs aux deux premiers nommés. « Et un autre » correspond manifestement à l'ordre de Lucifer.

Un autre courant de pensée tenta de déterminer et d'attribuer les âges du monde temporel[69]. Un autre encore s'occupa des 7 étapes de la contemplation ou autres classifications de la vie spirituelle. L'abstraction de la Trinité demeura toujours un principe premier. Roger Bacon reprend une idée familière lorsqu'il dit :

> Car l'unité multipliée cubiquement par elle-même, c'est-à-dire trois fois, comme une fois un donne un, ne multiplie pas l'essence mais demeure identique, même si elle est produite également en 3 directions. C'est par cet exemple familier que les théologiens exposent la sainte Trinité[70].

Thomas d'Aquin invoque l'Écriture à l'appui des 3 dimensions de Dieu (Job, XI, 8-9) :

> Il est plus haut que les cieux : que feras-tu ? Plus profond que l'enfer : qu'en sauras-tu ? Plus long que la terre il s'étend, et plus large que la mer[71].

De surcroît, « c'est du fait de Sa Résurrection au troisième jour que découle la perfection du nombre 3, qui est le nombre de tout du fait qu'il a un commencement, un milieu et une fin[72] ». Les théologiens s'étendaient toujours volontiers sur le sublime mystère de la Trinité, Une en essence mais Trois en personnes, et les sources de tout

---

66. Cf. *supra*, pp. 73-74.
67. Saint Bonaventure, *Sentences*, II, dist. 9, qu. 7.
68. *Piers the Ploughman*, éd. Nielson, I, 102-112. La version A donne « *in al the four ordres* » à la place de « *seven such and another* », ce qui en relation avec les anges ne signifie rien. Cf. l'édition Skeat, I, 104.
69. Cf. *supra*, pp. 29-30, 60.
70. *Opus majus*, Burke, I, 245.
71. *Summa theologica*, I, qu. 3, art. 1, obj. 1.
72. *Ibid.*, III, qu. 53, art. 2.

savoir, sacré et profane, étaient passées au crible afin d'accumuler les témoignages en faveur des Trois-en-Un.

Le symbolisme numérique revêtait une importance particulière pour les mystiques. Hildegarde de Bingen non seulement recourt dans ses visions au symbolisme des nombres traditionnel, mais elle y ajoute ses propres découvertes numériques. Le dénaire, dit-elle, fut perdu dans le pécheur pour être retrouvé par le Christ dans la multiplication de 10 par 100 (la vertu dans le salut des âmes) grâce à laquelle 10 par 100 arrive à 1 000, le nombre parfait de toutes les vertus, qui suffit à chasser les 1 000 actions du diable[73].

Ce furent les écrits de Denys l'Aréopagite qui donnèrent le ton au mysticisme médiéval. On croyait que l'auteur de *La Hiérarchie ecclésiastique*, de *La Hiérarchie céleste* et des *Noms divins*[74], œuvres que l'on date plutôt aujourd'hui du Vᵉ siècle, était le disciple athénien de saint Paul, ultérieurement identifié avec saint Denis, le patron de la France. Ces textes furent traduits en latin par Scot Érigène[75] au Xᵉ siècle, et le commentaire de Hugues de Saint-Victor (vers 1097-1141) sur *La Hiérarchie céleste* les remit à l'honneur.

Les écrits de Denys s'enracinent dans la tradition gnostique et néo-platonicienne. Il établit une procession d'émanations, qui va du Superessentiel (inconnaissable, incompréhensible) à l'essence, aux universaux, aux individus[76]. Il est impossible de connaître le Superessentiel avant d'être devenu incorruptible et immortel. D'où la nécessité de symboles. « Mais maintenant, au mieux de notre capacité, nous recourons à des symboles appropriés aux choses divines et nous nous élevons à partir d'eux, selon notre degré, vers la vérité simple et unifiée des visions spirituelles[77]. »

Comme d'habitude, les symboles choisis étaient numériques. L'UN superessentiel renferme à la fois l'Un existant et tout nombre mais nous pouvons néanmoins le figurer comme UNITÉ et TRIADE[78]. La Cause première est à la fois le Bien et le Beau, et le Mouvement premier est l'Amour, qui a abouti à la création[79]. Tout est essentiellement Dieu puisque tout procède de la Monade qui est le Bien[80]. « La colère elle-même participe du Bien, du seul fait qu'elle agit et désire dominer ce qui paraît un mal pour en faire ce qui paraît un bien[81]. » Le mal consiste donc à s'écarter du Bien ou de l'Unité et peut être symbolisé par la diversité ou la Dyade. C'est la vie d'ici-bas, dans laquelle nous attendons le moment « où nos diversités rentreront en elles-mêmes d'une manière supraterrestre [et] où nous serons rassemblés en une Unité divine et une union sur le modèle divin ; mais aussi en tant que Triade, du fait des manifestations tripersonnelles de la productivité superessentielle dont vient et tient son nom toute paternité dans le ciel et sur la terre[82] ». Les hiérarchies céleste et ecclésiastique sont l'une et l'autre fondées sur la Triade divine. Le Beau et le Bien n'ont en outre aucun commen-

---

73. *Scivias*, III, 2 ; P. L., 197, 585-586.
74. P. G., 3.
75. P. L., 122.
76. *Œuvres de saint Denis*, trad. Duloc, p. 34.
77. *Des noms divins*, IV.
78. *Ibid.*, XIII, 3.
79. *Ibid.*, IV, 10.
80. *Ibid.*, IV, 21.
81. *Ibid.*, IV, 20.
82. *Ibid.*, I, 4.

cement ni fin, ce qui explique que le mouvement des anges soit circulaire ou en spirale[83].

Ayant reconnu dans le nombre la représentation la plus exacte de l'Inconnaissable, la mystique s'attache à trouver les signes de nombres significatifs partout dans l'univers. Hugues de Saint-Victor fait ressortir une foule d'exemples trinitaires. L'Ancien et le Nouveau Testament sont l'un et l'autre divisés en 3 parties : la Loi, les Prophètes et les hagiographes, dans le premier ; les évangélistes, les apôtres et les pères dans le second[84]. Dieu, les Anges et l'Homme forment une triple hiérarchie[85]. Il y a 3 vertus théologales[86], et une triple triplicité d'anges donne l'image de la Trinité[87]. La distinction que fait Denys entre l'Unité et la Diversité est illustrée par une liste qui comprend le ciel et la terre, l'invisible et le visible, les anges et l'homme, les prélats et les ouailles, les contemplatifs et les actifs, l'esprit et la chair, Adam et Ève, le parfait et l'imparfait[88]. Le *De quinque septenis* de Hugues de Saint-Victor sur les 7 vices, les 7 requêtes, les 7 dons, les 7 vertus et les 7 béatitudes, est lui aussi typique[89].

L'un des héritiers les plus éminents de l'école mystique de Saint-Victor fut l'abbé calabrais Joachim de Flore. Il est l'exemple même de la foi du mystique qui, dans « le silence de l'harmonie », peut pénétrer les secrets du superessentiel. L'Apocalypse de saint Jean était pour lui le livre des secrets de la sagesse et il appuya sa propre théorisation numérique sur le déploiement de nombres symboliques contenus dans ce livre. Le plus impressionnant dans son enseignement était ses prophéties au sujet du troisième âge. Depuis l'époque de saint Augustin[90], on appliquait la conception des trois âges à l'évaluation temporelle de l'Univers[91]. Saint Bernard fit valoir une autre conception en associant les deux premiers âges et en repoussant le troisième au Jugement dernier. Il rebaptisa les trois âges « Sous Adam », « Dans le Christ » et « Avec le Christ », en se référant à Osée, VI, 2 : « En deux jours, il nous rendra la vie et le troisième, il nous relèvera[92]. »

Joachim fut l'un de ces milliers d'hommes sincères et respectueux qui sentaient que le sommet de la perfection n'avait pas été atteint sous la direction de l'Église du Christ, incroyablement corrompue de son temps. Partant du principe que l'époque de la Loi représentait le Règne du Père et la Loi évangélique le Règne du Fils, il extrapola l'espérance d'un troisième âge à venir sur terre – un Âge d'Amour et de Grâce sous l'influence de l'Esprit saint.

Les écrits de Joachim rallièrent une agitation spirituelle généralisée, en Italie surtout. Beaucoup de dates furent avancées pour le début du Troisième Âge mais la plus couramment acceptée (jusqu'à ce que cette date fût dépassée) correspondait à la thèse de Joachim selon laquelle saint Benoît était un précurseur, un saint Jean Baptiste, et l'heure sonnerait en 1260. C'était là un calcul assez raisonnable dans l'hypothèse que « toutes les choses sont ordonnées en mesure et en nombre ». Le temps écoulé entre Adam et

---

83. *Ibid.*, IV, 8-9.
84. P. L., 175, 15.
85. *Ibid.*, 929-930.
86. P. L., 176, 42 et *sqq.*
87. *Ibid.*, 85.
88. P. L., 175, 635-639.
89. *Ibid.*, 403.
90. Épître LV, 3, 5.
91. Avant la Loi, sous la Loi, sous la Grâce ; cf. *supra*, pp. 62-63.
92. *Sermo XIII*, 2, *De tempore*.

Jésus est, dit Matthieu, de 42 générations, réparties en 3 périodes de 14 générations chacune. En comptant 30 ans par génération, on arrive à 1 260 ans, ce qui représente donc la durée d'un âge [93]. Le nombre 30 se justifie par le récit de la vie du Christ qui commença à prêcher dans sa trentième année ; le nombre 1 260 se trouve quant à lui dans l'Apocalypse, XII, 6 [94], passage qui, mis en relation avec Ézéchiel, IV, 6, « Je te fixe un jour par année », peut apparaître comme une prophétie.

Il est clair que, pour bien des esprits, les implications symboliques du nombre dans des prédictions de ce genre avaient fini par être considérées comme des réalités indiscutables et définitives. Innocent III s'employa pieusement à recenser les apparitions sur terre du Christ après la Résurrection. Il put en compter 10, mais il avait le sentiment qu'il aurait dû y en avoir 12, nombre tout particulièrement associé au Christ qui ajouta 2 commandements au Décalogue et choisit 12 disciples. Il affirme donc qu'il dut y avoir 2 autres apparitions dont il n'est pas fait mention, vraisemblablement à saint Paul et à la Vierge en Gloire [95]. Les nécessités pratiques de l'architecture requéraient ordinairement plus de 7 piliers pour la construction d'une église. « On dit néanmoins, dit Durand, qu'ils sont 7 [96]. » Ce nombre, attribué aux piliers, ne pouvait en l'occurrence être obtenu par un décompte. Les piliers sont 7, non point par le calcul humain mais par la Révélation divine, car « la Sagesse a bâti sa maison, elle a taillé ses 7 colonnes [97] », où l'on peut reconnaître les 7 effusions de l'Esprit saint [98]. Isidore recense de même les nations de la terre : 15 issues de Japhet, 31 de Cham et 27 de Sem, soit un total de 73, « ou plutôt, conclut-il, ainsi que le démontre le calcul, 72, et autant de langues apparurent sur la terre [99] ».

Ce type d'affirmation illustre la conception du nombre en tant qu'abstraction, symbole, idée – comme élément d'un système philosophique plutôt que comme somme d'unités concrètes. La foi dans le nombre était si forte que l'on croyait pouvoir prédire avec certitude la date exacte du Jugement dernier. Mieux encore, lorsque les 7 âges du monde se furent écoulés sans que rien se fût produit, on n'en perdit pas pour autant la foi dans le nombre 7 comme nombre de la durée de l'univers. Si l'événement ne coïncidait pas avec le modèle archétypal, ce n'était pas le modèle lui-même qu'il fallait incriminer. C'est ainsi qu'Albert le Grand persiste à appeler 8 le Jour de la Justice,

> non pas, comme certains l'ont à tort pensé, parce que les 7 âges du monde seraient alors révolus après 7 000 ans. Car ce jour est incertain et connu de Dieu seul – Matthieu, XXIV, 36 : « Quant à ce jour et à cette heure, nul ne les connaît. » Mais on l'appelle 8 pour deux autres raisons, parce qu'il vient après cette vie-ci, qui se partage en 4 et 3. Car le corps humain est formé de 4 humeurs, change avec les 4 saisons de l'année et est composé de 4 éléments. En ce qui concerne l'âme, 3 facultés ou forces régissent la vie spirituelle de l'homme. Il s'ensuit que le jour du Jugement sera 8. Ou plutôt, on l'appelle 8 parce qu'il est la conséquence de cette vie qui parcourt le cycle de 7 jours [100].

93. *Concordia*, II, tract. 1, cap. 16.
94. Apocalypse XII, 6 : « Et la femme s'enfuit dans le désert où Dieu lui avait préparé une place où on la nourrirait mille deux cent soixante jours. » Cette date avait été par conséquent proposée comme celle du Jugement dernier (Thomas d'Aquin, *Summa theologica*, III, qu. 77, art. 3).
95. I Cor., XV ; *Sermo* V, *De sanctis* ; P. L., 217, 471.
96. *Rationale*, I, 27.
97. Proverbes, IX, 1.
98. Durand, *ibid.*
99. *Étym.*, IX, 2, 2.
100. *Commentaire du Psaume VI* ; éd. Borgnet, XIV, 72.

Avec la même foi indéfectible, saint Guthlac, à la fin de sa vie, note : « La signification de ma maladie est que l'esprit doit être enlevé de mon corps, car le huitième jour marquera la fin de ma maladie[101]. » Guthlac formule ici une prédiction littérale tout en exprimant sa propre vision inspirée de la Vérité éternelle.

L'une des utilisations les plus larges de la symbolique des nombres se rencontre dans l'exégèse scripturaire qui s'appuie fortement sur la tradition de Philon et de saint Augustin, chaque commentateur reprenant son prédécesseur et ajoutant éventuellement à l'interprétation initiale. La tendance allégorique amena à considérer n'importe quel passage à la lumière des 4 « théologies intellectuelles » : historique, allégorique, tropologique et anagogique. C'est ainsi qu'Innocent III interprète les 4 fleuves historiques du Paradis. Allégoriquement, ils représentent les fleuves de la vérité prenant leur source dans le Christ pour se répandre à travers les 4 évangélistes, ou dans Moïse pour se répandre à travers les 4 grands prophètes. Moralement, les fleuves figurent les 4 vertus cardinales. L'interprétation anagogique se réfère aux 4 bénédictions qui irriguent le Paradis : la clarté, l'impassibilité, la connaissance, la délectation[102]. Isidore écrit :

> Ainsi, d'autres nombres apparaissent également dans les Saintes Écritures dont seuls les spécialistes en cet art peuvent établir la signification. Il nous est accordé aussi de dépendre en quelque sorte de la science des nombres puisque grâce à eux nous savons l'heure, nous évaluons le passage des mois et apprenons à quel moment l'année revient. Grâce au nombre, en effet, nous sommes instruits afin de ne pas être dans la confusion. Retirez le nombre de toutes choses et toutes choses périssent. Retirez le calcul du monde et tout est enveloppé dans la plus profonde ignorance ; on ne peut distinguer de l'animal celui qui ne sait pas compter[103].

Dans plusieurs cas, l'interprétation numérique des Écritures donne des résultats qui ne sont pas très éloignés des intentions initiales de l'auteur. D'autre part, la croyance courante selon laquelle aucun mot ou nombre des Écritures n'était gratuit[104] entraîna le dévoilement complexe et tortueux d'énigmes qui n'existaient pas. En écrivant son *Commentaire sur saint Luc*, saint Bonaventure rencontra la phrase : « Ce jour-là même, deux d'entre les disciples se rendaient à une bourgade nommée Emmaüs, distante de soixante stades de Jérusalem[105]. » On surpasserait difficilement l'ingéniosité avec laquelle saint Bonaventure ramène ces 60 stades à 7 050 pas ou 7$^{1/2}$ milles, ce qui indiquerait que les disciples étaient sûrs de la réalité du tombeau mais doutaient de la résurrection, étaient sûrs de 7 mais doutaient de 8 ! Il fallait une ingéniosité analogue pour relever 7 requêtes dans le « Notre Père » ; 7 béatitudes et 7 vertus dans Luc, VI ; 7 dons de l'Esprit saint dans Isaïe, XI, 2, et une foule de 7 épars dans les Écritures, comme les 7 voyages du Christ ou les 7 épanchements de son sang, les 7 sacrements, les 7 parties de la théologie, les 7 douleurs de la Vierge, les 7 paroles du Christ sur la croix.

La passion de l'allégorie numérique se retrouve dans le sermon médiéval qui est souvent à peine plus qu'une interprétation développée d'un passage des Écritures. C'est

---

101. *Vita Sancti Guthlaci*, XX ; p. 81, dans C.W. Goodwin, *The Anglo-Saxon Version of the Life of St. Guthlac*. Le texte en vers du *Codex Exoniensis* (vers 1005 et *sqq.*) a la même signification.
102. P. L., 217, 327-330, et encore en 605-608.
103. *Étym.*, III, 4, 3.
104. Saint Bonaventure, *Illuminationes in ecclesiae hexameron*, Sermo I.
105. Luc, XXIV, 13.

ainsi qu'Honorius d'Autun, dans le livre de sermons le plus populaire du Moyen Âge, recourt aux deux lois de l'amour de Matthieu, XXII, 37-39 pour expliquer la division privilégiée des Dix Commandements en deux tables de 3 et 7. La première comporte 3 préceptes parce qu'elle concerne l'amour de Dieu dans le cœur, dans l'esprit et dans l'âme. L'autre, qui comporte 7 préceptes, concerne l'amour du prochain ; ce septénaire évoque les 3 parties de l'âme et les 4 du corps[106]. De même, l'interprétation des 2 miracles des pains et des poissons constituait un thème de prédilection pour les sermons.

Étant donné que ces nombres symboliques représentaient un élément important du Modèle éternel, qu'ils faisaient partie intégrante de la forme et de la structure de l'Église triomphante, il était normal qu'on les retrouve dans les bâtiments et les offices de l'Église sur terre. L'« éloquence figée » de l'architecture des cathédrales est donc en grande partie un prolongement de l'éloquence du nombre qui donnait un sens à la somme même des piliers, des porches ou des baies[107]. Les marches de l'autel sont toujours 3 ou un multiple de 3. Les fonts baptismaux sont octogonaux parce que 8 est le nombre du salut.

Lors de la consécration d'une cathédrale, la porte centrale du portail royal est aspergée 3 fois d'eau bénite, on allume 12 cierges et on adresse une triple action de grâces au Ciel. Trois coups solennels annoncent l'ouverture de la porte, après quoi les 4 extrémités de la structure cruciforme sont aspergées 3 fois de même que 7 autels. Douze prêtres, le Jour du Seigneur, portent alors des croix aux 4 parties de l'église[108].

Tous les offices de l'Église sont organisés en fonction du symbolisme des nombres. La messe elle-même est composée de 7 parties ou offices. La procession épiscopale complète est menée par 7 acolytes, qui représentent les 7 dons de l'Esprit. Vient ensuite le prélat, 7 sous-diacres (les 7 colonnes de la sagesse), 7 diacres (d'après la tradition apostolique), 12 prieurs (les apôtres) et 3 acolytes portant l'encensoir (les Mages). Pour exprimer la foi dans la Trinité, le signe de la croix « qui rachète les 4 parties du monde » est toujours tracé à 3 reprises, et il y a en a 6 séries pour indiquer le monde périssable. La première série comprend 3 croix pour la triple division (d'Adam à Noé, de Noé à Abraham, d'Abraham à Moïse) du Temps avant la Loi. La deuxième symbolise le Temps sous la Loi par 5 croix pour le Pentateuque. Dans la troisième, le Temps de la Grâce, on bénit le pain. Dans la quatrième, 5 croix signifient les 5 plaies du Christ. La Trinité est reconnue dans la cinquième par 3 croix. La sixième atteste la passion en 5 étapes par 5 croix. Le canon entier comporte 23 signes de croix, 10 pour la Loi dans l'Ancien Testament, et 13 autres qui marquent l'addition de la foi en la Trinité, 10 + 3, dans le Nouveau Testament. Le signe de croix est effectué avec 3 doigts qui, multipliés par 23, donnent un total de 69. Plus tard, avec la *Pax Domini*, 3 autres signes sont tracés au-dessus du calice pour aboutir au 72 des langues du monde. « *Sic tragicus noster pugnam Christi populo Christiano in theatro Ecclesiae gestibus suis repraesentat*[109]. »

106. *Ecclesiae* ; P. L., 172, 873.
107. Cf. Durand, *Rationale divinorum officiorum* ; Sicardus, *Mitrale* ; Honorius, *Gemma animae* ; Bayley, *The Lost Language of Symbolism*, II ; Hulme, *The History, Principles and Practice of Symbolism in Christian Art*, pp. 10-16.
108. Sicardus, *Mitrale* ; P. L., 213, 28-34.
109. Honorius, *Gemma animae* ; P.L., 172, 543-570.

C'est là un exposé qui, dans sa subtilité numérique, dépasse largement les intentions des créateurs de l'office en question. Pour cette raison, il est tout à fait typique du développement constant du symbolisme des nombres et de la volonté de découvrir partout une signification numérique et de tout mettre en relation – la Trinité, les Commandements, les dons du Saint-Esprit, les langues du monde – sous la domination d'une numérologie dogmatique sans appel. Pour renforcer le 15 des 15 degrés du temple, furent établis les 15 « Cantiques des degrés » (Psaumes CXX-CXXXIV), qui s'élèvent de vertu en vertu. Les fêtes de l'Église (Septuagésime, Quinquagésime, Pentecôte), les heures canoniques, l'organisation des chants, les pénitences imposées, le costume épiscopal lui-même apparaissaient tous comme symbolisant de manière complexe les « temps » du monde et d'innombrables biens spirituels et matériels.

La philosophie des nombres laissa sa marque à un moindre degré sur les sciences et pseudo-sciences du Moyen Âge. Roger Bacon était convaincu que les secrets de la Nature avaient pour « porte et clé les mathématiques, découvertes par les saints à l'origine du monde [...] et qui ont toujours été utilisées par tous les saints et les sages plus que toutes les sciences [110] ». Tel que le résume Thorndike, son raisonnement est le suivant :

> La grammaire et la logique doivent se servir de la musique, branche des mathématiques, pour la prosodie et les phrases persuasives. La compréhension des catégories de temps, d'espace et de quantité requiert une connaissance mathématique. Les mathématiques doivent sous-tendre d'autres sujets parce qu'elles sont par nature les plus élémentaires et les plus faciles à apprendre ainsi que les premières à avoir été découvertes. De plus, toute notre connaissance sensible est acquise dans le temps, dans l'espace, et quantitativement aussi la certitude des mathématiques rend souhaitable que les autres études s'appuient sur elles [111].

En fait, la dose de « mathématiques », et tout spécialement du type de mathématiques mystiques dont nous nous occupons ici, dépendait pour une large part de la personnalité de chaque « scientifique ». Thorndike a trouvé quelques exemples où le mysticisme des nombres était pratiquement absent, mais, dans l'ensemble, toutes les sciences reprenaient les vérités numériques établies, comme les 4 éléments, et toutes cherchaient à accroître leur propre efficacité en recourant à l'astrologie et à la numérologie. Selon Bacon, « si un médecin ignore l'"astronomie", son traitement médical reposera sur la chance et le hasard [112] ». La physique de Grosseteste affirme que « le corps suprême » est constitué de la forme, de la matière, de la composition et d'un composé. La forme est représentée par le nombre 1, la matière par le nombre 2 et la composition par le nombre 3. Le composé lui-même est représenté par le nombre 4. Le recours à la tétraktys ($1 + 2 + 3 + 4 = 10$), indique que « toute chose entière et parfaite est dix [113] ».

Les sciences du Moyen Âge étaient à ce point hypothétiques et si peu « scientifiques » qu'il n'était pas question de négliger le pouvoir censé résider dans les nombres [114]. Dans l'alchimie, le symbole même de la transformation chimique était le dragon

---

110. *Opus majus*, IV, dist. I, cap. 1 ; Burke, I, 116.
111. Thorndike, *History of Magic*, II, 648.
112. *Ibid.*, II, 670.
113. *Ibid.*, II, 444.
114. Les expériences scientifiques étaient fréquemment soutenues par des « sortilèges » et charmes numériques.

ou la salamandre qui se mord la queue, formant de la sorte un cercle et portant la devise mystique en 3 mots et 7 lettres : ἓν τὸ πᾶν, « tout est un », ce qu'illustre l'unité de 3 et de 7 dont la somme revient à l'unité de la dizaine[115]. Il y avait en outre les 4 mutations de la matière, les 7 couleurs des planètes[116], le cinquième élément ou quintessence[117], les 3 grandes étapes, les 10 processus[118], et d'innombrables 7 magiques. Thomas Vaughan qui, au XVIIᵉ siècle, avait ajouté aux principes de l'alchimie et de l'astrologie un savoir cabalistique considérable, largement assaisonné de néo-platonisme, est néanmoins fidèle au principe de l'Unité ultime lorsqu'il dit :

> Sachez donc que tout élément est triple, cette triplicité étant à l'image expresse de son auteur, un sceau qu'Il a apposé sur Sa créature [...]. Tout composé est trois en un et un en trois [...]. Or celui qui connaît parfaitement ces trois avec leurs différents degrés ou liens annexes – est un magicien accompli [...]. En second lieu, vous devez savoir que tout élément est double. Cette duplicité ou confusion est le *Binarius* [...]. C'est en lui que la créature s'altère et déchoit de son harmonieuse Unité première. Il faut donc soustraire la Dyade et alors la Triade du magicien sera ramenée « par la Tétrade à l'extrême simplicité de l'Unité » et, par conséquent, « à une union métaphysique avec la Monade suprême »[119].

Le médecin s'intéressait aussi beaucoup à la science numérique. Outre sa recherche de l'équilibre des 4 humeurs, il savait très bien associer les sortilèges numériques à sa pharmacopée[120], ou prescrire des pilules en nombre impair, parce que l'efficacité en aurait été supérieure par rapport à un nombre pair[121]. Montaigne, dans une tirade contre ses grands ennemis, les médecins, remarque : « Je laisse à part le nombre imper de leurs pillules[122]. »

> La détermination du sort du patient à partir du jour de la lunaison où a débuté sa maladie entre également dans des sphères de la vie et de la mort très exploitées au début du Moyen Âge [...]. En l'occurrence, le nombre du jour de la lunaison est associé à un deuxième nombre correspondant à l'évaluation numérique des lettres qui forment le nom du patient [...]. Une fois calculée la valeur du nom en additionnant les chiffres grecs représentés par les lettres qui le composent, après ajout du jour de la lunaison, on divise la somme par un nombre donné et on cherche le quotient dans les cases [de la Sphère de la Fortune][123].

En astrologie même, l'établissement de l'horoscope impliquait diverses opérations plus ou moins compliquées, dont la multiplication et la division par des nombres astrologiques. Selon Henri d'Avranches, « les astrologues "révèlent les secrets des choses" par leur art qui influe sur les nombres, par les nombres qui influent sur les astres et par les astres qui meuvent l'univers[124] ». On croyait même possible de découvrir le signe d'une personne quelconque au moyen de l'arithmancie, méthode de divination

115. C.A. Brown, « The Poem of Theophrastus », p. 204.
116. *Ibid.*, p. 199.
117. Waite, *Lives of the Alchemystical Philosophers*, p. 39.
118. *Ibid.*, p. 42.
119. *Anthroposophia Theomagica*, in *Magical Writings*, éd. Waite, pp. 19-20.
120. Thorndike, *History of Magic*, I, 82, 91, 93, 583, 592, 676, 725, 756 ; II, 143, 275, 323-324, 330, 481-485.
121. *Ibid.*, IV, 229.
122. Livre II, Essai XXXVII, « De la ressemblance des enfants aux pères ».
123. Thorndike, *op. cit.*, I, 682-683.
124. *Ibid.*, II, 309.

fondée sur un mélange indissociable de pythagorisme, de gématrie et de mathématiques simples que je ne tenterai pas de décrire[125].

En réalité, les principes de toutes les sciences étaient fondamentalement les mêmes, car, au Moyen Âge, la science n'allait généralement pas sans la magie, et il est souvent difficile de dire où finit l'une et où commence l'autre. Dans la perspective médiévale, on pourrait définir la science comme une connaissance des secrets cosmiques et la magie comme l'usage de cette connaissance pour maîtriser ou prédire les événements naturels. Les « secrets cosmiques », en ce sens, concernent tous les niveaux du cosmos, du monde Intellectuel au monde Infernal, le premier devant être imploré, le second tenu en respect.

Tout concourait à faire de l'Orient chaldéo-assyro-babylonien la source la plus féconde de la magie européenne. Les mages orientaux avaient la réputation de détenir des pouvoirs occultes extraordinaires, sans parler de leurs recueils de données astrologiques, alchimiques, mathématiques, scientifiques et pseudo-scientifiques, généralement inconnus en Occident. On a également démontré que les dieux des religions anciennes étaient devenus les démons de la nouvelle religion. Les dieux gnostiques, issus de la pléthore orientale de divinités, constituaient plus de puissances infernales que l'Église du Christ ne pouvait en tenir en respect.

Les nombres les plus puissants dans les arts de la magie viennent donc, en totalité ou en partie, d'Orient – le nombre 7 en particulier. Le fatras de la magie chaldéenne avait pour objectif essentiel de se concilier les 7 dieux maléfiques ou fantômes[126]. Les Pléiades babyloniennes, les Hathor égyptiennes, devinrent ainsi les 7 démons du Moyen Âge, voisins à l'origine, mais tout à fait distincts, des 7 péchés capitaux. Ce sont les 7 démons, et non les 7 péchés, qui enseignèrent les 7 arts à Pietro d'Abano[127]. Pour venir à bout des 7 démons, capables de causer tous les maux depuis la migraine jusqu'à l'impuissance et à la mort, il était recommandé de les lier au moyen de 7 nœuds faits à un mouchoir, à une écharpe ou à une ceinture[128]. Cette pratique devint presque universelle[129]. Pline y fait allusion dans son *Histoire naturelle*[130] et on la retrouve dans des manuels de magie médiévaux aussi courants que *L'Épée de Moïse*[131] et le *Picatrix*[132].

Si des nombres diaboliques pouvaient prendre au piège les pouvoirs diaboliques, il en allait de même pour des nombres sacrés, ce qui se vérifiait par deux modes de raisonnement. L'un d'eux, suivi par le manichéisme et l'averroïsme, considérait l'enfer comme l'envers exact du ciel. L'autre théorie soutenait que le diable était subordonné à Dieu et pouvait de ce fait être dominé par des symboles divins. Ainsi le *Malleus maleficarum* fait-il observer que

125. Cette science est amplement expliquée et illustrée dans le *Secretum secretorum* ; Gaster, *Studies and Texts*, II, 742 et *sqq.*
126. Lenormant, *Chaldean Magic*, p. 17.
127. Grillot de Givry, *Witchcraft, Magic, and Alchemy*, p. 120 ; Thorndike, *op. cit.*, II, 889.
128. Thompson, *Semitic Magic, Its Origin and Development*, pp. XXVII, 33-34, 123, 165, 169, 170, 172, 188. Cf. aussi Farbridge, *Studies in Biblical and Semitic Symbolism*, p. 124 ; Rogers, *The Religion of Babylonia and Assyria*, p. 153.
129. Cf. Müller, *Mythology of All Races*, XII, 142, 199, 421 ; Frazer, *The Golden Bough*, 3e éd., I, 326 ; III, 13, 303, 306-307, 308 ; Conway, *Demonology and Devil-Lore*, p. 258.
130. *Op. cit.*, XXVIII, 27.
131. Gaster, *Studies and Texts*, III, 91.
132. Thorndike, *op. cit.*, II, 819.

l'on emploie la méthode suivante contre la grêle et la tempête. On jette 3 grêlons dans le feu en invoquant la Très Sainte Trinité et l'on répète 2 ou 3 fois le « Notre Père » et la Salutation angélique ainsi que « Au commencement était le Verbe » de l'Évangile de saint Jean. On fait le signe de la croix en direction de chacune des parties du monde. Enfin, on répète 3 fois « le Verbe s'est fait chair » et 3 fois « Que les termes de cet Évangile apaise cette tempête ». Et soudainement, si la tempête est due à la sorcellerie, elle cessera [...]. Mais il faut s'en remettre à la Volonté divine de l'effet espéré [133].

Les formules magiques étaient donc répétées 3 fois, en l'honneur de la Trinité ou de l'anti-Trinité. Nombre de démons étaient représentés avec trois têtes. La magie de Spenser était tout à fait orthodoxe :

> *Then taking thrise three haires from off her head*
> *Them trebly breaded in a threefold lace,*
> *And round the pots mouth, bound the thread,*
> *And after having whispered a space*
> *Certaine sad words, with hollow voice and bace,*
> *She to the virgin said, thrise said she it :*
> *Come daughter come, come ; spit upon my face,*
> *Spit thrise upon me, thrise upon me spit ;*
> *Th'uneven number for this business is most fit* [134].

(Prenant alors trois fois trois cheveux de sa tête,
Elle les noua triplement en un triple lacet,
Et passa le fil autour de l'ouverture des pots,
Puis, ayant murmuré quelque temps
De sombres paroles à voix creuse et basse,
Elle dit à la vierge, elle le lui dit trois fois :
Viens, ma fille, viens, viens ; crache sur mon visage,
Crache trois fois sur moi, trois fois sur moi crache ;
Le nombre impair convient tout à fait en cette affaire.)

La croix du Christ avait elle aussi des pouvoirs et les cercles magiques étaient souvent décrits comme une disposition circulaire de x. John Evelyn vit une figure de ce genre sur le bras d'une servante [135]. L'efficace pythagoricienne ou astrologique d'un nombre pouvait être accrue par des significations théologiques, le pentacle lui-même se trouvant renforcé par la référence à la croix ou aux 5 plaies du Christ.

Ainsi le pouvoir d'une opération magique quelconque repose-t-il rarement sur un seul symbole. Le cercle magique (« rien ne peut être fait sans un cercle ») possède à la fois une signification astrologique (le zodiaque) et pythagoricienne (symbole géométrique de 10). La croix est porteuse de pouvoirs antérieurs au christianisme. Le nombre 7 est doté de pouvoirs non seulement diaboliques mais aussi pythagoriciens et appartient en outre à la catégorie des nombres impairs, qui furent toujours tenus pour plus efficaces que les pairs. La vieille nourrice de la *Faerie Queene* savait très bien que « Le nombre impair convient tout à fait en cette affaire ».

Tous les nombres astrologiques étaient sans doute magiques aux yeux du profane. L'auteur des *Faits merveilleux de Virgille* donnait sans doute suffisamment dans le mystérieux lorsqu'il fit bâtir à son héros un palais doté de 4 coins où l'on pouvait entendre tout ce qui se disait dans les 4 parties de Rome [136]. L'entrée d'un autre palais

---

133. Part. II, qu. 2, cap. 7.
134. *Faerie Queene*, III, II, 50.
135. *Journal*, 5 août 1670.
136. Thoms, *Early English Prose Romances*, p. 221.

romain était remarquable par 24 fléaux de fer qu'abattaient 12 hommes de chaque côté [137]. Devenu vieux, le magicien ordonna à son assistant de le tuer, de le dépecer en petits morceaux, de lui fendre la tête, de le mettre dans un baril de sel durant 9 jours, après quoi il reviendrait à la vie sous l'apparence d'un jeune homme [138].

Il semble en fait que les nombres dotés du plus de pouvoir aient été 3, 4, 5, 7 et 9. Le *Livre noir de Salomon* prescrit que le cercle magique doit avoir 9 pieds de diamètre et qu'on doit y dessiner 4 pentacles [139]. Agrippa indique également la forme de la croix parce qu'elle « a une grande correspondance avec les nombres les plus efficaces, 5, 7 et 9 » et « est aussi la forme la plus droite de toutes en ce qu'elle contient 4 angles droits » [140].

Chacun de ces nombres est ici employé dans son sens oriental, gnostique, chrétien, astrologique ou pythagoricien. Le quaternaire est employé en partie pour sa signification astrologique, en partie pour sa « droiture » pythagoricienne et en partie parce que le mystère ineffable du Tétragramme s'y trouve invoqué [141]. Le nombre 9, qui n'est composé que du 3 tout-puissant, véhicule une foule d'attributs. Il remonte à la grande Ennéade égyptienne. Il rappelle, dans une perspective pythagoricienne, les *Ennéades* de Plotin. Il se réclame de la triple triade des anges tout en s'assurant le pouvoir du démon que l'on croyait représenté dans l'Ancien Testament par le roi Og, haut de 9 coudées [142]. Avec l'introduction des chiffres arabes, ce nombre se vit doter en outre de la vertu mathématique de l'incorruptibilité. Comme la salamandre, il peut changer de forme mais il se reproduit toujours lui-même aussi souvent qu'on le multiplie [143]. On trouvera le plus célèbre témoignage de la force de ce symbole incomparable chez les sorcières de *Macbeth* :

The weird sisters, hand in hand,
Posters of the sea and land,
Thus do go about, about :
Thrice to thine and thrice to mine
And thrice again, to make up nine.
Peace ! the charm's wound up [144].

(Les sœurs fatales, main dans la main,
Parcourant la mer et la terre,
S'en vont ainsi tournant, tournant :

137. *Ibid.*, p. 233.
138. *Ibid.*, p. 234.
139. Grillot de Givry, *op. cit.*, p. 104.
140. *Philosophie occulte*, II, 23. Agrippa vivait au XVIe siècle et fut influencé par la cabale mais, comme il apparaît ici, il s'accordait avec les magiciens du Moyen Âge sur les nombres efficaces, qui étaient plus anciens que la cabale ou que la magie médiévale.
141. Grillot de Givry, *op. cit.*, p. 104 ; cf. *supra*, p. 54.
142. Raban Maur, *De universo*, XVIII, 3 ; P. L., 111, 491.
143. La preuve par neuf repose sur la propriété unique de ce nombre entier. « Un nombre divisé par 9 aura le même reste que la somme de ses chiffres divisée par 9. La règle qui consiste à "retrancher les neuf" pour vérifier l'exactitude d'une multiplication repose sur cette propriété. La règle peut donc s'exposer ainsi : soit deux nombres représentés par $9a + b$ et $9c + d$ et leur produit par P ; alors

$$P = 81\ ac + 9\ bc + 9ad + bd$$

Il en résulte que P/9 a le même reste que bd/9 ; et, par conséquent, la *somme des chiffres* de P, divisée par 9, donne le même reste que la *somme des chiffres* de bd divisée par 9. Si la vérification ne donne pas ce résultat, c'est que l'opération a été mal menée. En pratique, b et d correspondent à la somme des chiffres des deux nombres que l'on multiplie » (Hall and Knight, *Higher Algebra*, 4e édition, Londres, 1927, p. 63). Cf. *supra*, p. 75.
144. Acte I, scène 3.

Trois fois pour toi, trois fois pour moi,
Et trois fois encore pour faire neuf.
Silence ! Le charme est prêt.)

Les propriétés magiques du 5 remontent à la religion perse où il avait une importance primordiale. En Orient, les emblèmes cruciformes apparaissaient comme dotés de 5 « pointes », l'intersection des bras constituant un cinquième point défini que le Rig-Veda prend en compte lorsqu'il parle des 4 directions et d'« ici »[145]. Le 5 devint donc en Orient un nombre saint qui passa en Occident par l'intermédiaire de la magie, du zoroastrisme, du manichéisme et d'autres éléments du savoir oriental. En Égypte, 5 cercles parfaits symbolisaient « le jour et la splendeur[146] ». Plutarque atteste le pouvoir magique du 5 dans *Sur l'E de Delphes* lorsqu'il explique que les 5 extrémités du E et sa place en cinquième position dans les alphabets égyptien, phénicien, grec et latin, ainsi que sa situation dans l'Oracle, lui conféraient un grand pouvoir sur toutes choses. Le 5 est aussi, comme le 9, incorruptible en vertu de sa récurrence dans la multiplication[147].

La croix, du fait de la richesse de sa signification, était habituellement utilisée dans la magie pour représenter figurément le nombre 5 mais un symbole beaucoup plus exact était le « sceau de Salomon », le pentacle, ou étoile à 5 branches. Les propriétés de cette figure coïncident parfaitement avec les attributs du nombre 5 car, comme le nœud dans le lacs d'amour, elle est sans fin et correspond de la sorte à la « circularité » du nombre[148].

À la différence de la croix, toutefois, le pentacle semble avoir été doté exclusivement d'une signification magique[149]. Le fait qu'il figure sur le bouclier de Gauvain[150] est donc beaucoup plus en rapport avec la magie du Chevalier vert qu'avec les connotations chrétiennes et chevaleresques qui s'y rattachaient[151]. Il semble que le poète créateur de Gauvain a délibérément accumulé toutes les pentades chrétiennes possibles pour expliquer le blason légendaire du héros chrétien. S'il avait eu en vue principalement les pentades morales et spirituelles, on ne voit pas pourquoi il n'aurait pas choisi la croix, autre emblème à 5 pointes, plus adapté, qui aurait mieux convenu, plutôt qu'un symbole aussi notoirement magique. On ne peut pas dire non plus que les attributs chrétiens furent ajoutés pour renforcer les pouvoirs purement occultes du pentacle, car il n'est même pas fait allusion à la signification première de celui-ci. On en conclura une fois encore que *Gauvain* est un exemple de plus de la christianisation d'une légende profane. L'histoire initiale devait plutôt développer le thème de la rivalité entre magiciens que celui du chevalier chrétien confronté à une mystification féerique[152].

145. Lévy-Bruhl, *Les Fonctions mentales*, p. 249 ; Keith, *Mythology of All Races*, VI, 16 ; Hopkins, *The Holy Numbers of the Rig-Veda*, p. 147.
146. Bayley, *The Lost Language of Symbolism*, p. 267.
147. *De E apud Delphos*, IV.
148. Cf. *supra*, p. 75.
149. Je ne l'ai rencontré nulle part dans un autre emploi.
150. *Gauvain et le Chevalier vert*, II, 6.
151. On y reconnaît le sceau de Salomon, mais il représenterait plutôt la vérité abstraite que ses pouvoirs magiques traditionnels. Il fait apparaître Gauvain comme fidèle en 5 choses, de 5 manières pour chacune. Gauvain était irréprochable dans les 5 parties de son esprit, il ne faillit jamais avec ses 5 doigts, il avait foi dans les 5 plaies et les 5 joies de la Vierge, il se distinguait par 5 vertus (II, 6-7).
152. Cet aspect de l'histoire ne contredit pas l'interprétation fondée sur des rites païens que propose

La divination et la magie noire prenaient de nombreuses formes sur lesquelles il n'est pas nécessaire de nous étendre, sinon pour faire remarquer qu'elles utilisaient toutes les propriétés magiques des nombres dans leurs rituels et que l'une d'elles, l'arithmancie, se fondait entièrement sur les mystères du système décimal.

La science des nombres avait manifestement investi les domaines du savoir et de la religion au Moyen Âge. Pour les gens sans instruction ou peu instruits, le mystère des nombres et les regroupements numériques courants devaient être admis sans discussion ou bien considérés avec la méfiance que l'homme du commun réserve ordinairement au savoir [153]. Lorsque John Skelton écrit « par le Seigneur qui est un, deux, trois [154] », il énonce moins une doctrine qu'il ne répète un lieu commun. Lorsque, dans le même poème, Drede évoque les « passagers raffinés de notre nef », il n'est pas plus surprenant de découvrir qu'ils sont « quatre et trois » que de voir Dunbar ajouter *La Danse des Sept Péchés capitaux* à la littérature macabre de l'époque. Nous devons à cet héritage de parler encore automatiquement des 4 vents et des 5 sens comme si le chiffre était inséparable du nom. Au Moyen Âge, la liste de tels ensembles numériques était immense. D'Hippocrate à Shakespeare, les lecteurs ne se lassèrent jamais des 7 âges. Dans la moralité *Mankind*, l'euphémisme de Now-a-days, « Rappelle-toi ma tête brisée dans le culte des 5 lettres (plaies) », va de pair avec l'euphémisme non numérique, « par le corps bleu » ; un serment sur « la croix du Christ » est allié à « la Sainte Trinité ».

L'homme du commun s'en tenait à ce type de répétitions simples et à l'usage de nombres « magiques » dans les sortilèges. L'arrière-plan métaphysique variait alors, comme toujours, selon les individus et même pour un esprit profond comme Dante la philosophie des nombres est loin de paraître évidente :

> *Tu credi che a me tuo pensier mei*
> *da quel ch'è primo, così come raia*
> *da l'un, se si conosce, il cinque e 'l sei* [155].

(Tu crois que ta pensée parvient jusqu'à moi
de celui qui est le premier, comme de l'unité,
si on la connaît, proviennent le cinq et le six.)

Miss Weston. Elle identifie le pentacle à l'une des 4 séries du Tarot (*From Ritual to Romance*, p. 74) qui était alors, comme aujourd'hui, l'un des instruments de la magie noire.

153. Ainsi Langland :
   « *Bote astronomye is hard thing and cruel to knowe,*
   Gemetrie and gemensye is gynful of speche
   That worcheth with theose threo thriveth he late,
   Fore sorcerye is the sovereyn bok that to science longeth.
   ....
   Alle theose sciences siker, I my-selven
   Have i-founded hum furst folk to deceyve. »
                                        Piers Plowman, XI, 152-155, 160-161 (c'est moi qui souligne).
   (L'astronomie est chose dure et cruelle à apprendre,
   Gématrie et gémancie sont péché de parole
   Pire encore pour ceux qui s'y mettent tard
   Car la sorcellerie est le livre souverain qui aspire à la science.
   ....
   Je suis moi-même malade de toute ces sciences
   Et j'ai été le premier trompé par elles.)
154. *The Bouge of Court.*
155. *Paradis*, XV, 55-57.

90

Se si conosce ! Il ne faudrait donc pas accuser tous les auteurs qui utilisaient les nombres symboliques de « science » ou de méditation philosophique sur l'infaillibilité du Plan divin. La description de la Cité céleste dans *La Perle* fourmille de nombres symboliques. Cela ne signifie pas que l'auteur ou le lecteur eussent nécessairement une idée de leur importance : c'est un fait reconnu qu'ils sont repris directement de l'Apocalypse [156] et leur mystère devait probablement rester tout aussi entier. Citons, moins franchement explicite à cet égard mais tout aussi visiblement inspirée des Écritures, la fameuse lettre du prêtre Jean aux princes chrétiens. La description qu'il fait de son royaume indien, avec ses 72 rois et provinces tributaires, comporte des prodiges comme des géants hauts de 40 aunes, 12 guerriers mangeurs d'hommes, une sorte de fontaine de jouvence à 3 jours de voyage du Paradis, un miroir gardé par 3 000 hommes, 7 rois faisant le service [157]. Il est logique de supposer que la considération superstitieuse qui a toujours entouré le nombre devait être extraordinairement puissante à une époque de charmes, de philtres, de potions, de sortilèges et d'incantations que l'on confondait pour la plupart, tant numériquement que verbalement, avec les formules de l'Église et qui étaient dispensés à peu près de la même manière que les pardons et les saintes reliques.

Par conséquent, bien que les nombres symboliques se retrouvent dissiminés un peu partout dans les textes médiévaux, il importe de distinguer, dans la littérature profane et scientifique en particulier, entre l'usage philosophique ou scientifique du nombre, sa valeur symbolique ou analogique, et la préférence instinctive pour certains nombres couramment utilisés.

La dernière attitude s'explique aisément par la tendance très humaine à répéter les lieux communs. De nos jours encore, on arrondit volontiers les quantités à 3, 5, 7, 10, à des multiples commodes de 5 et de 10 plutôt que de se référer à 4 ou 6, par exemple [158]. En un temps où l'esprit était tourné vers les nombres, cette coutume était encore plus marquée, si bien que dans toutes les contrées de l'Europe médiévale où le christianisme et le savoir avaient pénétré, les épopées, les chroniques, les *chansons de geste**, les romans, étaient émaillés de nombres de ce type.

Comme toujours, les multiples de 5 et de 10 étaient les principaux chiffres ronds. Le 15, le 40 et le 120 se rencontraient plus fréquemment qu'aujourd'hui, du fait de leur usage liturgique et scientifique [159]. Mais d'autres nombres disputaient leur popularité aux limites décimales : les nombres astrologiques 4, 7 et 12 (avec leurs multiples) qui étaient utilisés exactement de la même façon ; ainsi lorsque Roland se targue de porter 700 coups, voire mille [160]. La formule « douze mois » était aussi couramment employée que « un an ». Une conséquence particulière de l'usage fréquent de nombres autres que les limites décimales est l'apparition occasionnelle de nombres arrondis inhabituels comme 24 (à valeur également astrologique) et 48 [161]. De même, l'emploi constant de la vingtaine faisait de 60 et de 120 des chiffres ronds aussi identifiables

156. Stance 83.
157. Baring Gould, *Curious Myths of the Middle Ages*, pp. 37 et *sqq.*
158. Fred C. Kelly, « Number Prejudices », *Reader's Digest*, août 1936, p. 98.
* En français dans le texte. (N.d.T.)
159. Les 15 Cantiques des Degrés (CXX-CXXXIV), cf. *supra*, p. 84 ; 15 comme moitié du 30 astrologique ; les 40 jours, le carême ; 120 en tant que tiers du cercle zodiacal = 3 x 40.
160. *Chanson de Roland*, vers 1078.
161. Quarante-huit n'est qu'un multiple de 12, comme dans la promesse de Tristan d'abattre les 48 arbres du géant dans le *Roman de Tristan et Iseult* de Thomas, LXXV.

que 50 et 100. La triade omniprésente, non plus seulement « statistique [162] », mais renforcée cette fois de l'énorme poids des connotations théologiques, était de loin le nombre favori du Moyen Âge. Sans donner dans le truisme, on rappellera les 3 cassettes du *Marchand de Venise* [163] et les 3 formules de la tête de Fryer Bacon répétant les 3 dimensions du temps [164]. Dans *La Chanson de Roland*, Olivier demande à 3 reprises à Roland de sonner du cor. Finalement persuadé, Roland lance 3 appels. Au troisième, l'empereur fait demi-tour.

À cause de la réapparition constante des nombres symboliques comme limites pratiques, il faut s'en remettre presque entièrement au contexte pour avoir un indice de la symbolique effectivement recherchée. Cela est particulièrement vrai dans les cas de ce que j'ai appelé le symbolisme analogique : l'emploi de nombres entiers familiers, non tant comme symboles spécifiques que pour créer une « ambiance », par le sérieux, le mystère ou la sainteté de leurs connotations générales. Dans le *Romancero du Cid*, 12, 24 ou 40 personnes participent aux conseils ou aux prestations de serment. Le conseil est indiscutablement plus sérieux, le serment plus contraignant, lorsqu'ils sont sanctionnés par l'évocation des 12 apôtres, des 24 anciens ou de la période du carême. De même, la naissance de Tristan au troisième jour des douleurs d'enfantement de sa mère [165] pourrait suggérer, sans qu'il y ait précisément symbole, la mort pénible de Notre-Seigneur. Par ailleurs, le fait que Tristan ait appris les 7 arts, puis 7 sortes de musique [166], et ait acheté peu après 7 oiseaux [167] peut s'expliquer par le goût du narrateur comme de l'auditeur pour le chiffre des mers, des planètes, des jours de la semaine, des sages, etc. Le même raisonnement, qui participe, pourrait-on dire, de l'expression poétique du temps, explique les 7 Dormants d'Éphèse, les 7 Maîtres de sagesse, les 7 années passées par Tannhäuser à Venusburg, les 7 années de torture de saint Georges.

Dans cette zone crépusculaire du symbolisme, il est extrêmement hasardeux de donner ou même de rechercher une interprétation pour un nombre aux significations aussi vastes que 7. On peut attribuer à chacune des heptades ci-dessus une signification ou une application spécifique du nombre entier, mais il serait déraisonnable de penser que le narrateur ou l'auditeur du récit lui accordait autre chose qu'une relation très générale. Le 12 et le 24 astrologiques sont particulièrement délicats à interpréter : on en fait des nombres précis partout où il s'agit avant tout du calendrier, et ils sont porteurs de fortes connotations chrétiennes, tout en conservant leurs implications astrologiques initiales. John Rhys [168] a identifié aux heures du jour les 24 damoiselles du château de *The Lady of the Fountain* [169]. C'est une interprétation qui se tient, à mon avis, mais uniquement parce que Loomis a su montrer que l'histoire dérivait d'un mythe solaire [170]. Les regroupements par 12 sont tellement courants, même chez les tribus primitives, qu'il est difficile de prouver quoi que ce soit quant à l'origine des 12 pairs de France. Compte tenu de l'année indo-européenne de 12 mois ainsi que des 12 jours

162. Cf. *supra*, pp. 12-13.
163. Tirées des *Gesta Romanorum*.
164. *The Famous History of Fryer Bacon*, in *Early English Prose Romances*.
165. Thomas, XV.
166. *Ibid.*, XVII.
167. *Ibid.*, XVIII.
168. *Lectures on the Origin and Growth of Religion as Illustrated by Celtic Heathendom*, p. 354.
169. *The Mabinogion*, trad. Guest.
170. Loomis, *Celtic Myth and Arthurian Romance*, en particulier chapitre VI.

par lesquels cette année solaire excédait l'année lunaire [171], la « douzaine » devait constituer pour le moins un nombre arrondi pratique et, au plus, un nombre sacré prescrit par les mouvements célestes ou par la tradition des 12 apôtres [172].

En revanche, il était inévitable que la douzaine, les 12 mois et les 12 apôtres fussent mis en relation dans les pays chrétiens. C'est dans le *Pèlerinage de Charlemagne à Constantinople*, un texte du début du XIIᵉ siècle, que le rapprochement est expressément fait entre les pairs de France et les apôtres. Un juif, qui a vu Charles et les pairs, rapporte au Patriarche :

> Alez, sire, al muster pur les funz aprester.
> O vendreit me frai baptiser e lever.
> Duze cuntes vi ore en cel muster entrer,
> O veoc euls le trezime. Unc ne vi si formet.
> Par le men escientre ! ça est meimes Deus.
> Il e li duze apostle vus venent visiter [173].

Le fameux « 13 porte-malheur », et tout particulièrement les « 13 à table », se rattachent, selon moi, à cette tradition. Ernst Böklen a tenté de prouver que cette superstition avait déjà cours dès l'époque homérique mais il s'appuie sur sa propre découverte de cas où l'on évoque un malheur arrivé à un membre d'un groupe de 13 individus [174]. Ce genre de preuve ne me paraît pas valable, étant donné que le nombre n'est jamais rendu responsable du malheur ni qualifié de « porte-malheur » dans aucune étude sur la signification des nombres ou ailleurs. La première mention explicite du 13 « porte-malheur » que j'aie pu trouver se rencontre chez Montaigne :

> Et me semble être excusable si j'accepte plustost le nombre impair... si je m'aime mieux douziesme ou quatorziesme que treziesme à table... Toutes teles ravasseries qui sont en crédit autour de nous, meritent au moins qu'on les escoute [175].

Le fait que ce nombre était associé à l'Épiphanie [176] par l'Église et semble n'avoir pas été considéré autrement que comme saint par les théoriciens médiévaux du nombre donne à penser que le nombre 13 « porte-malheur » était une superstition populaire sans rapport aucun avec la « science des nombres ». Petrus Bungus est le premier arithmologue qui ait vu du mal dans ce nombre. Il note que les Juifs murmurèrent 13 fois contre Dieu au cours de la sortie d'Égypte, que le Psaume XIII porte sur la méchanceté et la corruption, qu'Ismaël fut circoncis à l'âge de 13 ans, en sorte que

---

171. Webster, *Rest Days*, p. 276.
172. Fondée sur la même référence, la moins nette des analogies que constate Loomis entre la guerre d'Arthur contre Lucius et celle contre Lot est cette remarque : « Dans le combat final avec Lucius, on insiste sur la division de son armée en douze bataillons, chacun commandé par un sénateur ou un roi, tandis qu'il y a douze rois dans l'armée de Lot » (*Celtic Myth and Arthurian Romance*, p. 348). Tout d'abord, dans la perpétuation d'une très ancienne tradition, les nombres concernés peuvent changer ; songeons au nombre des chevaliers de la Table ronde (Lewis F. Mott, « The Round Table », PMLA XX, 231-264). En second lieu, la douzaine est trop couramment retenue comme nombre pour les conseillers, les compagnons ou les chefs pour que n'importe quel 12 ait quoi que ce soit de particulièrement significatif. Les diverses sources possibles du 12 en relation avec Arthur et Charlemagne ont été étudiées par Laura Hibbard Loomis : MP XXV, 331-354 ; MLR XXVI, 408-426 ; XLIV, 511-519 ; PMLA XLI, 771-778. Ce dernier article soutient que les pairs furent créés sur le modèle avoué des 12 apôtres.
173. Vers 134-139.
174. *Die unglückszahl Dreizehn und ihre mythische Bedeutung*.
175. Livre III, Essai VIII, « De l'art de conférer ».
176. *Legenda aurea, Épiphanie*. Les 3 rois vinrent voir le Christ âgé de 13 jours. Dans une méthode de divination citée par Thorndike (*op. cit.*, I, 679), le Jour du Seigneur se voit assigner le nombre 13. Cf. *supra*, p. 83.

n'était pas atteint le nombre de la Loi et des évangélistes, respectivement 10 et 4. Comme 11 est un nombre de la transgression parce qu'il va au-delà des 10 Commandements, de même 13 va au-delà des 12 apôtres. Par conséquent, *hic numerus Judaeorum taxat impietatem*[177]. L'absence de toute explication de ce genre dans les arithmologies antérieures laisserait supposer que c'est la croyance populaire qui avait imposé au clergé cette interprétation forcée et assez peu convaincante des nombres additionnés des Commandements et de la Trinité. Le fait que Montaigne mentionne comme très répandue à son époque la superstition concernant le 13 indiquerait qu'elle remonte pour le moins au Moyen Âge. Il est si facile de trouver des 13 dotés de connotations néfastes dans la culture populaire que j'attribuerais pour ma part la superstition à la rencontre de plusieurs facteurs plutôt qu'à une seule source.

Il n'est pratiquement pas de 12 dans la tradition qui ne soit associé à un 13. Le treizième mois intercalé est l'exemple le plus ancien et Böklen affirme qu'il était considéré comme discordant et néfaste[178]. Webster convient que c'était parfois le cas[179]. Il n'est pas totalement impensable qu'une tradition, même aussi incertaine que celle-ci, se soit transmise oralement au Moyen Âge. Il est beaucoup plus vraisemblable que c'est l'omniprésent 13 du cycle lunaire et menstruel qui ait rendu ce nombre redoutable, ou du moins impopulaire.

Il se peut qu'il ait en même temps été associé aux arts démoniaques dans l'opinion populaire. *L'Art miraculeux et le Livre des Merveilles, ou le Corbeau noir,* de Faust, indique que 13 membres composent la hiérarchie infernale[180]. Il doit s'agir du même 13 astrologique puisque le Corbeau est le treizième symbole du mois intercalaire ainsi que l'effigie de la lune[181]. Il se peut que la tradition cabalistique ait en même temps introduit les 13 Conformations de la Sainte Barbe, également d'origine astrologique et magique dans la croyance courante. En Grande-Bretagne, 13 finit par être associé à la sorcellerie. Soit pour cette raison, soit parce que l'adjonction d'un chef à tout groupe de 12 fait un treizième, comme cela semble avoir été le cas dans le rituel druidique, un koven de sorcières était généralement composé de 13 ou d'un multiple de 13[182].

On notera toutefois que la superstition particulière mentionnée par Montaigne est celle des « 13 à table ». Ici, il existe indiscutablement un lien avec la Dernière Cène. On peut se demander dans quelle mesure la légende du Siège Périlleux a contribué à attirer l'attention sur la treizième chaise « porte-malheur ». Certes, le Siège Périlleux était sanctifié mais il était aussi « périlleux » et nettement funeste pour celui qui ne devait pas s'y asseoir (« où jamais chevalier ne s'assit qu'il n'y rencontrât la mort[183] »). On a tout lieu de le penser parce que, même si le treizième siège est ordinairement réservé au chef – Charlemagne dans le *Pèlerinage*[184] et le Père de tous dans le temple des Dieux de Gladsheim[185] – le *Joseph* de Boron assigne la place vacante à Judas, et le *Perceval* de Modène à « Nostre Sire » à un endroit et à Judas à un autre[186]. Peut-être

177. *Mysticae numerorum*, 31-32.
178. *Die unglückszahl Dreizehn*, pp. 8-9.
179. *Rest Days*, p. 276.
180. Conway, *Demonology*, p. 229.
181. Böklen, *op. cit.*, pp. 8-9.
182. Murray, *The Witch-Cult in Western Europe*, pp. 16, 50, 191.
183. *Le Livre de Lancelot del Lac*, XXXIX.
184. Vers 118.
185. MacCulloch, *Mythology of All Races*, III, 327.
186. Weston, *The Legend of Sir Perceval*, II, 132.

l'auteur avait-il voulu mettre « Nostre Sire » dans le dernier cas mais le copiste et l'opinion publique lui auront substitué Judas.

Ce sont là les types de symbolisme numérique – « d'ambiance », traditionnel, superstitieux – les plus courants dans la littérature profane du Moyen Âge. Le symbolisme direct est rare et, comme l'explication en est presque toujours donnée, on peut penser qu'il apparaissait trop complexe pour le vulgaire. Dans la *Trompette de la Mort* des *Gesta Romanorum*, un roi installe son frère dans une fosse profonde sur une chaise dont les 4 pieds sont vermoulus. Une épée est suspendue au-dessus de sa tête et 4 hommes armés d'une épée l'entourent. Puis, faisant venir des musiciens et des mets, le roi demande à son frère pourquoi il n'a pas l'air heureux. La réponse est évidente, et le roi explique alors qu'il est lui-même aussi malheureux. La chaise branlante est son trône. Son corps est soutenu par les 4 éléments. La fosse est l'enfer. L'épée de la Justice divine est suspendue au-dessus de sa tête. Il a devant lui l'épée de la Mort ; derrière, celle du péché ; à sa droite, celle du Démon ; à sa gauche, les vers qui dévorent le corps après la mort [187]. Dans un cas comme celui-là, une interprétation s'impose mais elle n'a pas vraiment lieu d'être dans l'exemple suivant :

> Alors il [le roi Ban] cueillit 3 brins d'herbe au nom de la Sainte Trinité [188].
> Les deux tranchants [de l'épée] signifient que le chevalier doit servir Notre-Seigneur et Son peuple [189]. [Les vies active et contemplative liées aux 2 commandements du Christ, l'amour de Dieu et l'amour du prochain, constituent la dyade la plus répandue au Moyen Âge.]

Citons encore le *Lai du Frêne* de Marie de France, où une dame, honteuse d'avoir mis au monde des jumelles, en confia une à sa suivante qui la déposa au pied d'un frêne *près d'une abbaye, en suppliant Dieu de lui accorder Sa grâce*. Il s'agissait d'un bel arbre, massif et feuillu, divisé en quatre branches solides. Les quatre branches solides, dans ce contexte, soulignent que le frêne est censé symboliser ici l'église cruciforme [190].

Il est vrai aussi que la prédominance des nombres symboliques employés simplement comme nombres arrondis rend difficile le déchiffrement de l'intention symbolique en l'absence d'autre indice. Dans le cas suivant, par exemple, il semble bien que la réitération du 7 correspondait au 7 de la pénitence ou aux 7 étapes de la contemplation :

> Lorsque Arthur, le fameux roi d'Angleterre, [...] eut, à la suite de douze batailles rangées, conquis le tiers de la terre et fut las des hauts faits de la vie militaire, il adopta dans ses vieux jours un style de vie paisible et remplaça son attirail martial par les livres de méditations célestes ; de manière à ce que, de même que la guerre l'avait rendu célèbre dans ce monde-ci, cette autre activité fît de lui un bienheureux dans l'autre monde. Il passa 7 années dans le calme de ses pensées, 7 années durant lesquelles il n'entendit jamais le son plaisant du tambour, 7 années durant lesquelles il ne reçut pas une seule fois ses chevaliers triplement valeureux de la Table ronde [191].

Pourtant, même ici, rien ne nous assure que nous avons affaire à un symbole plutôt qu'à une association tout à fait populaire. Dans *Joannes Turpini historia de vita Caroli*

---

187. Morley, *Medieval Tales*, pp. 155-157.
188. *Le Livre de Lancelot del Lac*, III.
189. *Ibid.*, X.
190. Mason, *French Medieval Romances*.
191. *The Second Part of the Famous History of Tom a Lincolne*, I ; p. 655, in Thoms, *Early English Prose Romances*.

Magni et Rolandi, la comparaison de Roland, blessé en 5 endroits [192], avec le Christ et l'affirmation que la protection divine fut accordée à Charlemagne lorsque le soleil resta immobile 3 jours pendant que l'on poursuivait les païens [193], seraient hasardeuses si, dans le même texte, le mystère des 3 en 1 n'avait pas été expliqué et si le livre n'avait pas porté le nom de l'archevêque Turpin [194].

Ce sont là les échos, assez lointains et vulgarisés, d'une tradition qui s'épanouissait dans les sphères plus élevées du savoir. Dans tous les cas que nous venons d'examiner, le nombre n'est symbolique qu'au second niveau. Les 5 plaies de Roland évoquent précisément les 5 plaies du Christ, sans que soit abordée la question plus profonde de la signification du nombre 5. Car, à proprement parler, le symbolisme des nombres relève davantage de la métaphysique que du trope ou de l'allégorie. Il est l'idiome des Vérités éternelles, non des réalités concrètes. En tant que tel, il n'intervient guère dans l'entreprise poétique « d'intensification et de clarification de l'expérience », sauf si le poète écrit pour un public restreint qui « comprend comme il faut ». À la différence des symboles médiévaux plus objectifs (le Pélican = le Christ), l'abstraction du nombre était elle-même environnée d'un mystère, dont seule une culture métaphysique accomplie pouvait livrer la clé. Pour cette raison, les références numériques figurant dans la littérature populaire ou, Dante excepté, dans la littérature en langue vulgaire, ne sont que de lointains échos de la numération propre à la science, à la philosophie et à la théologie.

192. *Op. cit.*, XXII.
193. *Ibid.*, XXVI.
194. Morley, *Medieval Tales*, pp. 11-53.

VII

LA BEAUTÉ DE L'ORDRE : DANTE[1]

L a subtilité et l'érudition qui caractérisent l'emploi chez Dante des nombres significatifs tranchent avec le symbolisme vague et souvent « d'ambiance » des écrivains médiévaux de langue vulgaire. Scientifique, philosophe, théologien,
mystique et poète, Dante appartient forcément à la minorité de ceux qui « comprennent
comme il faut ». Son lecteur doit donc posséder pour le moins quelques notions de la
nature du savoir médiéval et, plus important encore, être disposé à modifier ses points
de vue.

L'allégorie et le mysticisme médiévaux sont étrangers à l'esprit moderne. S'il arrive
à l'homme moderne de penser mysticisme, c'est dans les termes de Vachel Lindsay ou
de Walt Whitman. Les visions des mystiques du Moyen Âge n'étaient pourtant sous
le signe ni du délire ni de la confusion. Au contraire, la vision du mystique véritable
était celle d'un ordre, et la profondeur de sa pénétration était directement proportion-
nelle à sa compréhension de la coordination précise de toutes choses dans une Harmonie universelle. De même, l'allégorie non seulement est étrangère à l'esprit moderne,
mais elle le rebute souvent. On se plaît, par conséquent, à tenir pour peu de chose la
subtilité de *La Divine Comédie*, à en nier l'importance, voire l'existence. Au Moyen
Âge, l'allégorie était pourtant le mode d'expression naturel, même pour les écrits profanes, surtout si ces derniers se voulaient didactiques. Dans les écrits religieux, ainsi
que nous l'avons vu dans les deux chapitres précédents, on poussait parfois à des
extrêmes qui paraissent aujourd'hui phénoménaux, la recherche d'interprétations toujours plus profondes et subtiles des Écritures. La littérature ecclésiastique du Moyen
Âge est pour une grande part composée de commentaires de ce type et de sermons
consacrés à l'explication des significations historiques, allégoriques, morales et anago-
giques de textes sacrés de prédilection. *La Divine Comédie* est à la fois didactique et
religieuse. Dans sa lettre à Can Grande, Dante déclare que son œuvre est un réseau
complexe de significations et explique qu'il faut pour l'interpréter recourir au déve-

---

1. La traduction française utilisée ici pour *La Divine Comédie* est celle de A. Brizeux, éd. Charpentier,
1853. (N.d.T.)

97

loppement quadruple de l'exégèse scripturaire[2]. Sa passion pour l'allégorie est amplement illustrée dans le *Convivio*, où chaque ode est suivie d'une interprétation qui
semble si disproportionnée par rapport à l'ode elle-même qu'on la négligerait presque
si elle n'était fournie par l'auteur lui-même. Connaissant la *Vita Nuova*, le *Convivio* et
le *De monarchia*, on s'attend naturellement à rencontrer une grande subtilité allégorique
dans *La Divine Comédie*, attente que confirment et la lettre à Can Grande et le fait
que Dante attire lui-même à deux reprises, dans la *Comédie*, l'attention de son lecteur
sur des vérités cachées sous ses vers[3]. La recherche de telles significations n'apparaissait
pas, au Moyen Âge, comme fastidieuse, mais c'était au contraire un plaisir extrême,
car, comme le disait saint Augustin, « les significations les plus cachées sont les plus
délectables[4] ».

Du fait même de cette subtilité délibérée, les interprétations du texte de Dante
seront forcément aussi variées et souvent aussi déplacées que les interprétations médiévales des Écritures. La solidité d'une telle exégèse se fonde sur la mise en relation
d'une interprétation donnée avec la réalité des croyances, des mentalités et des objectifs
tant de Dante que de sa génération. Elle dépend également de l'élucidation de chaque
passage du poème en tant que partie constitutive de l'ensemble. En toute humilité et
en reconnaissant que je ne suis pas un spécialiste de Dante, je propose le commentaire
qui suit non pas comme un état définitif de la question, mais comme la suggestion d'au
moins une « porte » et une « clé » de la vision de Dante sur l'univers.

C'est dans la *Vita Nuova* que nous faisons connaissance avec Dante. Cette œuvre
nous donne à entendre que, quel qu'eût été son passé, Dante s'était trouvé de ceux
qui avaient embrassé la « Nouvelle Vie ». On ne parvient pas à celle-ci, qui est la vie
chrétienne[5], par l'étude mais uniquement par la « révélation », laquelle fut spécialement accordée à Dante grâce à Béatrice qui, dans sa perfection terrestre, portait le
Sceau divin. Dante, qui s'ouvre au mysticisme, apparaît convaincu de l'ordre de toutes
choses, tout en étant encore incapable de comprendre pleinement un tel ordre. La
réalité du Plan divin lui fut révélée par la récurrence constante du nombre 9 dans ses
relations avec Béatrice[6].

De tous les symboles numériques du Moyen Âge, il en était peu qui fussent aussi
chargés de signification que le nombre 9 qui est toujours, d'abord et avant tout, le
nombre des anges. Un lecteur de l'époque ne pouvait manquer d'y voir une gracieuse
indication du moule qui avait servi pour Béatrice. Mais dans l'idée du poète, ce nombre
dépassait largement l'association concrète avec les anges. L'explication bien connue
qu'il en donne se résume ainsi : « ce nombre était (Béatrice) elle-même[7]. » Or on sait
que Dieu est 1 mais exprimé en 3 personnes. L'entendement humain ne peut d'emblée
comprendre l'essence, qui est l'Unité. Par conséquent, 3 est plus compréhensible que
1, et 9, dont la seule racine est 3 et la source 1, est davantage encore accessible à l'esprit

2. Epître X, par. 7.
3. *Enfer*, IX, 61-63 ; *Purgatoire*, VIII, 19-21. Cf. également le témoignage de Guido da Pisa et de Fraziolo
Bamboglioli, qui furent parmi les premiers lecteurs de la *Comédie* et qui la trouvèrent « très hautement
subtile » (Flamini, *Introduction to the Study of the Divine Comedy*, p. 21).
4. Cf. *supra*, p. 62.
5. Saint Augustin, Lettre LV, 17, 31 ; cf. *supra*, p. 63.
6. Grandgent a suggéré que Dante avait pu recourir à cette illustration par le nombre pour des raisons
pratiques (*The Ladies of Dante's Lyrics*, pp. 107-145).
7. *Vita Nuova*, XXX, 26-27.

humain[8]. Béatrice, dit Dante, « est un miracle[9] ». Un miracle, nous apprend le *De monarchia*, « est l'opération immédiate de l'agent premier sans la participation d'agents seconds[10] ». Les miracles sont aussi expliqués comme la représentation visible de choses invisibles[11]. En somme, Béatrice et le 9 sont tous deux des miroirs terrestres de la Cause première et Béatrice est par sa nature directement apparentée aux anges. Elle est, selon la formule de J. B. Fletcher, « Comme la Vierge Marie – une immaculée conception[12] ».

On est ici tenté de se demander si Dante n'avait pas une autre raison, secondaire, d'être tant attaché au nombre 9. Compte tenu de la tendance apocalyptique du poète et de sa connaissance de l'astrologie, il importe de prendre en considération la place de ce nombre en astrologie. La neuvième maison a droit à un commentaire particulier de Roger Bacon qui résume l'œuvre de ses prédécesseurs de la manière suivante :

> Aussi la 9ᵉ maison, comme on l'appelle, est-elle celle des pérégrinations et voyages de la foi, de la divinité et de la religion, la maison de l'adoration de Dieu, de la sagesse, des livres, des lettres, des rapports des ambassadeurs, des récits et des rêves. Cette maison est donc assignée à juste titre, dit-on, à Jupiter, qui signifie les bénédictions de l'autre vie parce que ces bénédictions requièrent la foi, la religion, l'adoration de Dieu, l'étude de la sagesse ainsi qu'une multitude de livres et de lettres, comme le démontre la loi sacrée ; également un grand nombre d'ambassadeurs, tels les prophètes, les apôtres et les prédicateurs qui font des rapports appropriés sur le noble état de l'autre vie et ont de fréquentes révélations en rêve, des extases et des visions concernant cette vie-ci[13].

Bien que rien n'indique la présence de la neuvième maison dans l'horoscope de Béatrice ou dans celui de Dante, il n'est pas impossible que ce 9 astrologique ait accru la vénération de Dante pour ce nombre. Béatrice avait été pour lui une « ambassadrice » du ciel et, du fait de son amour pour elle, il avait souvent bénéficié de révélations en rêve, d'extases et de visions[14]. C'est une de ces visions[15] qui le décida à ne plus écrire tant qu'il ne pourrait dire de Béatrice « ce qui n'avait jamais été écrit d'une femme », de Béatrice qui fut à l'origine de son grand « voyage de la foi, de la divinité et de la religion ». Car, bien qu'il eût été instruit de l'harmonie spirituelle du cercle[16], il était si loin à l'époque d'avoir atteint cette harmonie qu'il pouvait céder aux tentations mondaines de la *Donna pietosa* ou d'une autre *pargoletta*.

La seconde étape de l'évolution de Dante consista pour lui à se détacher de Béatrice pour chercher consolation dans la Philosophie. La faute qu'il commit alors n'était pas de rechercher le savoir mais de l'idolâtrer comme une fin en soi, indépendamment de la révélation. Tel Ulysse, il recherchait la vérité par une voie erronée. Il n'avait pas

---

8. Cf. *supra*, pp. 73-74.
9. *Vita Nuova*, XXX, 39.
10. II, 4, 15-17.
11. *Ibid.*, 73-75.
12. « Allegory of the Vita Nuova », MP XI, 5. On notera que Can Grande della Scala, le candidat le plus vraisemblable au titre de DVX, *Veltro*, est d'abord présenté dans *La Divine Comédie* comme âgé alors de 9 ans (*Paradis*, XVII, 79-81). Dante rencontre donc à 9 ans à la fois sa libératrice spirituelle (Béatrice) et, figurativement, celui en qui il voit le sauveur de l'Empire. Nous avons vu l'importance de cette circonstance en ce qui concerne Béatrice. Pourquoi n'en irait-il pas de même pour l'illustre Lombard ? Cf. J. B. Fletcher, « The Crux of Dante's Comedy », *Romanic Review*, XVI, 1-41, particulièrement p. 21.
13. *Opus majus*, I, 277-278.
14. *Vita Nuova*, III, XII, XXIII, XXIV, XL, XLIII.
15. *Ibid.*, XLIII.
16. *Ibid.*, XII. Le cercle est le symbole de l'unité et de la complétude. C'est la représentation géométrique de 1 et de 10. Cf. *supra*, p. 75.

encore appris à se contenter du *quia*[17] ni à attendre Béatrice, « *ch' è opra di fede*[18] » (ceci regarde la foi).

On ne saurait dire dans quelle mesure le *Convivio*, qui est une narration après coup, reflète cette période de la vie de Dante. À quel point il s'était éloigné de la voie du Salut, on ne peut que le conjecturer d'après la question mordante de Cavalcanti,

> *Se per questo cieco*
> *carcere vai per altezza d'ingegno,*
> *mio figlio ov' è ? perchè non è ei teco*[19] *?*
>
> (Si c'est la force du génie qui t'a ouvert cette obscure prison,
> où est mon fils, et pourquoi n'est-il pas avec toi ?)

question évoquant un savoir qui n'est pas théologique. Cavalcanti continue apparemment de croire que l'enfer peut être vaincu par l'« *altezza d'ingegno* », et laisse entendre que Dante et Guido avaient étudié ensemble l'une ou plusieurs de ces disciplines ésotériques qui, par l'Espagne, se répandaient peu à peu en Occident, et qui, sans égard au contenu, étaient généralement considérées dans l'Europe chrétienne comme « magiques » et « hérétiques »[20]. Cette impression se trouve confirmée, ainsi que je l'ai fait remarquer ailleurs[21], par la corde destinée à capturer les bêtes que porte Dante jusqu'à ce qu'il la remette à Virgile[22], puisque la description de la corde et de ses propriétés correspond à la ceinture qui faisait traditionnellement partie du costume du magicien. Si Dante s'était intéressé de près ou de loin à la magie, il se peut tout à fait qu'il ait été initié à la numérologie complexe qui allait généralement de pair.

Il est certain, en tout cas, qu'il revient de son incursion dans la Vie spéculative avec une conviction inébranlable quant à l'ordre de l'univers. Tout conscient qu'il soit du dualisme du corps et de l'âme[23], de la matière et de l'esprit[24], de l'action et de la contemplation[25], il n'en subordonne pas moins la matière à l'esprit, se représentant le microcosme et le macrocosme comme des miroirs plus ou moins parfaits du monde intelligible, étant donné qu'« il est dans l'intention de Dieu que chaque chose créée soit à l'image divine dans la mesure où sa propre nature est capable de la recevoir[26] ». Dante reprend de la sorte à son compte les conceptions du réalisme dominicain exposées par Albert le Grand et Thomas d'Aquin, lorsqu'il montre que « la nature particulière obéit à la nature universelle en donnant à l'homme 32 dents, ni plus ni moins[27] ». C'est « la prévoyance de la nature universelle qui confère sa perfection à la nature particulière[28] ». Si la nature particulière n'est pas aussi parfaite que la nature

17. *Purgatoire*, III, 37. « En logique scolastique, une démonstration *a priori*, de la cause à l'effet, était appelée *propter quid*, et une démonstration *a posteriori*, de l'effet à la cause, était appelée *quia* » (Grandgent, note de l'édition).

18. *Ibid.*, XVIII, 48.

19. *Enfer*, X, 58-60.

20. Cette confusion est amplement démontrée dans *A History of the Inquisition of the Middle Ages* de Henry Charles Lea et tout particulièrement dans la référence que fait Dante au traducteur d'Averroès en latin comme à un magicien (*Enfer*, XX, 116-117).

21. « Geryon and the Knotted Cord », MLN LI, 445-449.

22. *Enfer*, XVI, 106-114.

23. *Convivio*, I, 1, 16-26.

24. *Ibid.*, III, 2, 23-34.

25. *Ibid.*, II, 5, 66-80.

26. *De monarchia*, I, 8, 6-9.

27. *Convivio*, I, 7, 53-58.

28. *Ibid.*, IV, 26, 18-20.

universelle, c'est à cause de la vieille dualité de la matière et de la forme, au sein de laquelle la matière est nécessairement imparfaite : « Les formes substantielles procèdent de leur première cause qui est Dieu, ainsi qu'il est écrit dans le *Livre des Causes* ; et ce n'est pas de cette cause que découle leur diversité, parce que cette cause est très simple, mais de causes secondes ou de la matière dans laquelle elle descend[29] ».

Dante emprunte au pythagorisme la méthode par laquelle le particulier procède de l'universel :

*Tu credi che a me tuo pensier mei
da quel ch' è primo, così come raia
da l'un, se si conosce, il cinque e 'l sei*[30].

(Tu crois que ta pensée parvient jusqu'à moi
de celui qui est le premier, comme de l'unité,
si on la connaît, proviennent le cinq et le six.)

La vénération à l'égard de Pythagore était assez répandue au Moyen Âge et le respect personnel de Dante ressort clairement des huit références qu'il y fait[31], l'une d'elles désignant Pythagore comme le premier philosophe et le situant « presque au début de la fondation de Rome[32] ». Une telle association de la priorité et de la proximité par rapport à la fondation de Rome équivalait dans l'esprit de Dante à une approbation divine.

On peut juger par ses œuvres en prose de l'importance du pythagorisme de Dante. Dans le *Convivio*, il compare l'arithmétique au ciel du Soleil :

car toutes les sciences sont éclairées par sa lumière, leur prise en considération comporte toujours un processus numérique [...]. Quant aux spéculations des sciences de la nature, elles portent avant tout sur les principes des choses naturelles qui sont au nombre de trois, à savoir la matière, la privation et la forme ; en quoi nous voyons qu'il n'y a pas seulement un nombre collectif mais aussi que chacune prise à part a son nombre propre, si nous observons les choses avec subtilité. C'est pour cette raison, ainsi que le dit Aristote dans le premier livre de la *Métaphysique*, que Pythagore posa le « pair » et l'« impair » comme principes des choses naturelles, estimant que toute chose était nombre[33].

Dans le même passage, Dante qualifie la géométrie de « blanche[34] » et il explique dans le *De vulgari eloquentia* que les couleurs participent de la nature du nombre en ce qu'elles sont déterminées par rapport au blanc comme les nombres le sont par rapport à l'unité :

... et la quantité la plus simple, qui est l'unité, est davantage perceptible dans un nombre impair que dans un nombre pair ; et la couleur la plus simple, le blanc, est davantage perceptible dans l'orange que dans le vert[35].

La présentation du miracle de Béatrice comme triple 3 est également l'explication des ordres angéliques[36], qui est le raisonnement théologique de l'époque[37]. Parlant du

---

29. *Ibid.*, III, 2, 24-39.
30. *Paradis*, XV, 55-57.
31. Cf. Toynbee, « Dante's References to Pythagoras », *Dante Studies and Researches*, pp. 87-96.
32. C*convivio*, III, 11, 23-24.
33. *Ibid.*, II, 14, 128-148.
34. *Ibid.*, II, 14, 220-221.
35. *Ibid.*, I, 16, 12-57.
36. *Ibid*, II, 6, 39-94.
37. Cf. saint Bonaventure, *Sentences*, II, dist. 9, qu. 7.

ciel étoilé, Dante est conduit à « considérer avec subtilité » les nombres 2, 20 et 1 000 [38]. Son argument en faveur d'un Empire unifié repose en partie sur un principe pythagoricien :

> D'où ressort que le fait d'être un entraîne le fait d'être bon et que le fait d'être plusieurs entraîne le fait d'être mauvais. C'est pour cette raison que Pythagore [...] place l'« unité » du côté du bien et la « pluralité » du côté du mal [39].

Il n'est pas jusqu'à la versification où la préférence de Dante pour un nombre impair de syllabes ne se voie confirmée par une vérité philosophique :

> Quant au vers d'un nombre pair de syllabes, nous ne l'employons que rarement à cause de leur faiblesse ; car les syllabes conservent la nature de leur nombre, qui est inférieur au nombre impair comme la matière l'est à la forme [40].

La procession des émanations commence donc chez Dante par l'Un qui est Dieu. L'Unité se déploie cependant dans la forme idéale de la Trinité, les 3 dimensions de Dieu, le Pouvoir, la Sagesse et l'Amour, se déployant par la suite dans les 9 ordres angéliques [41]. Car le Pouvoir du Père est contemplé par les 3 ordres de la première hiérarchie, la Sagesse du Fils par la deuxième hiérarchie, l'Amour du Saint-Esprit par la troisième. « Et dans la mesure où chaque personne de la divine Trinité peut être considérée d'une triple manière, il y a en chaque hiérarchie 3 ordres dont la contemplation diffère. »

Les anges, ou intelligences, sont les moteurs des cieux [42] qui de ce fait correspondent aux 9 ordres angéliques, le dixième, l'Empyrée, proclamant « l'unicité même et la stabilité de Dieu [43] ». Enfin, c'est le mouvement des cieux, cause de génération substantielle [44], qui « dispose diversement les choses d'ici-bas à recevoir les multiples pouvoirs formateurs [45] ». Cette influence déterminante se révèle dans l'influence des cieux sur les 4 saisons qui, à leur tour, correspondent aux 4 âges de la vie, eux-mêmes composés des 4 humeurs. La journée ecclésiastique se divise également en 4 parties [46]. Dans la découverte que fait Dante de la similitude des sciences avec les cieux, la vie intellectuelle de l'homme est mise de même manière en relation « tout particulièrement avec l'ordre et le nombre [des cieux] [47] ». La beauté de l'ordre est visible dans toutes les parties du plan cosmique, car « les hommes qualifient de beau cela dont les parties se répondent comme il convient [48] ».

Pour Dante, l'univers possède cette Beauté ultime à tous égards. Il suit son cours prédestiné durant les 6 âges préfigurés dans la Création [49], vers le but suprême qui sera

---

38. *Convivio*, II, 15, 23-43.
39. *De monarchia*, I, 15, 16-18 ; cf. *supra*, pp. 34-36.
40. *De vulgari eloquentia*, II, 5, 63-68 ; cf. *supra*, pp. 35-36.
41. *Convivio*, II, 6, 39-94.
42. *Ibid.*, II, 5.
43. *Ibid.*, II, 6, 101-102.
44. *Ibid.*, II, 14, 26-30.
45. *Ibid.*, IV, 2, 48-52.
46. *Ibid.*, IV, 23-24.
47. *Ibid.*, II, 14, 8-9.
48. *Ibid.*, I, 5, 92-94.
49. « Nous sommes déjà dans l'âge final du monde et attendons en vérité la consommation du mouvement céleste » (*ibid.*, II, 15, 115-118).

atteint lorsque le nombre définitif des élus sera complété[50]. Alors l'homme, telle la dixième pièce d'argent, remplacera les anges déchus[51].

> *Le cose tutte quante*
> *hanno ordine tra loro, e questo è forma*
> *che l'universo a Dio fa simigliante*[52].

> (Toutes les choses
> ont un ordre entre elles ; et cet ordre est la forme
> qui fait l'univers ressemblant à Dieu.)

Dante s'est peut-être vu lui-même soumis au Schéma universel quand, à l'apogée de sa vie[53], la grâce lui inspira de suivre le modèle du Christ en commençant son voyage le Vendredi saint[54] à l'âge de 35 ans, comme le Christ, « *quasi 35*[55] », fut élevé de la vie de la chair à l'éternité de l'Esprit. Comme le Christ, Dante descend en enfer au coucher du soleil[56], y demeure une nuit, un jour et une nuit, et remonte au matin du troisième jour[57].

La Divine Comédie est littéralement le récit du voyage de Dante, au cours duquel il lui est accordé de contempler « la gloire du Premier Moteur » et « comment il pénètre tout l'univers et resplendit davantage en un point, et moins ailleurs[58] ». Dans le premier livre du *De monarchia*[59], Dante pose l'existence d'une stricte relation de la partie au tout. Cette affirmation et d'autres sur le même sujet nous assurent que Dante concevait sa vision comme une vaste unité composée de plusieurs parties en relation les unes avec les autres, aussi parfaitement reliées que le permettait, dans sa restitution de l'Ordre divin, la nature individuelle du poète. Il nous reviendra donc « de découvrir un ordre double dans [la *Comédie*], à savoir l'ordre des parties en référence les unes aux autres et leur ordre en référence à une unité qui n'est pas elle-même partie [...] ; l'ordre des parties en référence à cette unité est l'ordre supérieur, en ce qu'il est la fin de l'autre[60] ».

Commençant, ainsi que l'auteur le voudrait, par l'ordre supérieur, il nous est possible de trouver la clé d'une grande partie de la signification de l'œuvre en partant du même point que Dante : le fait premier et ultime du Trois-en-Un. Car 1 est l'Alpha et l'Oméga de toutes choses. En tant que 1, il est le commencement. En tant que 10, 100 ou 1 000, il est la fin. En tant que Trinité, il est à la fois le commencement et la fin, englobant les dimensions de la matière et du temps (passé, présent, futur) au sein de l'unité de l'Esprit. La vision de la Trinité chez Dante est porteuse à la fois de sa signification et de sa méthode :

> *Ne la profonda e chiara sussistenza*
> *de l'alto lume parvermi tre giri*

---

50. *Paradis*, XXV, 124.
51. *Convivio*, II, 6, 95-99.
52. *Paradis*, I, 103-105.
53. *Convivio*, IV, 23.
54. *Enfer*, XXI, 112-114.
55. *Convivio*, IV, 23.
56. *Enfer*, II, 1-3.
57. *Purgatoire*, I, 13-18.
58. Épître X, 20, 349-352 ; *Paradis*, I, 1-3.
59. *Op. cit.*, VI.
60. *De monarchia*, I, 6, 8-14.

di tre colori e d'una contenenza[61].

(Dans la profonde et claire substance
de la haute lumière m'apparurent trois cercles
de trois couleurs et d'une seule dimension.)

Les 3 cercles (répondant chacun à 1 et 10[62]) représentent, par les 3 couleurs et la grandeur unique, les 3 « dimensions » de Dieu. La procession des 3 personnes est indiquée :

e l'un da l'altro come iri da iri
parea reflesso, e 'l terzo parea foco
che quinci e quindi igualmente si spiri[63].

(Et l'un paraissait reflété par l'autre
comme iris en iris ; et le troisième paraissait un feu
qui s'exhalait également deçà, delà.)

La Père en tant que Cause première, Origine, Créateur[64], est réfléchi par Sa propre émanation qui est Lumière, représentée par le Fils. Dans la Trinité, le Père est le principe du 1 et le Fils le principe du 2, le Dieu fait homme, divin et humain, qui représente la procession de l'Intelligence (ou Forme) et de la matière depuis la Cause première :

Forma e matera, congiunte e purette,
usciro ad esser che non avia fallo,
come d'arco tricordo tre saette[65].

(La forme et la matière, unies et épurées,
sortirent de cet acte exempt d'imperfection,
comme d'un arc à trois cordes sortent trois flèches.)

Ainsi, même la Trinité est informée par l'essence de l'humanité :

dentro da sè, del suo colore stesso,
mi parve pinta de la nostra effige[66].

(il me parut avoir en dedans de lui
notre effigie peinte de sa propre couleur.)

ou, formulé plus clairement :

ma tre persone in divina natura,
ed in una persona esse e l'umana[67].

(mais trois personnes dans une nature divine,
et dans une seule personne l'union de la nature divine à la nature humaine.)

La méthode par laquelle l'Unité est retrouvée à partir de la diversité consiste, nous l'avons vu, à additionner le 1 et le 2[68]. Par conséquent, la Troisième Personne, le Saint-Esprit, « s'exhale également deçà, delà ».

---

61. *Paradis*, XXXIII, 115-117.
62. Cf. *supra*, p. 75.
63. *Paradis*, XXXIII, 118-120.
64. Cf. *Enfer*, VII, 30-33 ; *Paradis*, X, 1-3.
65. *Paradis*, XXIX, 22-24.
66. *Ibid.*, XXXIII, 130-131.
67. *Ibid.*, XIII, 26-27.
68. *Ibid.* ; cf. *supra*, p. 36.

Le 3 en 1 est tout à fait apparent dans l'organisation de *La Divine Comédie*, 1 poème en 3 parties. La forme versifiée est la *terza rima* où 3 vers sont liés par la même rime[69]. L'unité de l'ensemble est renforcée par la division en 100 chants.

Étant donné le problème que pose la division de 100 en 3 parties égales, on s'attendrait à ce que la solution retenue soit 33 + 33 + 33 = 99, avec l'addition de 1 qui cimenterait le tout dans l'unité[70]. On a lieu de croire que Dante y avait pensé puisque le premier chant de *L'Enfer* se distingue du reste par le renvoi de l'invocation au chant II, tandis que les invocations des autres parties interviennent dans le premier chant. Les événements du chant I de *L'Enfer* sont aussi, en un sens, à part en ce qu'ils évoquent la situation de Dante avant que ne soit entrepris le voyage.

> *A te convien tenere* altro *viaggio*[71]
> (Il te faut suivre une *autre* route),

dit Virgile. En réalité, il n'y a pas de progression, si ce n'est intellectuelle, dans le chant II mais, techniquement, il faut comprendre que le voyage commence au moment où nous quittons le chant sur le dernier vers :

> Allor *si mosse, e io li tenni retro*[72].
> *Alors* il se mit en marche, et je le suivis.)

Aller à l'encontre de cette manière de diviser le poème aurait comme résultat malheureux de lui conférer 4 parties au lieu de 3. Il apparaît donc que Dante tentait de faire d'une pierre deux coups. Il s'attache à une division effective en 3 séries respectivement de 34, 33 et 33 chants, nombres évocateurs de la vie du Christ, qui mourut dans sa trente-quatrième année, à l'âge de 33 ans. En même temps, il laisse entendre que le chant I de *L'Enfer* est le chant complémentaire ou unificateur.

Le professeur Fletcher m'a suggéré une signification assez particulière de ce schéma numérique. Béatrice et *La Divine Comédie* reposent tous les deux sur le nombre 3. Béatrice est un miracle aux yeux de Dante. Dieu peut accomplir ses fins au moyen de miracles. Ainsi, *La Divine Comédie*, *poema sacra*, ramènerait les hommes au grandiose « plan » rédempteur du Christ, esquissé dans le *De monarchia*. Et si la sainteté du « miracle » est attestée dans le fait qu'il est construit sur le 3, la complétude du plan est annoncée par le fait que les chants sont au nombre de 100, produit du nombre complet 10 multiplié par lui-même. En même temps, l'ultime effet du miracle de Béatrice est atteint dans la structure de *La Divine Comédie*, et le 9 devient un 10.

La structure du monde spirituel où nous conduit le poète a, elle, une tout autre importance. Ici aussi la Trinité est manifeste dans la triade du Paradis, du Purgatoire et de l'Enfer.

Des trois, c'est le Paradis qui porte nécessairement la marque la plus parfaite de la Divinité. On y retrouvera donc la construction idéale qu'avait établie le *Convivio* : la

---

69. H.D. Austin ajoute : « Il [Dante] dut apprécier que, pour le mètre qu'il avait choisi, le vers noble appelé hendécasyllabe eût été élaboré ; en effet, la majorité des mots italiens ont une cadence "féminine", mais la règle invariable de l'accentuation veut que le dernier temps fort soit toujours marqué sur la dixième syllabe (« Number and Geometrical Design in the Divine Comedy », *The Personalist*, XVI, 310-330, en particulier p. 311).

70. Cf. *supra*, p. 63.

71. *Enfer*, I, 91.

72. *Ibid.*, I, 136.

Trinité informant diversement les 3 hiérarchies, dont chacune est divisée en 3 ordres, la dizaine étant obtenue avec le Principe premier. On retrouve aussi les 9 sphères motrices et l'Empyrée, chacun conférant à l'homme des attributs également divins, gradués néanmoins selon l'éloignement relatif par rapport à la Cause première, depuis la contemplation parfaite des anges jusqu'à l'inconsistance terrestre de ceux qui relèvent du cercle de la lune :

> Li altri giron per varie differenze
> le distinzion che dentro da sè hanno
> dispongono a lor fini e lor semenze.
> Questi organi del mondo così vanno,
> come tu vedi omai, di grado in grado,
> che di su prendono e di sotto fanno.
> Riguarda bene omai sì com' io vado
> per questo loco al vero che disiri,
> sì che poi sappi sol tener lo guado.
> Lo moto e la virtù de' santi giri,
> come dal fabbro l'arte del martello,
> da' beati motor convien che spiri ;
> e'l ciel cui tanti lumi fanno bello,
> de la mente profonda che lui volve
> prende l'image e fassene suggello.
> E come l'alma dentro a vostra polve
> per differenti membra e conformate
> a diverse potenze si risolve,
> così l'intelligenza sua bontate
> multiplicata per le stelle spiega,
> girando sè sovra sua unitate[73].

(Les autres cieux disposent de diverses manières
les distinctions qu'ils renferment,
et ils les mènent vers les fins et les causes qui leur sont assignées.
Ces organes du monde,
comme tu le vois maintenant, descendent de degré en degré,
de sorte qu'ils prennent d'en haut la vertu qu'au-dessous ils communiquent.
Regarde bien comme par ce chemin
je marche vers la vérité que tu désires,
afin que, par la suite, tu saches seul tenir le gué.
Le mouvement et la vertu des sphères sacrées,
il convient que tu l'attribues aux moteurs bienheureux,
comme l'œuvre du marteau au maréchal.
Le huitième ciel, que tant de lumières rendent si beau,
prend l'image de l'intelligence profonde qui lui donne
le mouvement et en devient le cachet.
Et comme l'âme, sur votre poussière,
vient, par différents membres,
se résoudre en différentes puissances ;
ainsi l'intelligence développe sa bonté
multipliée sur les étoiles,
en se tournant vers son unité.)

« Son unité » est figurée par le fait même de la révolution circulaire. Ainsi les images et les emblèmes de la Trinité en leur révolution sont communs tout au long du mou-

---

73. *Paradis*, II, 118-138.

vement ascensionnel : les feux du soleil qui entourent de 3 cercles Dante et Béatrice[74], les 3 cercles dans le même ciel, le second chantant 3 fois l'Un, le Deux et le Trois[75], les 3 apôtres qui forment une ronde dans le ciel des Étoiles[76]. Ces éléments associés aux références constantes à la Trinité diffusent l'atmosphère de Perfection suprême dans le royaume tout entier.

La structure de l'Enfer est aussi rigoureusement conforme au Plan divin et il ressemble au Paradis pour deux raisons. Tout d'abord, ce royaume a été créé par Dieu ainsi qu'en témoigne l'inscription à la porte de l'Enfer. Ensuite, il est l'exact contraire, l'inverse du Paradis. Ainsi, tout comme 7 vertus sont opposées à 7 vices, de même les 9 sphères du Paradis auront leur contrepartie dans les 9 cercles de l'Enfer qui seront complétés par la dixième catégorie des « neutres » au seuil de l'abîme. Soit intentionnellement soit par hasard, l'Origine de tout mouvement et de toute action est équilibrée par la quintessence de l'inaction chez ceux qui n'ont vécu que pour eux-mêmes et de qui rien n'a émané[77].

> *Questi sciaurati, che mai non fur vivi*[78]
> (Ces malheureux qui ne furent jamais vivants)

endurent comme juste châtiment l'éternel aiguillon de frelons et de guêpes pour une activité qui ne produit rien.

En raison de l'opposition absolue de l'Enfer et du Paradis, les nombreuses représentations de la Trinité dans le Ciel trouvent leur écho dans le royaume souterrain. Lucifer est doté de 3 têtes, de même que Cerbère. Géryon a une nature triple. Les 3 gueules de Lucifer retiennent les 3 traîtres exemplaires, Brutus, Cassius et Judas. Il y a 3 Furies, 3 centaures, 3 géants, 3 fleuves qui s'écoulent dans le lac gelé du Cocyte[79], 3 papes signalés dans le huitième cercle, 3 signaux lumineux devant la ville de Dité.

Ces triades ont une même caractéristique : une distorsion qui les fait apparaître comme des images perverties, voire caricaturales, des triplicités du Paradis. De la même manière, l'ouverture du chant XXXIV est une prémonition ironique de la procession de l'Église. Le Lucifer tricéphale est en lui-même une anti-Trinité et ses 6 ailes qui émettent 3 vents font de lui le type inversé du séraphin. Les chérubins noirs du huitième cercle de l'Enfer correspondent aux chérubins blancs de la huitième sphère du Paradis. La ronde des 3 lumières célestes, Pierre, Jacques et Jean, est caricaturée par les 3 qui tournent, la tête renversée, dans le troisième repli du septième cercle[80]. Jusqu'à la crucifixion infernale de Caïphe, cloué au sol sur 3 poteaux seulement, qui est une parodie de la Trinité, inspirée d'un simulacre cruciforme des cathares[81].

Quant aux dimensions de l'Enfer, seule une très vague indication en est donnée : la neuvième *bolgia* aurait 22 milles de circonférence, et la dixième 11, avec au moins un demi-mille de largeur[82]. Bien qu'il soit impossible de restituer la structure architecturale de l'Enfer à partir de précisions aussi maigres, on peut penser que les dimensions

---

74. *Ibid.*, X, 76-77.
75. *Ibid.*, XII, 28.
76. *Ibid.*, XXV, 106-108.
77. *Enfer*, III, 34-42.
78. *Ibid.*, III, 64.
79. Qui est en réalité un seul courant d'eau.
80. *Ibid.*, XVI.
81. *Ibid.*, XXIII, 109 ; Lea, *A History of the Inquisition*, I, 103.
82. *Enfer*, XXIX, 9 ; XXX, 86-87.

correspondent à des fractions (utilisées pour désigner les démons dans l'ancienne Babylone[83] et qui constituent de toute façon un bon raisonnement numérique) ou de multiples de 11, le nombre du péché depuis l'époque de saint Augustin.

Tout au fond de l'Enfer, se trouvent ceux qui sont le plus éloignés de la vie spirituelle. Tous les habitants de l'Enfer ont « perdu le vrai bien de l'esprit » mais Dante manifeste sa répulsion particulière pour la trahison en présentant les traîtres comme privés désormais de leur esprit. Ils apparaissent par conséquent comme l'image d'une nature non régénérée, semblable à celle qu'évoquait Dante lorsqu'il écrivait : « Et nous voyons quantité d'hommes si vils et de si basse condition qu'ils semblent presque des bêtes[84]. » Les 5 sens, correspondant aux facultés sensibles sans la faculté rationnelle, ne se rencontrent isolément que chez les brutes[85]. C'est dans cette catégorie que se rangent les traîtres, toujours décrits par des épithètes bestiales, et l'on peut dire que les géants caricaturent les 5 sens, orgueil contre règle spirituelle. Nemrod prononce 5 mots dans un vers raccourci pour attirer l'attention sur ce nombre[86]. Éphialte est découvert jusqu'au 5e tour de la chaîne qui le garrotte[87]. Antée se dresse de 5 aunes au-dessus du gouffre[88].

Le royaume du Purgatoire est tout à fait distinct en ce qu'il est davantage temporel qu'éternel. Bien qu'il existe à des fins de régénération spirituelle, son sommet est plutôt le Paradis terrestre que le Paradis céleste. Il se dresse sur la croûte de la terre corruptible et n'atteint pas

quel ciel c'ha minor li cerchi sui[89].
(le ciel dont les cercles sont les plus petits.)

Le Purgatoire, à la différence du Paradis et de l'Enfer, ne demeurera pas après le Jugement dernier[90] et participe de ce fait de l'imperfection relative et temporelle de la terre. Les degrés de la montagne sont, il est vrai, disposés selon un principe trinitaire représentant l'amour excessif, imparfait et perverti. Mais, au Purgatoire, les âmes conservent l'image de leur corps et l'ascension de la pente en terrasses rappelle numériquement le passage de l'homme à travers les 7 âges du monde, au terme desquels il sera récompensé, au huitième âge, par la Gloire éternelle préfigurée dans le Paradis terrestre. Sept, figuré dans les planètes et les jours de la semaine, est le nombre de la terre en tant qu'il est le nombre de la vie spirituelle du microcosme. Par conséquent, au Purgatoire, les 7 *peccata* sont effacés du front du poète, car de même que l'homme chute par le 7, de même il se relève par le 7[91]. Ainsi, au vice de chaque corniche s'oppose une vertu et une béatitude, schéma employé par saint Bonaventure, quoique avec des résultats différents[92]. De même, l'homme terrestre atteint à la fin la regénération du 8, le nombre du baptême[93]. Ce fut en un sens par hasard que la dizaine du

83. Farbridge, *Studies*, p. 87 ; Lenormant, *Chaldean Magic*, p. 25.
84. *Convivio*, III, 7, 80-83.
85. *Ibid.*, III, 2, 109-112 ; cf. Philon, *supra*, p. 40.
86. *Enfer*, XXXI, 67.
87. *Ibid.*, XXXI, 90.
88. *Ibid.*, 113. Peu de temps auparavant, Dante a vu dans le huitième cercle 5 voleurs florentins (XXVI, 4). La Papauté devait être abattue comme voleuse (*Purgatoire*, XXXIII, 43-44).
89. *Enfer*, II, 78.
90. *Purgatoire*, XXVII, 127.
91. Proverbes, XXIV, 16 ; cf. Albert le Grand, *Sermo*, X, 2, *De tempore*.
92. *Expositio in cap. VI evang. S. Matt.*, *De oratione dominica*.
93. Cf. *supra*, p. 83.

Purgatoire ne put être complétée par le 1, mais par le 2, nombre inférieur et corruptible, représenté par ceux qui sont lents à se repentir et par les excommuniés du vestibule du Purgatoire.

Au-dessus des portes de l'Enfer sont inscrits les 3 attributs de la divinité : le Pouvoir, la Sagesse, l'Amour. Dans le *Convivio*[94], Dante rattache expressément cette triade aux personnes de la Trinité, assignant le Pouvoir au Père, la Sagesse au Fils et l'Amour à l'Esprit saint. Il va de soi que toutes les fonctions de la Trinité agissent dans les trois royaumes. Mais on peut penser que cette triade est aussi représentée terme à terme dans les 3 parties du monde spirituel.

Le Pouvoir du Père n'est nulle part plus marqué que dans l'Enfer, où le Christ n'est jamais nommé, où les saints de l'Ancien Testament ont été contraints de séjourner

fin ch' al Verbo di Dio di scender piacque[95].

(jusqu'à ce qu'il plût au Verbe de Dieu de descendre.)

La justice du Purgatoire peut alors être comprise comme l'expression de la Sagesse du Fils. Elle correspond, par sa fonction, au Verbe, en ce qu'elle rend possible le salut de l'homme. Sur le plan temporel, son institution se rattachait à l'Église du Christ. Avant le Christ, aucune âme n'avait gravi la montagne mais, avec l'annonciation à Marie, vint le décret longemps attendu,

ch' aperse il ciel del suo lungo divieto[96].

(qui ouvrit le ciel après la longue défense.)

Le Purgatoire, comme l'Enfer et le Paradis, est informé par l'Amour mais, pour le parfait accomplissement du « feu du Saint-Esprit qui est Amour[97] », nous devons attendre le Paradis. Le Paradis tout entier est imprégné des effluves de l'Amour depuis le vers du premier chant

amor che 'l ciel governi[98]

(amour, qui gouvernes le ciel !)

jusqu'au vers de conclusion

amor che move il sole e l' altre stelle[99].

(l'amour qui meut le soleil et les autres étoiles.)

Cette différence assez subtile, que l'on ressent plus qu'on ne peut la démontrer, se retrouve dans la définition des 3 jours donnée par saint Bernard : « Après deux jours, il nous rendra la vie ; le troisième jour, il nous relèvera[100]. » Dante doit donc traverser le Léthé pour oublier les péchés représentés dans l'Enfer, puis l'Eunoé avant d'avoir part à la Sagesse du Fils et à son règne tel qu'il l'a vu symbolisé par la procession de l'Église. Le troisième « jour », il est « relevé », ayant été rendu, au cours des deux « jours » précédents,

94. *Convivio*, II, 6, 61-70.
95. *Paradis*, VII, 30.
96. *Purgatoire*, X, 36.
97. Raban Maur, *Allegoriae in sacram scripturam* ; P. L., 112, 966.
98. *Paradis*, I, 74.
99. *Ibid.*, XXXIII, 145.
100. Osée, VI, 3 ; cf. *supra*, p. 80.

puro e disposto a salire a le stelle[101].
(pur et disposé à monter aux étoiles.)

Ces « jours » étaient désignés comme les Jours de Colère, de Grâce et de Gloire[102], qualifications qui correspondent presque terme pour terme aux trois royaumes de *La Divine Comédie*. C'est encore le Créateur de l'Ancien Testament qui représentait le mieux le Dieu de Colère, le Christ qui était la Grâce manifeste de Dieu et le Saint-Esprit qui, en descendant sous forme de langues de feu sur les apôtres, exprimait la Gloire divine.

Saint Bernard avait désigné ces 3 jours comme « avant le Christ », « sous le Christ » et « avec le Christ ». Si nous comprenons le temps « avant le Christ » comme « sans le Christ », ces 3 jours peuvent parfaitement définir les 3 royaumes, ainsi qu'on l'a indiqué. En outre, si nous recourons à une comparaison, assez courante, avec le jour pour qualifier cette approche graduelle de la gloire, en appelant le premier âge Nuit, le deuxième Aube et le troisième Midi (symboles employés par Joachim de Flore), nous pouvons ajouter un maillon supplémentaire à notre chaîne de « corrélations ».

Le voyage qui mène de l'Enfer au Paradis, raconté pour « arracher ceux qui vivent dans cette vie à l'état de misère et les conduire à l'état de félicité », s'accomplit en 3 étapes, depuis l'obscurité de l'Enfer jusqu'à la lumière éternelle du Paradis, suivant en cela l'évolution de saint Augustin qui progressa dans sa vie du mal au bien, du bien au mieux et du mieux au bien suprême[103]. Entre la nuit et le jour, le Purgatoire, l'état de Grâce, pourrait être assimilé à l'aube. Durant tout le voyage se produisent naturellement de constantes révolutions du jour et de la nuit. On notera cependant, face à la journée entière passée au Paradis, que l'Enfer est le seul royaume où Dante voyage de nuit ; de nuit du fait de l'obscurité aussi bien que du calcul terrestre.

La nuit, Dante est dans la forêt[104], l'« état de misère ». Un jour complet s'écoule avant que, le *soir* suivant, il n'atteigne la porte de l'Enfer[105]. À minuit, il aperçoit la ville de Dité[106]. Au crépuscule du jour suivant, il parvient au plus profond du monde infernal et au souverain de ce royaume.

Si nous cherchons des mentions de l'aube, nous n'en trouvons qu'une dans *L'Enfer* ; il en est question pour cette vie-ci, lorsque Dante est au pied de la colline, qui paraît se trouver hors de la forêt[107]. C'est encore à l'aube que Dante, ayant traversé la terre, touche le rivage de l'île du Purgatoire[108]. C'est à l'aube qu'il atteint la porte du Purgatoire[109], en contraste avec son arrivée nocturne à la porte de l'Enfer. À l'aube, il parvient au Paradis terrestre[110], ayant dû passer la nuit sur le chemin rocailleux.

Ce n'est qu'à midi qu'il monte au Paradis éternel[111] où il demeure une journée entière. Selon Albert le Grand, le jour astronomique commence à midi[112]. En outre,

---

101. *Purgatoire*, XXXIII, 145.
102. Albert le Grand, *Sermo XVI, De tempore.*
103. *Convivio*, I, 2, 105-108.
104. *Enfer*, I, 21.
105. *Ibid.*, III, 1.
106. *Ibid.*, VIII, 98-99.
107. *Ibid.*, I, 13-18.
108. *Ibid.*, XXIX, 139 ; *Purgatoire*, I, 19-21, 107, 115 ; II, 1-9.
109. *Purgatoire*, IX, 13-14.
110. *Ibid.*, XXVII, 109-112, 133 ; XXVIII, 16.
111. *Paradis*, I, 43-45. Cf. Orr, *Dante and the Early Astronomers.*
112. *Summa theologica*, II, tract. 11, qu. 51, mem. 3.

ainsi que l'a fait remarquer Gardner, « Midi a une signification particulière pour les mystiques en tant qu'il représente le désir céleste, l'illumination divine ou l'éternité[113] ».

Si l'Enfer est l'image inversée du Paradis, nous devrions y trouver une triade négative opposée aux 3 attributs positifs de la Divinité. Les contraires du Pouvoir, de la Sagesse et de l'Amour sont définis par Thomas d'Aquin comme l'Impuissance, l'Ignorance et la Malice[114]. Au plus profond du gouffre de l'Enfer, en opposition au plus haut du Paradis, se dresse l'image de l'anti-Trinité, dotée de 3 faces : une rouge, une noire et une « pâle » (entre le jaune et le blanc). L'interprétation orthodoxe de la signification de ces faces est évidente : le rouge désigne la malice, ce qu'il y a de pire, au centre[115] ; le noir désigne l'ignorance et la pâleur, l'impuissance[116].

Pour que les 3 traîtres qui pendent des gueules du monstre entrent dans ce schéma, nous devons considérer que Judas, le plus cruellement châtié, représentait pour Dante la malice. Brutus, compte tenu de l'admiration de Dante pour Caton qui trouva « plus convenable de mourir que de regarder un tyran en face[117] », serait celui qui a péché par ignorance. Il fut incité à la trahison par Cassius, impuissant puisqu'il n'agit pas sans l'aide de Brutus et se tua par la suite en apprenant la fausse nouvelle de la mort de Brutus[118].

L'étude de Reade sur *L'Enfer* suffit à mettre en garde ceux qui voudraient voir un ordre précis dans le « système moral » de la « sombre prison ». L'auteur fait toutefois remarquer que la malice et l'impuissance peuvent à juste titre être considérées comme des causes : la première, de péchés punis à Dité ; la seconde, de l'incontinence dans la deuxième loge du cinquième cercle[119], avec, entre les deux, le péché moralement dif-

---

113. *Dante and the Mystics*, p. 300. « "L'homme, écrit saint Thomas, a trois sortes de connaissance des choses divines. La première, qui lui est accordée en tant qu'il est homme, par la lumière naturelle de la raison, s'élève à travers les créatures jusqu'à la connaissance de Dieu ; la deuxième, la vérité divine, excède l'entendement humain et descend en nous par la révélation, non pas cependant démontrée à notre vue mais contenue dans ces paroles que nous devons croire ; la troisième lui est accordée lorsque l'esprit humain s'élève à l'intuition parfaite des choses révélées" (*Summa contra Gentiles*, IV, 1). Nous avons quelque chose d'analogue à ces trois sortes de connaissance dans *La Divine Comédie* : Dante est guidé par la lumière naturelle de la raison, qui se trouve en Virgile, à travers l'Enfer et le Purgatoire, s'élevant de la sorte à la connaissance de Dieu par les créatures [en réalité, Virgile accompagne Dante au Purgatoire, il ne l'y guide pas] ; la vérité divine descend sur lui dans le Paradis terrestre au moyen de la révélation en Béatrice et est exposée dans les processions allégoriques ; puis, dans le Paradis, son esprit est soulevé par étapes jusqu'à la parfaite intuition des choses révélées. C'est ainsi également que saint Bonaventure évoque l'ascension de l'âme vers Dieu : "C'est le *voyage de trois jours dans le désert* (pour *y sacrifier à Yahvé notre Dieu*, Exode, III, 18), c'est la triple illumination d'un seul jour, la première étant comme le soir, la deuxième comme le matin, la troisième comme midi ; ceci représente l'existence triple des choses, à savoir, en matière, en intelligence et en acte éternel ; comme il est dit : *Qu'il en soit ainsi, et cela fut* (Genèse, I) ; ceci représente de même la triple substance du Christ, notre échelle : à savoir, corporel, spirituel et divin" (*Itinerarium*, I, 3) » (Gardner, *ibid.*, pp. 298-299).

114. *Summa theologica*, II-II, qu.14, art. 1. Cf. Reade, *The Moral System of Dante's Inferno*, pp. 305-317.

115. L'Enfer, qui n'a pas connu la lumière du Christ, est illuminé par le feu rouge de la malice.

116. L'iconographie médiévale n'apporte pas grand-chose à la symbolique de ces couleurs. Selon Durand, des tentures de couleur noire, rouge et blanche (les tissus blancs du Moyen Âge étaient en réalité « pâles ») étaient suspendues à Pâques au-dessus des autels pour signifier respectivement le temps avant la Loi, sous la Loi et sous la Grâce (*Rationale*, I, 3, 41). On peut penser qu'il existait une autre signification traditionnelle de ces couleurs : une légende raconte que le Christ, pénétrant dans un champ, trouva 3 vers, un noir, un blanc et un rouge, et qu'il les tua (raconté par Thomas Ebendorfer de Haselbach, 1387-1464 ; cf. Thorndike, *History of Magic*, IV, 295).

117. *De monarchia*, II, 5, 168-170.

118. Si l'assimilation est exacte, la description gratuite que Dante fait de Cassius comme *si membruto* est sarcastique (*Enfer*, XXXIV, 67).

119. Reade, *op. cit.*, pp. 316 *sq.*

ficile à définir de l'hérésie [120]. L'ignorance, souligne Reade, n'est pas cause de péché [121], et il n'y a pas de châtiment dans les Limbes où se trouvent ceux qui, dans une ignorance insurmontable,

> *le tre sante*
> *virtù non si vestiro, e sanza vizio*
> *conobber l' altre e sequir tutte quante* [122].

> (ne se revêtirent pas des trois saintes vertus, et qui, exempts de vice
> connurent les autres vertus et les suivirent toutes.)

Au Moyen Âge, les 3 vertus par lesquelles on obtenait le salut : la Foi, l'Espérance et la Charité, étaient presque aussi fondamentales que la Trinité elle-même. La vertu de Charité, c'est-à-dire l'Amour, était si universellement associée au Saint-Esprit qu'il s'agissait là de deux dénominations interchangeables de la Troisième Personne [123]. Étant donné que toutes choses sont ordonnées par la mesure et le nombre, la Foi et l'Espérance étaient nécessairement identifiées, dans l'ordre, avec le Père et le Fils [124], si bien que les 3 plus hautes vertus pouvaient prendre la forme archétypale de l'Un, du Deux et du Trois. Cette identification se trouve dans la vision finale que Dante a des 3 cercles :

> *Ne la profonda e chiara sussistenza*
> *de l'alto lume parvermi tre giri*
> *di tre colori e d' una contenenza* [125].

> (Dans la profonde et claire substance
> de la haute lumière m'apparurent trois cercles,
> de trois couleurs et d'une seule dimension.)

Dante ne précise pas ces couleurs mais quelles auraient-elles pu être si ce n'est les couleurs médiévales les plus connues : le blanc, le vert et le rouge des vertus, telles qu'elles apparaissent dans la procession de l'Église [126] ?

Si les 3 Personnes peuvent être représentées par les couleurs des 3 vertus, celles-ci peuvent prendre également l'aspect de la Trinité. Peu avant la vision finale de Dante, les vertus théologales ont été incarnées par Pierre (la Foi), Jacques (l'Espérance) et Jean (la Charité) [127]. Après que Dante a été interrogé sur la Foi et sur l'Espérance, les 3 personnages s'unissent en une ronde qui préfigure l'image ultérieure de la Trinité [128]. L'air qui accompagne la danse est fait « *del suon del trino spiro* », « du son du souffle trin [129] ». Le « souffle », notons-le, est trin et non triple ; or la comparaison de l'émanation avec le souffle est la formule préférée de Dante en ce qui concerne la Trinité [130].

---

120. *Ibid.*, pp. 367-381.
121. *Ibid.*, p. 379.
122. *Purgatoire*, VII, 34-36.
123. Cf. *Paradis*, VII, 30-33.
124. Cf. Busnelli, *Il Concetto e l'ordine del paradiso Dantesco*, I, 263-264.
125. *Paradis*, XXXIII, 118-120.
126. *Purgatoire*, XXIX, 121-126 ; cf. J. B. Fletcher, « The Allegory of the "Vita Nuova" », pp. 6-7 ; Busnelli, *op. cit.*, I, 260-264.
127. *Paradis*, XXV.
128. *Ibid.*, XXV, 108.
129. *Ibid., XXV*, 132.
130. Cf. *Paradis*, XXIII, 120 ; *Paradis*, X, 1-3.

La procession des 3 Personnes est également analogue à celle des 3 vertus. Dante, à la suite de Thomas d'Aquin [131], nous dit dans le *Convivio* que la Foi précède l'Espérance, qui précède la Charité [132]. De la même manière, le Père est le Créateur, la *prima virtù* [133]. Commentant l'affirmation de saint Augustin selon laquelle le Père est le Principe de la Divinité tout entière [134], Thomas d'Aquin dit : « Comme le Père est l'un de qui tout procède, il s'ensuit que le Père est le Principe [135]. » Il poursuit :

> Le Fils procède par l'intellect comme Verbe et le Saint-Esprit par la volonté comme Charité. Or la charité doit procéder d'un verbe. Car nous n'aimons rien à moins de l'appréhender par une conception mentale. Il est donc manifeste en ce sens également que le Saint-Esprit procède du Fils.

On remarque aussi, bien que les membres de la Trinité soient en réalité co-éternels, une nette conception (renforcée peut-être par la doctrine de Joachim de Flore sur les 3 âges, respectivement régis par le Père, le Fils et le Saint-Esprit) de la priorité du Père sur le Fils dans la manifestation temporelle des 3 Personnes à l'homme. C'est ainsi qu'Adam fut créé par le Pouvoir premier [136] et suivit le chemin du Père. Aux temps originels, la Foi seule suffisait [137]. La Foi, dit Dante avec saint Paul, est la preuve des choses invisibles ; d'où la chute d'Adam, pour, à l'instar de Lucifer, « n'avoir pas attendu la lumière [138] ».

La lumière fut donnée à l'homme avec l'avènement du Verbe. Dante fait donc référence au Christ dans le *Convivio* comme à « la lumière qui nous éclaire dans l'obscurité [139] ». Le Fils, qui ne fut pas révélé avant le sixième âge du monde, est devenu le médiateur entre le Père et l'homme pécheur. Il est en vérité l'Espérance du monde [140]. Le fait que Dante voie d'abord la bête double réfléchie dans les yeux *verts* de Béatrice n'aurait pas sinon de sens particulier [141]. La troisième émanation, la Charité, ou l'Esprit saint, est descendue sur les apôtres à la Pentecôte *après* la venue du Fils.

L'idée que les vertus se suivent dans le temps est présente dans la procession de l'Église militante. Les 24 patriarches de l'Ancien Testament portent les lis blancs de la Foi [142]. Viennent ensuite les 4 évangélistes, couronnés du vert de l'Espérance, qui entourent le char et le Griffon du Christ [143]. Les 7 figures du Nouveau Testament ferment la marche, couronnées du rouge de la Charité [144].

Jusqu'ici, nous avons eu affaire presque exclusivement à la conception chez Dante de vérités immuables et éternelles, dont la plupart étaient étudiées par les théologiens médiévaux. Nous n'avons pas de recours pour tenter d'élucider la fonction des 3 dames,

---

131. « Dans l'absolu, la foi précède l'espérance... Dans l'ordre de la génération, l'espérance précède la charité... La charité découle de l'espérance » (*Summa theologica*, II-II, qu. 17, art. 7-8).
132. *Convivio*, III, 14, 133-136.
133. *Paradis*, XXVI, 84.
134. *De trinitate*, III.
135. *Summa theologica*, I, qu. 23, art. 1.
136. *Paradis*, XXVI, 83.
137. *Ibid.*, XXXII, 76-78.
138. *Ibid.*, 48 ; cf. *Purgatoire*, XXIX, 25-27.
139. *Convivio*, II, 6, 16-17.
140. Jean, I, 17. « Car la Loi fut donnée par Moïse mais la grâce et la vérité sont venues par Jésus. » Hébreux, VII, 19 : « Car la loi n'a rien amené à la perfection mais l'introduction d'une espérance meilleure nous a rapprochés de Dieu. » Saint Thomas d'Aquin, *Summa theologica*, II-I, qu. 41, art. 5.
141. *Purgatoire*, XXXI, 121.
142. *Ibid.*, XXIX, 82-84.
143. *Ibid.*, 91-93.
144. *Ibid.*, 145-148.

Marie, Lucie et Béatrice. Marie est la Mère terrestre du Christ. Béatrice est le miroir terrestre de la Béatitude céleste. Il semble qu'il faille identifier Lucie à sainte Lucie de Syracuse, quoique Dante ne fournisse aucune indication précise. Cependant, le fait qu'elle apparaisse avec Marie et Béatrice prouve qu'elle aussi représente une femme terrestre en apothéose. À partir de l'exemple de Béatrice, nous pouvons penser que la nature des 3 dames relève du miracle, lequel est la représentation terrestre de la vérité céleste. En ce sens, du fait qu'elles sont 3, elles devraient correspondre d'une certaine façon avec le schéma de l'Un, Deux et Trois.

Il est clair que Marie est l'Un. Elle est la Mère du Christ, comme le Créateur en est le Père. Dans la nature duelle du Christ, elle représente la part terrestre, sa maternité répondant au Pouvoir créateur du Père. Dans la *Comédie* également, c'est elle qui est pour Dante à l'origine de la quête du salut. De même, comme l'ordre des vertus va de la Foi à l'Espérance, et de l'Espérance à la Charité, Marie appelle Lucie qui délègue Béatrice [145].

Lucie, dont le nom signifie « lumière », est celle qui intercède, comme le Fils apportant l'Espérance. Du fait même qu'elle est *lumière*, elle a une fonction comparable à celle du Fils et de la Sagesse [146], et sa sphère est définitivement ce Purgatoire institué par l'intercession du Christ. Dans *Le Purgatoire*, l'Espérance semble conçue comme analogue à la lumière :

> di retro a quel condotto
> che speranza mi dava e facea lume [147].
> (celui qui, me conduisant,
> me donnait l'espérance et éclairait mon chemin.)

Il est facile, enfin, de reconnaître l'amour (la Charité) en Béatrice. Lorsqu'elle apparaît à Dante dans le Paradis terrestre, bien que vêtue du voile blanc de la foi et du manteau vert de l'espérance, sa couleur essentielle est la « flamme vive » de l'amour [148]. Dans la *Comédie*, elle a pour fonction une « activité de charité [149] ». Béatrice est identifiée à l'amour véritable tout au long de la *Vita Nuova*. Qu'il s'agisse bien de la même Béatrice, le chant II de *L'Enfer* l'indique irréfutablement :

> Disse : Beatrice, loda di Dio vera,
> chè non soccorri quei che t' amò tanto
> ch' uscì per te de la volgare schiera [150] ?
> (Elle m'a dit : « Béatrice, vraie louange de Dieu,
> ne vas-tu pas secourir celui qui t'aima tant,
> qu'il est sorti pour toi du vulgaire troupeau ? »)

Un peu plus haut, Béatrice avait dit à Virgile :

> amor mi mosse, che mi fa parlare [151].
> (c'est Amour qui m'amène et me fait parler.)

---

145. *Enfer*, II, 97-102.
146. Il est intéressant de noter, à ce propos, que Dante parle à deux reprises dans *L'Enfer* de la *lumière* alors qu'il s'agit du *verbe* : « il sol [il verbo ?] tace » (I, 61) ; et « Io venni in luogo d'ogni luce muto » (V, 28). Le Christ est le Verbe du Père et la « Lumière du Monde ».
147. *Purgatoire*, IV, 29-30.
148. *Ibid.*, XXX, 31-33.
149. *Convivio*, III, 14, 136.
150. Vers 103-105.
151. *Enfer*, II, 72.

Dans le *Convivio*, une autre formule en rapport avec la Trinité, « la voie, la vérité et la lumière » (non pas « et la *vie* » comme en Jean XIV, 6) [152], éclaire un peu plus les fonctions des 3 dames. Marie est la vérité, qui ne « souffre pas l'erreur ». Lucie est la lumière « qui nous éclaire dans les ténèbres de l'ignorance terrestre » ; elle apparaît également dans le vestibule du Purgatoire pour transporter Dante endormi jusqu'à l'entrée où elle lui indiquera le chemin difficile qui mène au Paradis terrestre [153]. Béatrice est la voie « dans laquelle nous avançons sans entraves vers la béatitude de l'immortalité ». Cette vérité est illustrée par la progression aisée de Dante en compagnie de Béatrice, dans le *Paradis* [154].

Dans ce commentaire des triades les plus remarquables de *La Divine Comédie*, j'ai tenté d'exprimer ma propre perception des rapports étroitement tissés entre toutes ces expressions du *fait* de la Trinité. La plupart des relations que j'ai indiquées proviennent, directement ou indirectement, des travaux de commentateurs antérieurs de Dante, souvent en désaccord les uns avec les autres, mais qui ont tous, selon moi, partiellement raison et partiellement tort en même temps. Certains, par exemple, ont identifié les 3 dames avec le Pouvoir, la Sagesse et l'Amour ; d'autres avec la Foi, l'Espérance et la Charité. Je crois que les deux rapprochements sont exacts sans qu'aucun soit exhaustif. Il me semble au bout du compte que les membres de toutes ces triades doivent plutôt être conçus comme des expressions de l'Un, Deux et Trois. En les recensant dans l'ordre qui suit, cette correspondance générale apparaîtra peut-être plus clairement que je n'ai su l'exprimer en prenant tel ou tel exemple :

I

(Divinité)
(Type opposé : Lucifer)

	I LE PÈRE (Créateur)	II LE FILS (Verbe, Lumière)	III LE SAINT-ESPRIT (Amour)
Type opposé :	Face I	Face II	Face III
	POUVOIR	SAGESSE	AMOUR
Paradis :	(les 3 premiers ciels)	(les 3 ciels suivants)	(les 3 derniers ciels)
Type opposé :	IMPUISSANCE	IGNORANCE	MALICE
Enfer :	Cercles 2 à 5	Limbes	Ville de Dité
	(péchés par incontinence)	(péchés par ignorance)	(péchés par malice)
	Pâle	Noir	Rouge
	Cassius	Brutus	Judas
	ENFER	PURGATOIRE	PARADIS
	Jour de Colère	Jour de Grâce	Jour de Gloire
	Du mal au bien	Du bien au mieux	Du mieux au parfait
	Avant le Christ	Sous le Christ	Avec le Christ

152. *Convivio*, II, 9, 114-120.
153. *Purgatoire*, IX, 55-63.
154. Pour une étude approfondie de cette phase de la Trinité, cf. J. B. Fletcher, « The Three Blessed Ladies », dans *Symbolism of the Divine Comedy*, pp. 114-209 ; également H. Flanders Dunbar, *Symbolism in Medieval Thought*, p. 168.

FOI	ESPÉRANCE	CHARITÉ
Blanc	Vert	Rouge
MARIE	LUCIE	BÉATRICE
La Vérité	La Lumière	La Voie

L'un des plus grands paradoxes du Moyen Âge réside en ce que l'Unité de la Trinité ne peut être effective sans l'inclusion de la dyade imparfaite [155], incarnée dans la Seconde Personne :

> ma tre persone in divina natura
> ed in una persona esse e l'umana [156].

> (mais trois personnes dans une divine nature,
> et dans une seule personne l'union de la nature divine à la nature humaine.

La dualité de la Seconde Personne est l'image dont la conformité par rapport au cercle était le mystère fondamental que Dante chercha à percer [157]. Mais tout difficile qu'il fût à comprendre, il ne faisait aucun doute que l'image (duelle, imparfaite) était bien conforme au cercle (spiritualité parfaite) ; aucun doute non plus que la mortalité corruptible se mêlait effectivement (dans l'homme-Dieu) à l'incorruptibilité de la Trinité. Mais, en exaltant l'homme-Dieu comme l'archétype du dualisme cosmique, le Moyen Âge évitait les implications manichéennes inhérentes à la thèse opposée, plus immédiate, de deux principes antagonistes, le bien et le mal.

C'est par conséquent un principe premier chez Dante que toute perfection réside dans le fonctionnement harmonieux de la matière et de la forme. Ces deux principes antithétiques étaient censés agir dans tout le cosmos et les manifestations de leur opposition étaient plus strictement ordonnées au Moyen Âge que les expressions de la Trinité elle-même. Pour nous mettre dans l'esprit du dualisme de Dante, il sera utile de dresser le tableau de ces dyades que nous avons déjà rencontrées dans la conception de Hugues de Saint-Victor [158]. Un membre d'une paire est toujours supérieur à l'autre puisque l'un est toujours relativement parfait, incorruptible, et l'autre imparfait, corruptible. Nous avons donc :

---

155. Ce qui est vrai à la fois numérologiquement et théologiquement ; cf. *supra,* p. 36.

156. *Paradis*, XIII, 26-27.

157. *Ibid.*, XXXIII, 137-138. Pour la signification du mot *image*, cf. Thomas d'Aquin, *Summa theologica*, I, qu. 34, art. 1. L'histoire de la christologie médiévale montre qu'on n'a eu de cesse d'éliminer ce paradoxe. La perfection de la Divinité ne pouvait tolérer un indice d'imperfection dans l'une de ses Personnes. Par ailleurs, la doctrine de la Réconciliation exigeait que le Fils participe de l'imperfection de l'homme : « *in quantum homo, in tantum mediator* ». Les théologiens ne purent résoudre le problème de manière satisfaisante qu'en l'ignorant, si bien que « dans le dogme de la personne du Christ, l'*homo* est presque entièrement éliminé, alors que dans le dogme de l'œuvre du Christ, cet *homo* occupe la place dominante » (Harnack, *History of Dogma*, VI, 190 n). Thomas d'Aquin soutient que l'union de Dieu et de l'homme est réelle, non dans la nature divine, mais dans la nature humaine uniquement. Mais même replacée dans son contexte, cette thèse revient à substituer un paradoxe à un autre, et Dante, au moins, ne semble pas croire que l'intelligence humaine a résolu, ou pourrait résoudre, le problème. (*Paradis*, XXXIII, 137-142). Cf. Harnack, *op. cit.*, VI, 188-194 ; H. R. Mackintosh, *The Doctrine of the Person of Jesus Christ*, pp. 223-229. Un problème quelque peu différent mais tout aussi difficile se pose avec la question de la filiation du Christ non incarné, subordonné à Dieu du fait qu'il est le Fils et pourtant Son égal en tant que Dieu (cf. *Purgatoire*, III, 34-36).

158. Cf. *supra*, p. 80.

RELATIVEMENT { PARFAIT SPIRITUEL	RELATIVEMENT { IMPARFAIT MATÉRIEL
Le Ciel	La Terre
L'Invisible	Le Visible
Les Anges	Les Hommes
Le Prélat	Les Ouailles
Le Contemplatif	L'Actif
Figurés dans l'Ancien Testament par :	
Rachel	Léa
Figurés dans le Nouveau Testament par :	
Marie	Marthe
L'Esprit	La Chair
Adam	Ève

Cette liste manifeste la distinction fort répandue au Moyen Âge entre la perfection de l'esprit et l'imperfection de la matière. La même distinction se retrouve dans la confrontation par saint Bonaventure des propriétés de la Divinité avec celles de l'être mortel [159]. Sa compilation de dyades comprend des attributs de l'être mortel tels la difformité, le mal, la corruptibilité et la mutabilité, qui sont opposés à la Beauté, au Bien, à l'Incorruptibilité et à l'Immutabilité.

Il apparaît clairement que Dante reprend cette distinction à son compte (et comment pourrait-il faire autrement ?) dans les pages de ses traités didactiques, ainsi que nous l'avons déjà fait remarquer. Dans le *Convivio*, il sous-entend, ou marque, sans cesse la distinction entre la vie active et la vie contemplative [160], la matière et l'esprit [161], le corps et l'âme [162]. Lorsqu'il aborde son sujet de prédilection, la nécessité d'une double souveraineté à Rome, il identifie naturellement la vie active à la vie civile, car « la nature humaine, telle qu'elle existe ici-bas, jouit non pas d'une félicité mais de deux, à savoir la vie civile et la vie contemplative [163] ». Traditionnellement, cette distinction était comparée à la dualité macrocosmique du soleil et de la lune, qui constituent 2 sources de lumière et non 1 [164]. Malheureusement pour la thèse de Dante, Innocent III s'était servi de la même image pour prouver la subordination de l'État à l'Église, arguant du fait que l'un des deux luminaires tient son éclat de l'autre [165]. À cet argument, Dante réplique assez gauchement : 1. que le soleil et la lune ne représentent pas l'Église et l'Empire puisque ces derniers furent tous deux créés pour pallier le péché, tandis que le soleil et la lune le furent avant la Chute et même avant la création de l'homme ; 2. que même si la comparaison était juste, l'État pourrait tenir sa *lumière* de l'Église sans pour autant tenir d'elle son autorité, puisque la lune tient sa lumière du soleil mais existe indépendamment de lui [166]. Dante veut bien convenir de la supériorité de l'Église sur l'État, de la vie contemplative sur la vie active et de la divinité du Christ sur son humanité. Toutefois, supériorité ne signifie pas domination ; au contraire, les membres de chaque dyade sont conçus comme antithétiques et liés l'un à l'autre par leur antagonisme. Ils ne s'harmonisent pas en fusionnant mais parce qu'ils sont soumis à l'Un

159. Cf. *supra*, p. 73, note 50.
160. *Convivio*, II, 5, 66-70 ; IV, 17, 85-89 ; 22, 103-116.
161. *Ibid.*, II, 15, 95-102.
162. *Ibid.*, I, 1, 16-18 ; III, 14, 1-4 ; IV, 21, 8-10.
163. *Ibid.*, II, 66-70 ; *De monarchia*, III, 16.
164. Cette analogie est sous-entendue dans la conclusion de l'Épître V.
165. P. L., 216, 998 ; 214, 378.
166. *De monarchia*, III, 4.

dont procède le 2[167]. L'*image* dans la vision de Dante ne perd pas son identité en tant qu'*image* mais se fond dans le cercle. Il est évident, néanmoins, que Dante se méfiait des implications de la comparaison avec le soleil et la lune et, en dépit de ses protestations, était sensible au poids de l'argument d'Innocent III. Il fait donc intervenir plutôt 2 soleils :

> *Soleva Roma, che 'l buon feo,*
> *due soli aver, che l' una e l' altra strada*
> *facean vedere, e del mondo e di Dio*[168].
>
> (Rome, autrefois, qui rendit bon le monde,
> avait deux soleils, qui montraient l'une et l'autre route,
> celle du monde et celle de Dieu.)

La réitération et l'illustration constantes chez Dante de la dualité provenait à coup sûr du sentiment que chaque motif duel de l'univers allait dans le sens de l'argument en faveur d'une souveraineté jumelle de l'Église et de l'État. Car chaque dyade particulière doit s'entendre simplement comme une expression individuelle de la Dualité universelle, comme on le voit dans la vision de la Divinité chez Dante, où l'image et la forme sont inséparables. Il est vrai aussi que, à l'instar de n'importe quelle dyade, la Dyade archétypale elle-même est imparfaite par rapport à l'Unité (ou à la Trinité) ; ainsi, le membre parfait de toute dyade peut être imparfait par rapport à une réalité supérieure. La vie civile est terrestre, imparfaite et active, comparée à la perfection contemplative, spirituelle, de l'Église. Mais l'Église militante, l'Église sur terre, est imparfaite, active, par rapport à l'Église triomphante au Ciel. Dans le *Convivio*, Dante qualifie les vertus cardinales d'actives, par comparaison avec les vertus spéculatives[169], mais, dans le *De monarchia*, les vertus cardinales et intellectuelles sont groupées sous l'appellation d'actives par comparaison avec les vertus théologales, qui sont contemplatives[170].

Le sentiment de l'harmonie de toutes les dualités apparaît peut-être mieux dans les symboles médiévaux de la *droite* et de la *gauche*, dont la définition fondamentale est que la droite est supérieure à la gauche, conception venue de la nuit des temps. Dans la Genèse, Abraham prit vers la droite et Lot vers la gauche[171]. Jésus avait également décrété que les brebis seraient placées à sa droite et les boucs à sa gauche[172]. Conformément à cette tradition, pour Denys la droite est divine et la gauche diabolique[173]. Selon Raban Maur, la gauche signifie la vie présente, la dépravation, les anges déchus et les réprouvés[174].

C'est au cours du voyage contrasté à travers l'Enfer et le Purgatoire que Dante utilise le plus ce symbolisme. Dans l'Enfer, il progresse vers la gauche. Lorsque Virgile et lui sont arrêtés devant Dité, un ange vient à leur secours en agitant sa main gauche devant lui[175]. Au Purgatoire, se rapprochant toujours plus de la divinité, il marche toujours vers la droite. Dans la procession de l'Église, au Paradis terrestre, les 4 vertus cardinales

167. *Ibid.*, III, 16, en particulier 120 et *sqq.*
168. *Purgatoire*, XVI, 106-108.
169. *Convivio*, IV, 22, 201-206.
170. *De monarchia*, III, 16, 53-63.
171. Genèse, XIII, 9.
172. Matthieu, XXV, 33.
173. *Eccles. Hierarch.*, II, 1-7.
174. *Allegoriae in sacram scripturam* ; P. L., 112, 1055.
175. *Enfer*, IX, 83.

sont à gauche du char et les 3 « qui voient plus loin » se trouvent à droite[176]. Ici, la dyade de l'action et de la contemplation est substituée à la dyade du bien et du mal, mais elle demeure une dyade et obéit, par conséquent, au même symbolisme. Le char de l'Église repose sur une roue gauche et une roue droite ; la signification en apparaît clairement lorsque les 2 roues se retrouvent dans le ciel du Soleil : l'une d'elles contient saint Bonaventure qui dédaigna « toujours les soins de la main gauche[177] », allusion probable à la vie active choisie par les dominicains[178]. Le Vieillard de Crète qui regarde vers Rome comme dans son miroir se tient sur 2 pieds[179]. Si l'on interprète ces deux pieds comme l'Église et l'État, le pied d'argile (le droit) doit symboliser l'Église. Dans ces exemples, le mal, les vertus cardinales, la vie active et l'Empire sont identifiés comme relevant de la *gauche,* lorsqu'ils sont opposés au bien, aux vertus théologales, à la vie contemplative et à l'Église. On peut ajouter à cet ensemble de dualités l'Ancien et le Nouveau Testament : l'Ancien, à gauche, relativement imparfait ; le Nouveau, à droite, relativement parfait. Car, selon Thomas d'Aquin, l'Ancienne Loi fut donnée à l'homme imparfait qui n'avait pas encore reçu la Grâce spirituelle. Elle était porteuse de promesses temporelles. La Nouvelle Loi était entièrement spirituelle[180]. L'interprétation du miracle de la multiplication des pains et des poissons plaçait communément les 5 pains dans la catégorie de la gauche : ils correspondaient aux bonnes œuvres, aux 5 sens, à la vie active, aux juifs, à l'Ancien Testament, à l'Ancienne Loi[181]. Ce principe donne la clé de nombreuses dyades de la *Comédie.*

L'une des dyades les plus riches et, aux yeux de Dante, l'une des plus importantes, est celle des 2 vies : la vie active, consacrée avant tout à l'amour du prochain, et la vie contemplative, consacrée à l'amour de Dieu. Le poète est convaincu que la clé du bonheur de l'homme est dans l'harmonisation de ces deux préceptes de vie (exemplifiés par l'Église et l'État). C'est donc fort naturellement, et pour servir son intention didactique, qu'il prêche explicitement en ce sens, à maintes reprises, dans la *Comédie,* et qu'il évoque de nombreuses figures de l'action et de la contemplation rencontrées au cours de son voyage. Dante est conduit à travers les trois royaumes tour à tour par Béatrice, figure céleste, ecclésiale, et par Virgile, le champion de Rome, figure de l'État. Selon une interprétation plus commune, Béatrice, située aux côtés des vertus théologales, contemplatives, à la droite du char de la procession dans l'Éden, figure la Révélation ; et Virgile, qui se range du côté des vertus cardinales, actives, figure la Raison.

Le séjour assigné à Virgile dans les Limbes est le Noble Château en lequel on peut voir une représentation spirituelle de la Rome païenne. Dante affirme, à maintes reprises, que la grandeur de la Rome antique fut voulue par Dieu. Il soutient néanmoins qu'il ne saurait y avoir de bon gouvernement sans une distinction claire entre le temporel et le spirituel. C'est ainsi que dans le Noble Château, César, Brutus et Camille

---

176. *Purgatoire*, XXIX, 121-132.
177. *Paradis*, XII, 127 ; cf. vers 106-111.
178. L'interprétation des « soins de la main gauche » s'appuie sur l'identification faite par Bonaventure des deux roues du char avec les dominicains et les franciscains (*Paradis*, XII, 31-111). Qu'il s'agisse des 2 mêmes roues est sous-entendu par les nombreuses références à saint Dominique et à saint François que font saint Thomas et saint Bonaventure, porte-parole respectifs de l'appartenance des 2 roues du ciel du Soleil (cf. Gardner, *Dante and the Mystics*, pp. 225-235). Les côtés droit et gauche du char sont distingués par la répartition des vertus en actives (à gauche) et contemplatives (à droite). Ici, la référence aux « soins de la main gauche » semble relever du même schéma général.
179. *Enfer*, XIV, 103-111.
180. *Summa theologica*, II-I, qu. 106-7.
181. Cf. Albert le Grand, *Sermones de tempore*, XXVII et LXXVIII ; Innocent III, *Sermo* XXVII.

figurent la vie active ou civile [182] ; Socrate, Platon et Aristote figurent la vie spéculative (transposition païenne de la vie contemplative) [183].

Le Purgatoire est davantage encore marqué par ce dualisme. Nous avons déjà noté sa ressemblance avec le monde terrestre, « une sorte d'intermédiaire entre les choses corruptibles et incorruptibles [184] ». C'est pourquoi Virgile et Béatrice ne peuvent s'y rencontrer. Au Purgatoire, la mortalité se mêle à l'immortalité, et, aux 7 « vertus », sont opposés 7 vices [185]. Le chiffre 7, lui-même, est une figuration de l'homme, puisqu'il est composé du 4, symbole du corps, et du 3, symbole de l'âme. La vie active, spéculative, ou temporelle, est figurée par le chiffre 4, et par les 4 vertus cardinales, tandis que la vie spirituelle, ou contemplative, est figurée par le chiffre 3, et par les 3 vertus théologales. Au Purgatoire, le jour, pour Dante, se place sous le signe de l'action. À l'aube, il se perd dans ses rêves. La nuit, les trois étoiles de la contemplation illuminent le ciel. Les 4 étoiles qui éclairent le visage de Caton, au contraire, brillent à l'aube, et demeurent au-dessus de l'horizon durant le jour [186].

Sur la première corniche du Purgatoire, les figures de Trajan, de Marie et de David constituent trois « exemples » d'Humilité, et incarnent, à leur tour, la dualité temporel/spirituel, actif/ contemplatif. Trajan, l'empereur païen, incarne la vie active ou temporelle [187] ; David, le juif, ancêtre du Christ et de l'Église, chantre de l'Esprit saint [188], incarne la vie spirituelle. Deux vers du *Convivio* évoquent en outre la double lignée d'Énée et de David (que Dante, au demeurant, situe tous deux à la même époque). La lignée d'Énée mène à Rome et à l'État (vie active), celle de David mène au Christ et à l'Église (vie contemplative) [189]. Marie, mère de l'homme-Dieu, constitue le lien entre ces deux figures. Son existence terrestre rappelle la naissance terrestre du Christ, tandis que comme Reine du Ciel, elle est le symbole par excellence de la vie spirituelle. Marie, « comme les anges », ainsi que le souligne Albert le Grand [190], participe à la fois de la vie active et de la vie contemplative. Quant aux autres corniches du Purgatoire, elles reprennent le même schéma, et proposent d'autres exemples de vertus : Oreste, Pisistrate, César, Fabricius, un certain nombre de femmes de la Rome antique et Diane [191] (semblables aux habitants des Limbes) illustrent la vertu romaine, alors que le Christ, saint Étienne, saint Nicolas et Daniel (habitants spirituels du Paradis) illustrent la vertu ecclésiale.

Passées les expériences de la septième corniche, Dante voit en rêve Léa et Rachel, incarnations respectives, dans l'Ancien Testament, de l'action et de la contemplation. Il porte alors la *couronne* (l'État) et la *mitre* (l'Église). Au moment où le poète est sur le point d'atteindre le Paradis terrestre, le songe se matérialise sous les traits de Mathilde

182. *Enfer*, IV, 121-129.
183. *Ibid.*, IV, 130-144.
184. *De monarchia*, III, 16, 30-33.
185. Orgueil-Humilité, Envie-Amour, Colère-Douceur, Paresse-Zèle, Avarice-Pauvreté, Gourmandise-Tempérance, Luxure-Chasteté.
186. *Purgatoire*, I, 37 ; VIII, 88-93.
187. Cf. *De monarchia*, III, 16, 79-82.
188. *Paradis*, XX, 38 ; *De monarchia*, III, 4, 84-87.
189. *Convivio*, IV, 5, 1-50.
190. *De laudibus B. Mariae Virg.*, IV, 35.
191. Pisistrate, Oreste et Diane peuvent difficilement être considérés comme romains. Ils le sont, au même titre que Platon et Aristote, en tant qu'ils ont contribué à la culture païenne de Rome, qui engendra la perfection de la vie civile dans l'Empire romain (perfection que Dante voudrait voir revivre) ; de la même façon, les juifs David et Daniel furent, pour Dante, des précurseurs de l'Église à laquelle ils appartinrent spirituellement.

et de Béatrice. La description de Mathilde, qui, comme Léa[192], chante en cueillant des fleurs[193], l'identifie incontestablement à cette dernière. Elle incarne ainsi l'élément terrestre, actif, dans sa perfection édénique, tandis que Béatrice, descendant du ciel, est l'esprit même de Dieu tel qu'il fut insufflé à l'homme dans le Jardin, et réinsufflé, plus tard, dans le monde en la personne du Christ. C'est pourquoi, au lever du soleil – la Lumière – la venue de Béatrice, parée des 3 vertus théologales, est saluée par les accents du *Benedictus qui venis*[194]. Mathilde et Béatrice sont une parfaite figuration de l'action et de la contemplation terrestres. De même que Dante rencontre d'abord Mathilde puis Béatrice, et s'achemine du Léthé (oubli du mal) vers l'Eunoé (connaissance du bien), des 4 étoiles vers les 3 étoiles, de même, dans l'Éden, il passe de la danse des 4 vertus cardinales (actives) à la spiritualité plus accomplie des 3 vertus théologales[195].

Si l'on s'en tient à une vision schématique, le Paradis terrestre et l'Église militante ressortissent à l'action ; le Paradis céleste et l'Église triomphante, à la contemplation. Pourtant, au sein même des 9 sphères du Paradis céleste, par excellence vouées à la contemplation, la croix de Mars et l'aigle de l'Empire prennent place aux côtés de l'échelle de la Contemplation et des trins cercles de la Divinité. En effet, la Perfection ultime ne sera atteinte que lorsque le corps glorifié se sera uni à l'âme :

Come la carne gloriosa e santa
fia rivestita, la nostra persona
più grata fia per esser tutta quanta[196].

(Quand nous aurons revêtu la chair
glorieuse et sainte, notre personne
sera plus reconnaissante, parce qu'elle sera entière.)

Les anges eux-mêmes sont régis par un double principe, actif et contemplatif[197] : ils sont voués à la contemplation de Dieu et au mouvement des cieux. Enfin, la même dualité structure la Rose céleste de l'Église triomphante tout entière centrée, comme il se doit, sur le ministère du Christ ; elle reflète nécessairement la nature double de la Deuxième Personne de la Trinité.

La division la plus évidente de la Rose est marquée par saint Bernard dans la séparation de l'Ancien et du Nouveau Testament. Dans une moitié de la Rose se trouvent ceux qui crurent en la venue du Christ ; dans l'autre, ceux qui adorèrent le Christ avenu[198]. Dans la rangée supérieure, apparemment sur la ligne de partage des 2 groupes, sont assis face à face Marie et Jean Baptiste. Marie, dans les « exemples » du Purgatoire, faisait le lien entre deux types opposés ; elle remplit ici la même fonction, secondée par Jean Baptiste qui, à la fois prophète et disciple, incarne la continuité entre les âges. Entre Marie et Jean, du côté de l'Ancien Testament, figurent Adam, Moïse et sainte Anne ; du côté du Nouveau Testament, Pierre, Jean (l'Évangéliste) et Lucie. Au-dessous de Marie, Ève prend place dans la 2e rangée, Rachel, à côté de Béatrice, dans la 3e, Sara dans la 4e, Rébecca dans la 5e, Judith dans la 6e et Ruth dans la 7e. Le rapprochement de Rachel (Ancien Testament) et de Béatrice (« Nouveau Testament ») implique que la ligne de partage passe entre les deux femmes. Nous

192. *Purgatoire*, XXVII, 97-99.
193. *Ibid.*, XXVIII, 40-42.
194. *Ibid.*, XXX, 19-33.
195. *Ibid.*, XXXI, 103-111.
196. *Paradis*, XIV, 43-45 ; cf. saint Thomas d'Aquin, *Summa contra Gentiles*, 84.
197. *Convivio*, II, 6, 1-3.
198. *Paradis*, XXXII, 19-36.

pouvons ainsi représenter, sous la forme d'un schéma, le groupe qui entoure Marie :

Jean	Pierre	Marie	Adam	Moïse

Béatrice
Ève
Rachel
Sara
Rébecca
Judith
Ruth[199]

De l'autre côté de la Rose, les personnages qui entourent Jean Baptiste sont disposés selon un schéma analogue :

Anne   Jean Baptiste   Lucie

François
Benoît
Augustin

Dans le second groupe, l'accent est mis sur les personnages du Nouveau Testament, contrastant avec les personnages de l'Ancien situés au-dessous de Marie. Cette distinction attire immédiatement l'attention sur la présence de Béatrice aux côtés de Rachel. Jusqu'à présent, Léa et Rachel, figures de l'action et de la contemplation, étaient toujours présentées ensemble. La substitution de Béatrice à Léa instaure, dans la Rose, une nouvelle dualité et impose, du même coup, une définition plus claire et plus précise du rôle qui lui est imparti. Béatrice apparaissait déjà comme la figure symbolique de l'Amour et du Saint-Esprit. De la place qu'elle occupe dans la Rose, aux côtés de Rachel, il ressort qu'elle n'est pas l'unique figuration de l'Amour : les préceptes d'Amour sont, en effet, au nombre de 2, l'Amour de Dieu et l'Amour du prochain[200]. En ce sens, Rachel et Béatrice incarnent respectivement la grâce sanctifiante, qui conduit l'homme à Dieu, et la grâce gratuite, par laquelle l'homme conduit son prochain à Dieu[201]. Selon la formule de Dante, la Charité s'exerce vers Dieu et vers l'homme[202].

La complexité de cette représentation symbolique tient ici au personnage de Béatrice, tel que Dante l'a conçu : un miracle, le symbole terrestre de la Perfection ultime. Si sa couleur est le rouge de l'Amour, elle est momentanément tenue, lorsqu'elle parle au nom de l'Église militante, d'assumer le blanc de la Foi, le vert de l'Espérance, ainsi que la compagnie des vertus cardinales. Structurellement, sa place dans le Plan divin peut être définie, en termes spécifiques, comme l'« activité de charité » par laquelle l'homme conduit son prochain à Dieu, alors que Rachel ne se détourne jamais de la

199. On dispose ordinairement les personnages de la ligne qui va d'Ève à Ruth directement au-dessous de Marie (cf. Porena, *Commento grafico alla Divina Comedia*, pp. 60-62 et Fig. 32). Mais c'est là ranger entièrement Marie du côté de l'Ancien Testament et, en face, ranger entièrement Jean Baptiste, le précurseur du Christ, du côté du Nouveau Testament. On voit mal comment une telle distinction peut se justifier, d'autant qu'elle implique que Marie, la Reine des Cieux, est inférieure à Jean, l'Ancien Testament étant toujours considéré comme moins « éclairé » que le Nouveau. Les figures voisines, Adam, premier homme de l'âge de l'Ancien Testament, et Pierre, premier homme de l'Église, laissent également supposer que Marie (comme dans le Purgatoire) relie les deux groupes sans appartenir exclusivement ni à l'un ni à l'autre.

200. Saint Thomas d'Aquin, *Summa theologica*, II-II, qu. 44, art. 2.

201. *Ibid.*, II-I, qu. 11, art. 1.

202. *De monarchia*, I, 11, 103-104.

contemplation qui conduit l'homme à Dieu[203]. Léa se distingue pareillement de sa sœur,

> *lei lo vedere, e me l' ovrare appaga*[204].
> (elle, c'est voir ; moi, c'est agir qui me contente.)

Béatrice, dans la *Comédie* comme dans la *Vita Nuova*, est une figure de l'action. C'est à ce titre qu'elle guide Dante. Au début du poème, elle abandonne sa place aux côtés de Rachel[205], et agit pour le salut de Dante. Elle ne rejoint Rachel immobile qu'une fois sa mission accomplie. Au Paradis *terrestre*, elle apparaît à Dante, à *gauche* du char[206], escortée des 4 vertus cardinales vouées à son service[207] – signe que sa place dans le Dessein archétypal était définie avant sa naissance. En face de Béatrice, dans le troisième cercle de la Rose, se trouve saint Benoît, le contemplatif, la plus brillante des étoiles d'amour dans le ciel de la contemplation[208], celui que Joachim de Flore nommait le précurseur de l'âge de l'Amour. Lorsque Dante, devant la vision de la Rose, croyait voir Béatrice, c'était le contemplatif saint Bernard. Béatrice est ainsi, tour à tour, associée à Rachel, à saint Benoît, à saint Bernard.

Dante accède graduellement à la vision de l'Ordre divin ; aussi est-ce d'abord une vision terrestre de Béatrice qui s'impose à lui. Sur la terre, elle opère comme grâce gratuite : figure de l'action, elle remplit la mission qui lui est dévolue. Dans le même temps, elle est pour Dante l'essence de cette contemplation à laquelle il se dérobera plus tard. Béatrice, d'un point de vue terrestre, est une figure contemplative, et d'un point de vue céleste, une figure active. Par rapport à Mathilde, au Paradis terrestre, elle est contemplative ; par rapport à Rachel, dans les cieux, elle est active. Elle a le pouvoir d'unir la contemplation céleste à l'action terrestre (la vie de prélat), parce qu'elle porte Rachel dans ses yeux, comme les vertus actives en avisent le poète :

> *Merrenti a li occhi suoi ; ma nel giocondo*
> *lume ch' è dentro aguzzeranno i tuoi*
> *le tre di là, che miran più profondo*[209].
> (Nous te mènerons vers ses yeux [manifestation active], mais dans l'éclat
> joyeux qu'ils ont, les trois qui sont là-bas,
> qui voient plus loin, aiguiseront les tiens.)

Dante, passant des vertus cardinales aux vertus théologales, du Purgatoire au Paradis, est pour finir conduit de Béatrice à saint Bernard afin que son désir s'élève jusqu'à son ultime objet[210]. C'est saint Bernard qui dirige la vision de Dante dans la complexité de la Rose où la « lumière intérieure » de Béatrice est représentée indépendamment, à ses côtés, dans la figure de Rachel. Le poète est désormais en mesure de les distinguer l'une de l'autre.

Deux dualités dominantes sont au cœur de la vision de la Rose : l'Ancien Testament et le Nouveau, l'Action et la Contemplation. Des représentants de l'État et de l'Église illustrent la dualité Action/Contemplation : Henri, souverain terrestre, *agosta*[211], et

---

203. Cf. *Purgatoire*, XXVII, 103-105.
204. *Ibid.*, XXVII, 108.
205. *Enfer*, II, 101-102.
206. *Purgatoire*, XXX, 61, 100-101.
207. *Ibid.*, XXXI, 107-108.
208. *Paradis*, XXII, 28-32.
209. *Purgatoire*, XXXI, 109-111.
210. *Paradis*, XXXI, 67.
211. *Ibid.*, XXX, 136.

Marie, reine céleste, *Regina*[212], *Augusta*[213]. La même dualité apparaît dans la disposition numérique des personnages des deux groupes opposés. Ceux de la rangée supérieure sont 8, nombre du baptême et de la régénération, et ceux des cercles inférieurs sont au nombre de 10, comme pour illustrer le couronnement et l'accomplissement de l'Ancienne Loi, le Décalogue, par la Loi nouvelle, la régénération par le Christ. Il ne s'agit probablement pas là d'une simple coïncidence numérique, mais bien d'un choix conscient. La répartition de 10 en 7 et 3 – répartition traditionelle des 10 Commandements[214], semble le confirmer.

La dualité la plus haute, celle de la vie spirituelle, est représentée symboliquement dans les passages de la *Comédie* où domine l'Église du Christ. Elle est ainsi figurée dans la procession de l'Église militante, dans la Rose de l'Église triomphante, et, entre les deux, dans les cercles de l'image dans le Soleil, symbole de la Lumière du Christ. Les deux cercles dont il s'agit ici (les seuls qui nous intéressent pour l'instant) sont composés chacun de 12 lumières, circonstance qui évoque d'emblée le double 12 le plus répandu dans la tradition médiévale : les 12 patriarches ou tribus d'Israël et les 12 apôtres. Suivant la définition de Gardner[215], ces deux cercles représentent les ordres respectifs de saint François et de saint Dominique :

> *L' un fu tutto serafico in ardore ;*
> *l' altro per sapienza in terra fue*
> *di cherubica luce uno splendore*[216].

> (L'un fut tout séraphique par son ardeur ;
> l'autre par sa grande sapience fut sur terre
> un reflet de la lumière des chérubins.)

Dans le cercle séraphique, se trouve saint Bonaventure, qui « dédaigna toujours les soins de la main gauche[217] ». Sa nature contemplative le situe tout près de l'Église triomphante et de Rachel. Le cercle chérubique est celui de la fonction active d'enseignement de l'Église militante, de la « sagesse sur terre », de Béatrice.

La configuration même de ces cercles reproduit, de manière implicite, tout au long du poème, l'idée chère à Dante selon laquelle la dualité omniprésente dans le monde spirituel devrait tenir lieu de modèle au monde matériel. La mise en relation de l'Église et de l'État avec la contemplation et l'action est ici incarnée par deux personnages de l'Ancien Testament qui, de fait, se distinguent nettement des autres. Dans le cercle actif, chérubique, Salomon est spécifiquement désigné comme l'incarnation de la sagesse du *souverain*[218] par excellence. Dans le cercle contemplatif, séraphique, le prophète Nathan est celui qui porta la parole de Dieu au roi d'Israël.

L'image la plus étonnante de la dualité Église/État se rencontre dans le sixième ciel, le ciel de Jupiter et de l'Aigle. Dante est le sixième des chantres de l'Aigle[219]. Le sixième âge est celui de la perfection terrestre qui, selon beaucoup de prophéties de l'époque – parmi lesquelles la *Postille sur l'Apocalypse*, attribuée à Pierre Olivi, avait été condam-

---

212. *Ibid.*, XXXIII, 34.
213. *Ibid.*, XXXII, 119.
214. Cf. *supra* p. 83.
215. *Dante and the Mystics*, pp. 225-235.
216. *Paradis*, XI, 37-39.
217. *Ibid.*, XII, 128.
218. *Ibid.*, XIII, 104.
219. *Enfer*, IV, 102 ; cf. J. B. Fletcher, « Dante's School of the Eagle », *Romanic Review*, XXII, 191-209.

née[220] –, était encore à venir. Dans le chant XIX, c'est dans ce ciel entre tous les ciels que se mire la Justice divine[221].

Ici, les « brillantes ardeurs du Saint-Esprit[222] » composent l'exhortation prophétique « *Diligite justitiam qui judicatis terram* », pour s'immobiliser sur le M final. Nous savons déjà, grâce aux propos didactiques généreusement disséminés au fil des pages de *La Divine Comédie*, du *Convivio* et du *De monarchia*, ce que doit être la justice. La lettre M, qui évoque la forme héraldique de l'Aigle, peut désigner aussi bien Marie, la Monarchie, ou le nombre 1 000, limite supérieure de la numération et symbole de perfection[223]. Les 2 ailes (les jambages du M) figurent également les 2 cornes de la mitre épiscopale, l'Ancien et le Nouveau Testament[224]. Dante signale, en outre, que le total chiffré des lettres de la formule est de 35. Il se peut qu'il s'agisse d'une information anodine, qui n'appelle aucune interprétation, mais il est fort probable qu'un symbole numérique est sous-jacent. Si 35 est à la fois l'apogée de la vie et l'âge présumé de Dante à l'époque de son voyage, il paraît difficile de le relier à la vérité de l'Aigle. Reste une autre hypothèse : les personnages de la Procession divine, qui représentent les livres de l'Ancien et du Nouveau Testament, sont au nombre de 35. Cette identité numérique apparente la Justice de l'Aigle à la Justice du Paradis terrestre. Quant à l'Aigle de la monarchie, il a son propre équivalent dans la procession de l'Église militante.

La justice de l'Aigle implique, à l'instar de la justice de la Rose, une harmonie de toutes les dualités terrestres : non seulement, comme l'Église militante, elle inclura l'Ancien et le Nouveau Testament, mais aussi les 2 félicités de l'homme que sont l'action et la contemplation, et, plus spécifiquement, la vie civile et la vie spirituelle, l'État et l'Église. En effet, l'œil de l'Aigle porte les deux lignées de David et d'Énée : celle de l'Église du Christ et celle de l'Empire romain. La pupille de l'œil, la lumière intérieure, est David, « *il cantor de lo Spirito Santo*[225] ». L'arcade sourcilière est constituée de 5 figures de la vie civile : quatre rois et Riphée, un guerrier troyen épris de justice et, en tant que Troyen, associé à la fondation de Rome.

Ici encore, on reconnaît la conception, propre à Dante, des dualités action et contemplation, État et Église, Ancien et Nouveau Testament, comme autant de variantes de la Dualité archétypale. Car si l'union des 2 guides, l'Ancien et le Nouveau Testament, et des 2 vies, l'active et la contemplative, sous-tend l'Église militante et l'Église triomphante, elle crée aussi le

segno
che fè i Romani al mondo reverendi[226].

(signe
qui rendit les Romains redoutables au monde.)

Dans la sixième sphère, on trouve l'Aigle de l'Empire, mais l'échelle de la contemplation s'élève de la septième sphère à la régénération de la huitième. Si Can Grande était effectivement le *veltro* sur lequel Dante fondait son espérance, le poète trouvait

220. Lea, *History of the Inquisition*, III, 49.
221. Vers 28-29.
222. « *Lucenti incendi de lo Spirito Santo* », *Paradis*, XIX, 100-101.
223. Cf. *supra*, pp. 37, 38, 74-75.
224. Durand, *Rationale*, III, 13, 2 ; Elworthy, *Horns of honor*, p. 76.
225. *Paradis*, XX, 38.
226. *Ibid.*, XIX, 101-102.

une preuve supplémentaire de son élection dans la conjonction des symboles jumeaux de l'action et la contemplation qui figuraient sur le cimier du Lombard,

> *che 'n su la scala porta il santo uccello*[227].
> (qui sur son échelle porte le saint oiseau.)

Au Purgatoire, à la figure de Béatrice (l'Église), au sommet, est associée celle du Romain Caton (l'État), au pied de la montagne, tandis que le Paradis de l'Église est annoncé par le Paradis païen des Limbes, dont les 7 murs rappellent la ville aux 7 collines, Rome qui eut 7 rois[228].

La relation entre l'Église et l'État, telle que Dante la présente, fait partie intégrante du plan divin. Sa croyance en un Modèle éternel est donc à la fois pratique et philosophique : le seul gouvernement *juste* des affaires d'ici-bas est celui d'une Église et d'un État indépendants, et néanmoins jumelés. Sa conviction qu'il existe un Plan divin lui permet d'aller plus loin encore et de prédire, en toute confiance, que :

1. l'état de perfection terrestre, signalé par la double direction de l'Église et de l'État, est certainement à venir[229] ;
2. cette perfection sera conforme au Modèle surnaturel[230] ;
3. son avènement est prochain[231].

Car si un Plan divin est à l'œuvre, et si la fin est proche, il est probable, conformément à la logique numérique, que le monde temporel connaîtra 3 âges d'or (le 3 parfait), séparés par 2 périodes d'imperfection (le 2 imparfait). Cette théorie suppose l'existence de deux cycles, chaque état de perfection se trouvant suivi d'une période de rechute dans le péché, elle-même rachetée par un retour à la perfection[232]. Ce sont précisément, j'en suis convaincu, ces deux cycles complets qui sont figurés dans *La Divine Comédie*.

Le premier cycle est suggéré par les 3 marches du Purgatoire. La première, en marbre blanc, symbolise l'innocence du Jardin d'Eden, l'Âge d'or[233]. La deuxième, sombre et fendue, symbolise les « temps difficiles » qui suivirent la venue du serpent dans le Jardin, époque personnifiée par Moïse dans la Rose. La troisième a la couleur rouge de la Rédemption apportée par la passion du Christ[234]. La venue du Christ a conduit à la fondation de l'Église, et le règne du Christ se distingue par les 2 soleils de Rome qui brillaient tous deux à l'époque heureuse de la Rédemption. Car le monde « ne connut jamais de tranquillité générale sauf sous le divin Auguste, le monarque sous lequel la monarchie fut parfaite[235] ». De même, l'Église parfaite est représentée par le Christ en personne.

> Paul a appelé cet état de bonheur suprême la "plénitude des temps". En vérité, le temps et toutes les choses temporelles furent totalement accomplis car il ne manquait alors aucun ministère à notre bonheur[236].

---

227. *Ibid.*, XVII, 73.
228. *Convivio*, IV, 5, 88-96.
229. *De monarchia*, II, 12, 21-23 ; III, 3 ; *Purgatoire*, XXXIII, 37-51.
230. *De monarchia*, III, 2, 29-32.
231. *Convivio*, II, 15, 115-118 ; *Purgatoire*, XXXIII, 49 ; *Paradis*, XXX, 132-133.
232. Cf. J. B. Fletcher, « Dante's School of the Eagle », pp. 202 et *sqq*.
233. *Purgatoire*, XXII, 148.
234. *Ibid.*, IX, 76-102.
235. *De monarchia*, I, 16, 6-12.
236. *Ibid.*, 17-22.

Cette seconde perfection était, en même temps, un reflet de la perfection originelle. Elle constituait un « retour de l'exil [237] », parce que le monde s'était écarté, dans l'intervalle, de la voie de la vérité et de la vie exemplaire. Aussi, la procession de l'Église se déroule-t-elle dans le Paradis d'Adam. Le retour effectif à la perfection originelle s'effectue au rebours du cours du soleil – autrement dit, il remonte le temps – et associe la croix du Christ à l'arbre desséché d'Adam, qui reprend alors vie. Le premier cycle est ainsi parachevé [238], et

Si si conserva il seme d' ogni giusto [239].
(Ainsi se conserve la semence de toute justice.)

Il est parfaitement naturel que les marches donnant accès au royaume du Fils rappellent les étapes antérieures à Sa venue et à l'institution du Purgatoire.

Le sommeil de Dante marque une transition, et son réveil est comparé à la transfiguration, au cours de laquelle les 3 disciples reçurent la vision de la gloire future. Lorsque Dante s'éveille, c'est pour voir en Béatrice la nouvelle gardienne du char. Elle se livre alors à un historique de la deuxième période, « craquelée et calcinée », figurée dans la Rose par l'évangéliste Jean

che vide tutti i tempi gravi,
pria che morisse, de la bella sposa
che s' acquisto con la lancia e coi chiavi [240].

(qui vit, avant de mourir, tous les temps difficiles
où devait passer la belle épouse
qui fut conquise par la lance et par les clous.)

Durant cette période, le char de l'Église est ébranlé à maintes reprises, et la division de l'Empire par Constantin paraît reproduire le motif de l'arbre fendu d'Adam. Puis, le char est représenté totalement dénaturé par la poussée de 7 cornes. Leur disposition les met en relation avec les 7 vertus : 4 sont situées aux coins du char (les vertus cardinales), et 3 sur le montant de la croix (les vertus théologales). Indépendamment de la signification précise de ces 7 appendices, le propos de Dante est, à coup sûr, d'exprimer la déformation qu'ont subie, en cette époque d'imperfection, toutes les vertus de l'ère chrétienne : les cardinales et les théologales. Les « vices » théologaux sont représentés, à juste titre, par des cornes doubles, puisqu'ils appartiennent à l'époque de l'homme-Dieu, de la perfection de l'État et de l'Église, et qu'ils offensent, comme on l'a déjà signalé, aussi bien Dieu et le prochain, ou se dressent à la fois contre la contemplation et l'action.

---

237. *Paradis*, VII, 31-39.
238. Le parcours de Dante lui-même constituait un cycle analogue par sa dévotion initiale à Béatrice, sa défection et son retour au salut. Le professeur Fletcher a fait remarquer qu'en prenant à *gauche* pour revenir à l'arbre, Dante répète symboliquement son propre voyage de régénération spirituelle à travers l'Enfer et le Purgatoire. Car dans l'Enfer, il se trouve dans l'hémisphère Nord et, comme il tourne toujours à gauche, il avance au rebours de la course du soleil, et au rebours du fil du temps. Au Purgatoire, il se trouve dans l'hémisphère Sud, si bien qu'il doit tourner à droite pour poursuivre sa remontée symbolique du cours du temps. « Virgile explique en effet que, puisque la course du soleil est confinée à l'intérieur des tropiques, sa course le dirige vers le sud pour un observateur de la zone Nord tempérée, vers le nord pour un observateur des antipodes. Un observateur de l'hémisphère Nord qui suit sa course, se déplacera donc de gauche à droite ; un observateur de l'hémisphère Sud, de droite à gauche » (« Left and Right Turns in the Divine Comedy », *Romanic Review,* XXII, 236-237).
239. *Purgatoire*, XXXII, 48.
240. *Paradis*, XXXII, 127-129.

Cet état de corruption n'est pas appelé à durer indéfiniment : Béatrice prophétise la venue d'une seconde restauration et, selon toute vraisemblance, l'avènement d'un troisième Âge d'or. Dante traverse l'Eunoé pour être

> *come piante novelle*
> *rinovellate di novella fronda*[241]
>
> (comme les plantes nouvelles,
> renouvelées en leurs nouvelles feuilles)

et voir la semence de nouveau au Paradis. Saint Thomas vient soutenir ici l'espérance de Dante :

> *ch' i' ho veduto tutto il verno prima*
> *lo prun mostrarsi rigido e feroce,*
> *poscia portar la rosa in su la cima*[242].
>
> (car j'ai vu tout l'hiver le buisson
> rester âpre et sauvage,
> puis porter des roses sur sa cime.)

La philosophie inhérente à la théorie des cycles ébauchée par Dante repose sur un pur raisonnement numérique. L'Origine est 1, nombre parfait. La deuxième période, 2, rompt avec la perfection de l'unité. L'unité sera rétablie par 3, qui n'est autre que 1. Aussi, la troisième période constitue-t-elle nécessairement un retour à la perfection originelle. La progression que Dante avoue à Béatrice, puis à la *Donna Pietosa*, puis de nouveau à Béatrice, reproduit rigoureusement ce cycle. Et comme ce cycle n'est autre que le schéma du Tout, les périodes successives ne peuvent que répéter le cycle premier. De cette logique numérique, il résulte également que le nombre de cycles est limité. On a toutes les raisons de croire que, pour Dante, le salut à venir se confondait avec la dernière époque de la perfection terrestre : le 3 parfait du Paradis, qui est tout, aurait alors son équivalent terrestre dans les 3 âges parfaits, et l'imperfection du 2 archétypal aurait été réalisée dans les 2 périodes intermédiaires.

Le professeur Fletcher rappelle un passage de saint Bonaventure qui atteste la conception des 3 paradis spirituels :

> Il y a 3 paradis, 3 habitants, 3 modes de vie : le premier est le paradis terrestre dont le premier habitant fut Adam ; le deuxième, le paradis des fidèles, l'Église des saints ; le troisième, le paradis céleste, celui de l'Église triomphante, est habité par Dieu. Dans le premier, se trouve l'arbre de vie, le bois matériel ; dans le second, l'humanité du Sauveur ; dans le troisième, la Trinité complète[243].

Dante aura eu la vision de ces 3 paradis spirituels. Il a déjà vu l'arbre d'Adam et celui du Christ. L'attend encore la révélation de l'Église triomphante dans la Rose.

Les choses terrestres ne sont, par ailleurs, que le miroir des choses célestes. Saint Jacques expliquera plus tard à Dante la raison, ou du moins l'une des raisons, de son voyage, sous de célestes auspices, à travers les trois royaumes :

> *si che, veduto il ver di questa corte,*
> *la spene, che là giù bene innamora,*

---

241. *Purgatoire*, XXXIII, 143-144.
242. *Paradis*, XIII, 133-135.
243. *Expos. in Psal.*, I, 3.

in te ed in altrui di ciò conforte[244].

(Afin qu'ayant vu le vrai de cette cour,
tu encourages par là, et en toi et dans les autres,
l'espérance qui rend là-bas bien épris.)

L'espoir de Dante était, bien entendu, tourné vers le paradis, mais également, et de façon pressante, vers la perfection terrestre. Aussi l'exhortation et les prophéties de Béatrice concernent-elles, non pas la perfection céleste, mais l'accomplissement du Plan divin sur terre.

Le mouvement de progression présent dans le cycle des 3 âges parfaits (qu'évoquait déjà saint Bonaventure) régit également les vertus théologales, et les membres de la Trinité. La perfection de l'Eden, le premier âge, fut gâtée par l'imperfection d'Adam, créature du Père ; à son tour, le péché d'Adam fut racheté par la venue du Fils et l'institution de l'Église. Pourtant cette « plénitude des temps » portait en elle le germe de l'imperfection car l'Église (dans le Christ) et l'État n'étaient pas en harmonie consciente, ce qui explique les persécutions. La troisième et ultime perfection verra cependant l'Église et l'État en harmonie, remplissant chacune ses propres fonctions.

La coïncidence du premier Âge d'or avec la Création due au Père, et du deuxième, avec le Salut dû au Fils, laissait présager que la restauration à venir serait, comme le croyaient les spirituels, l'œuvre du Saint-Esprit. L'Empire était né sous le Père. La venue du Fils avait fondé l'Église. La paix et l'amour à venir dans l'harmonie de l'Église et de l'État ne devaient-ils pas être l'œuvre de la troisième Personne de la Trinité ? En effet, l'Echelle et l'Aigle se complètent dans les flammes ardentes de l'Amour, et le souffle commun du Père et du Fils engendre l'Esprit saint. La vertu d'amour, déléguée au Saint-Esprit, était d'ordinaire considérée comme la perfection ultime. Ainsi, lorsque Albert le Grand nomme « charité » la vertu du dernier âge[245], il fait référence à la régénération spirituelle. Si la terre est le miroir du ciel, il est possible que l'amour soit la « vertu » de régénération terrestre escomptée par Dante.

Avant d'envisager la vraisemblance de telles implications dans la *Comédie*, il convient d'examiner le lien qui semble rattacher Dante à Joachim de Flore, le plus illustre tenant du troisième âge, qui occupe une place prépondérante dans le poème. Selon la formule ambivalente de saint Thomas d'Aquin, il « annonça des choses vraies et d'autres qui étaient erronées[246] ». L'estime de Dante pour l'abbé calabrais apparaît dans la place qu'il lui assigne aux côtés de saint Bonaventure, et dans la description qu'il en donne, de la bouche même de ce dernier :

di spirito profetico dotato[247].
(doué de l'esprit prophétique.)

Cette affirmation intervient, de surcroît, à la fin du discours de saint Bonaventure, et semble introduire le troisième cycle (celui du Saint-Esprit).

L'exaltation mystique qui les anime tous deux, et la foi dans l'Amour primordial sur lequel ils insistent l'un et l'autre dans leurs écrits, établissent, en effet, une parenté entre le poète et le prophète. L'un et l'autre, ils participèrent à un mouvement de

---

244. *Paradis*, XXV, 43-45.
245. *Sermo XVI, De tempore.*
246. *Summa theologica*, III, qu. 77, art. 2.
247. *Paradis*, XII, 141.

réaction contre la corruption flagrante de l'Église temporelle. La division du temps en 3 parties que l'on trouve chez Joachim peut, par conséquent, avoir inspiré la théorie cyclique de Dante et, pour une part, sa définition des 3 âges. Selon Joachim, le premier âge, celui du Pouvoir et de la crainte, commença avec Adam et prit fin avec le Christ. L'homme vivait alors selon la chair, sans jamais atteindre la liberté de l'esprit. Le deuxième âge, celui du Christ, oscille entre la chair et l'esprit, et se caractérise par la Sagesse. L'homme y jouit d'une liberté plus grande que par le passé, mais toute relative au regard de l'avenir. Le troisième âge, enfin, est celui de la perfection ultime de la paix, de l'amour et de la liberté sous l'Esprit saint[248]. L'Ancien Testament fut le guide du premier âge, le Nouveau Testament celui du deuxième, mais « l'Évangile éternel » du troisième âge sera écrit dans le cœur des hommes, « car la lettre tue et l'esprit vivifie[249] ».

Henry W. Wells a montré comment cette conception d'une progression cumulative des 3 Personnes de la Trinité (chacune apportant des qualités nouvelles, et culminant dans la Troisième) inspire le schéma des 3 étapes de la vie développé dans la *Vita* de *Pierre le Laboureur*[250]. Lorsqu'il apprend qu'il y a 3 étapes de la vie, et non 2, le pèlerin ne peut contenir sa surprise. La définition de ces étapes, ainsi que la relation qu'elles entretiennent avec les Personnes de la Trinité, sont résumées par Wells de la façon suivante :

BONNE-VIE (Do-well)	VIE-MEILLEURE (Do-bet)	VIE-PARFAITE (Do-best)
Vie active des études intellectuelles et des fonctions sacerdotales ; *Activa Vita* ;	Vie contemplative ; discussion sur les ermites fervents ;	Vie active exprimée dans l'Église concrète, ou *Unitas* ; particulièrement la direction épiscopale ;
Gouvernement de soi-même ; les 10 Commandements et les 7 Péchés ; figures allégoriques et allusions à des faits contemporains ;	Renoncement ; les 3 Vertus contemplatives ou chrétiennes ; nombreux personnages bibliques ;	Soin des âmes ; les 4 Vertus actives ou morales ; figures allégoriques et allusions à des faits contemporains ;
Protection du Père	Protection du Fils	Protection du Saint-Esprit

Il est difficile d'établir jusqu'à quel point Dante partageait les vues de Joachim. Papini est assez convaincu de leur affinité pour suggérer, avec plus d'ingéniosité que

248. Gardner, *Dante and the Mystics*, pp. 189-190.
249. Gebhart, *Mystics and Heretics in Italy*, p. 86. Il apparaît à l'évidence dans les écrits de Joachim que le fameux Évangile éternel ne sera pas un document écrit. Il n'empêche qu'un livre de ce genre, diversement attribué à Jean de Parme ou à Joachim, fut effectivement condamné ou interdit par la Commission d'Anagni en juillet 1255 (Lea, *History of the Inquisition*, III, 22). Il est possible que les textes de Joachim aient été rassemblés sous le titre d'« Évangile éternel », comme le croit Lea ; ou, comme le soutient Rousselot, il se peut qu'un tel volume ait été forgé de toutes pièces pour embarrasser les dominicains et les franciscains qui y auraient été présentés comme les vicaires temporels du troisième âge (cf. *Roman de la Rose*, 12442-12634). Les spirituels franciscains avaient adopté avec empressement la doctrine de Joachim (Lea, *op. cit.*, III, 13).
250. « The Construction of *Piers Plowman* », PMLA XLIV, 123-140.

de vraisemblance, que le *veltro* renvoie au Saint-Esprit. Il voit la clé de l'énigme dans 6 lettres de l'Évangile éternel lui-même : **V** ang **EL** e **T** e **R** n **O**[251].

Sans aucun doute, sur de nombreux points, Dante était en accord avec Joachim et les spirituels[252]. Lui aussi plaçait sa foi dans les ordres mendiants, et voyait en eux le soutien d'une Église vacillante[253]. Sa doctrine de l'amour est en parfaite concordance avec la prédication des spirituels, dont cet esprit devait imprégner le troisième âge. Comme eux, il désirait un règne de paix et d'amour sur terre ; comme eux, il considérait comme vacant le siège pontifical[254], et voyait en son titulaire de l'époque, ainsi que dans l'Église qu'il dirigeait, la prostituée de Babylone. En vertu du jeu de ces correspondances, il apparaît fort probable que « le grand refus[255] » ait été opposé par Célestin V. Enfin, il est également indéniable que l'Enfer, le Purgatoire et le Paradis, ainsi que la progression qu'ils impliquent, présentent une image voisine de la conception joachimite des 3 âges, jusque dans la libération partielle conquise au Purgatoire (*In exitu Israel de Aegypto*)[256] et la liberté pleine et entière atteinte au sommet (Dante couronné et mitré)[257].

L'aspiration à l'autonomie respective de l'Église et de l'État, présentée comme inhérente au troisième âge, est propre à Dante. En revanche, de toute évidence, le poète ne pouvait concevoir une distinction des trois Personnes de la Trinité aussi radicale que celle proposée par Joachim. S'il a repris, sous une forme plus nuancée, cette théorie, du reste bien connue, c'est plutôt pour l'adapter à ses propres fins aussi bien didactiques que poétiques. La définition des 3 âges proposée par Dante peut se résumer ainsi :

Premier Âge : création de l'homme par le Père. À l'Âge d'or du Jardin d'Eden, succède la faute d'Ève, et son châtiment par le Dieu de Colère. L'Enfer reçoit ses premiers occupants humains. La recherche tâtonnante de la Lumière conduit à la monarchie, appelée à gouverner la vie civile, ainsi qu'à la découverte des vertus cardinales. L'Esprit saint est insufflé aux Juifs. Naissance de David, précurseur du Christ. Si le Père, le Fils et le Saint-Esprit sont présents à tous les âges, le Pouvoir du Père l'emporte nettement en ce premier âge. La Foi des Juifs est la vertu dominante. Ce que cet âge a apporté aux hommes, c'est avant tout la perfection de la vie civile, dont le Noble Château est une illustration, l'Empire qui « a connu son entière vertu lorsque l'Église n'existait pas[258] ».

Deuxième Âge : celui de l'avènement du Fils, de la Lumière, de l'Espérance. Perfection momentanée de l'Église et de l'État. Institution du Purgatoire. Révélation des vertus théologales. Dégénérescence inéluctable, marquée par l'effondrement de l'Empire, et par la corruption de l'Église. Cet âge se caractérise par l'accomplissement de la vie contemplative, et par la fondation de l'Église, dont l'apothéose est représentée par la procession du Paradis terrestre.

251. *Dante vivo*, p. 284.
252. Cf. De Salvio, *Dante and Heresy.*
253. *Paradis*, XII, 38.
254. *Ibid*, XXVII, 10.
255. *Enfer*, III, 59.
256. *Purgatoire*, II, 46.
257. *Ibid.*, XXVII, 142.
258. *De monarchia*, III, 13, 268.

Troisième Âge : celui de l'ultime perfection terrestre. Règne de la paix et de l'amour. L'univers entier converge dans l'union harmonieuse de l'action et de la contemplation, de l'Église et de l'État, de l'Échelle et de l'Aigle. La Lumière du Fils a montré la voie : il suffit de la Volonté pour l'accomplir. Et la Volonté, ou « Fruition », selon le terme employé par saint Thomas d'Aquin, correspond à la Charité (l'Amour), comme la compréhension correspond à l'Espérance, et la vision à la Foi[259]. Dante est également convaincu que l'Amour est la force qui inspire l'activité humaine[260] : c'est l'Amour qui incite Béatrice à s'employer au salut de Dante[261]. C'est « l'activité de charité » et, sous le signe de cette charité, saint Dominique qui

> *con dottrina e con volere insieme*
> *con l' officio apostolico si mosse*
> *quasi torrente ch'alta vena preme ;*
> *e ne li sterpi eretici percosse*
> *l'impeto suo, più vivamente quivi*
> *dove le resistenze eran più grosse*[262].

> (avec sa doctrine et sa volonté tout ensemble,
> entra dans son office apostolique
> comme un torrent qu'une source élevée précipite.
> Et son impétuosité attaqua plus vivement
> les rejetons de l'hérésie,
> là où les résistances étaient les plus fortes.)

La « vie » qui culmine dans l'action et la contemplation était définie dans la Vie de Prélat du Moyen Âge, laquelle est *active* dans l'enseignement de la *contemplation* – à l'instar de Béatrice. Son type est le Christ. C'est la leçon de *Pierre le Laboureur*[263] :

> *Do-wel my friend is,*
> *To doon as lawe techeth ;*
> *To love thi friend and thi foo,*
> *Leve me, that is Do-bet ;*
> *To gyven and to yemen*
> *Bothe yonge and olde,*
> *To helen and to helpen,*
> *Is Do-best of alle.*
> *And Do-wel is to drede God,*
> *And Do-bet is to suffre,*
> *And so cometh Do-best of bothe*[264].

> (Bonne-Vie, mon ami, c'est
> agir selon ce que la Loi enseigne ;
> Aimer ton prochain et ton ennemi,
> Comme moi, c'est Vie-Meilleure ;
> Donner et apporter
> Aux jeunes et aux vieux,
> Soigner et aider,

---

259. *Summa theologica*, I, qu. 12, art. 7 ; cf. saint Bonaventure, *Sentences*, I, dist. II, pars 2, art.1, qu.1. Cette progression correspond aussi fonctionnellement aux degrés du bien et du mal : en esprit, en parole, en action ; ou aux 3 étapes du chemin de la vertu : la contrition, la confession, la satisfaction.
260. *Purgatoire*, XVII.
261. *Enfer*, II, 72.
262. *Paradis*, XII, 97-102.
263. Cf. *supra*, p. 130.
264. Vers 5580-5590 (éd. Wright). Ces vies étaient censées correspondre à Luc, VI, 27-30. Cf. les commentaires sur Luc de Bonaventure et d'Albert le Grand.

C'est, au-dessus de tout, Vie-Parfaite.
   Et Bonne-Vie, c'est craindre Dieu
Et Vie-Meilleure, c'est souffrir,
C'est ainsi que Vie-Parfaite découle des deux.)

Nous avons là une version succincte des 3 âges de Dante : le premier, celui de la crainte et de la loi, sous le Père ; le deuxième défini par l'humilité du Christ ; le troisième se caractérise par la charité, vertu du Saint-Esprit, et vient couronner les deux précédents.

Comme je l'ai déjà signalé, l'Amour, le 3, est la force d'unification qui met en harmonie les membres de la dyade instable

   con l' atto sol del suo etterno amore[265].

(par le seul acte de son éternel amour.)

Ainsi, les dyades de *La Divine Comédie* finissent toutes par s'unifier. L'itinéraire de Dante est orienté vers la gauche en Enfer, vers la droite au Purgatoire. Au Paradis, il cesse de suivre un mouvement courbe, et monte, sans effort, puisqu'il est pris dans le mouvement de rotation des cieux. Dans l'Âge d'or, la gauche et la droite, l'arbre et la croix, se confondent, si bien que le mouvement tournant n'existe plus. Comme le disait déjà saint Augustin, la gauche et la droite sont toutes deux nécessaires à la complétude[266].

Dante eut lui-même deux précurseurs : Énée et saint Paul, figures de l'État et de l'Église. Le troisième, dans l'ordre chronologique, il célèbre ses deux prédécesseurs. Dante est aussi le troisième poète du Purgatoire. Au sein de la triade, Virgile est le poète de l'Empire, qui connut son apogée sous le règne du Père[267]. Le Noble Château est la quintessence de cet âge ; il voit le règne des vertus cardinales, dussent-elles illuminer le visage de Caton. On y rencontre également les chantres de l'Aigle qui acceptent Dante comme sixième membre de leur confrérie – 6 est le nombre de la perfection terrestre.

Stace, le deuxième poète de la triade, n'apparaît qu'au Purgatoire où il représente l'âme qui s'élève à la vie spirituelle, dans le royaume de la Sagesse, de Lucie et du Christ. Stace se révèle de la même façon

   che Cristo apparve a' due ch' erano in via[268].

(que le Christ apparut à deux hommes qui étaient sur la route.)

Pour atteindre le Purgatoire, il faut gravir les 3 marches qui parachèvent le premier cycle[269]. L'expiation du péché est l'Espérance apportée par le Christ. Lucie, la Lumière, vient seconder Dante sur sa route. La gloire au sommet du Purgatoire est représentée par la procession de l'Église. Dante y voit la deuxième floraison de l'arbre à l'avènement du Christ. Toute cette partie porte témoignage des temps du Fils. Le Noble Château

---

265. *Paradis*, VII, 33. La force unifiante du Saint-Esprit sous-tend également la *Prière* de Skelton aux membres de la Trinité.
266. *Traité sur la grâce et le libre arbitre*, Lettre II, 6-7 ; *Écrits contre le pélagisme*, III, 10-11 ; « Ne dévie ni à droite ni à gauche » (Proverbes IV, 27 ; *Cité de Dieu*, II, 57).
267. Scartazzini estime, à juste titre, à mon avis, que Virgile est le symbole de la monarchie universelle de Rome ; *A Companion to Dante*, p. 444.
268. *Purgatoire*, XXI, 8.
269. Cf. *supra*, pp. 126-127.

de l'Enfer était « sans le Christ ». En revanche, l'Église parfaite, qui éclaire le chemin de la Vie contemplative, ne pouvait, en aucun cas, exister avant la venue du Fils.

Dante est l'unique poète du Paradis. Il y voit fleurir éternellement la Rose céleste. Cet ultime symbole de la Vie spirituelle éternelle conserve le souvenir de la terre, comme en témoigne d'abord l'apparition du trône de l'empereur Henri. Il n'y a, en outre, rien d'étonnant, compte tenu de la nature polysémique de *La Divine Comédie*, à ce que l'ultime perfection du Paradis évoque, par anticipation, la perfection terrestre. La Rose céleste préfigure peut-être la troisième floraison de l'arbre d'Adam. En elle s'unissent l'Ancien et le Nouveau Testament, l'action et la contemplation, dans l'harmonie que nous avons déjà vue dans l'Aigle. De même, contrastant avec l'Enfer et le Purgatoire, le troisième royaume est pénétré de l'esprit d'Amour, comme l'était l'emblème de l'Aigle. Le voyage spirituel de Dante révèle, en définitive, les fins temporelles poursuivies par le poète lui-même : union harmonieuse du Père et du Fils, de l'action et de la contemplation, de l'État et de l'Église, dans le souffle du Saint-Esprit. Plus qu'un reflet symbolique de l'uniformité du Grand Dessein, il en est une répercussion.

Nous avons constaté le lien qui existe entre Béatrice et l'Amour, entre Béatrice et le Saint-Esprit. Au Paradis terrestre, elle représente la troisième Personne de la Trinité ; une fois que le Christ a accompli sa mission, une fois qu'il a redonné vie à l'arbre d'Adam, c'est à elle qu'incombe la tâche de veiller sur l'Église. C'est Béatrice qui conduit Dante vers le Paradis, c'est elle qui l'engage à répéter au monde ce qu'il a vu,

<blockquote>
la pianta
ch' e or due volte dirubata quivi[270].
</blockquote>

<blockquote>
(l'arbre
qui, par deux fois, a été ici profané.)
</blockquote>

Il devra aussi répéter la prophétie de Béatrice au sujet du salut prochain[271], et de la troisième restauration – probable – de l'arbre.

L'image du cercle, qui apparaît dans la ronde des 3 apôtres, comme dans l'ultime vision de la Trinité, est reprise une troisième fois sous une forme énigmatique dans le ciel du Soleil. Là encore, on trouve 2 cercles, rejoints plus tard par un troisième. On peut identifier les deux premiers, suivant leur ordre d'apparition, avec[272] :

1. les dominicains, la vie active, l'État, les Chérubins, la Sagesse ;
2. les franciscains, la vie contemplative, l'Église, les Séraphins, l'Amour.

L'apparition d'un troisième cercle peut alors surprendre. Pourtant, c'est selon un schéma rigoureusement identique que la lumière de Jean (la Charité) apparaissait à Pierre (la Foi) et à Jacques (l'Espérance). Aussi, parvenu à ce cercle, Dante s'exclame-t-il :

<blockquote>
Oh vero sfavillar del Santo Spiro[273].
</blockquote>

<blockquote>
(Ô véritable reflet du Saint-Esprit !)
</blockquote>

270. *Purgatoire*, XXXIII, 56-57.
271. *Ibid.*, XXXIII, 43-45, 52.
272. Cf. *supra*, p. 124.
273. *Paradis*, XIV, 76.

Les lumières qui marquent la figure de l'Aigle seront également décrites comme

lo sfavillar de l' amor[274].

(le rayonnement de l'amour.)

À la différence de celles des autres cercles, les lumières qui constituent le troisième ne sont pas nommées, comme si les êtres destinés à l'occuper n'étaient pas encore connus, ou n'avaient pas encore rejoint leur demeure céleste. Le mystère qui l'entoure le rattache à d'autres prophéties obscures de Dante au sujet de la troisième perfection, non encore réalisée, de la Terre. Le troisième cercle porte donc en lui le principe de l'ultime perfection de l'Amour, ou de l'Esprit saint, qui réunit les rois et les prophètes, les docteurs et les mystiques, dans l'Unité ou, mieux encore, dans la Trinité.

La relation explicite entre les deux cercles évoqués et les ordres angéliques les plus élevés vient conforter cette idée. Si l'on s'en tient à l'ordre d'apparition – les chérubins précèdent les séraphins – il ne peut y avoir de cercle supérieur. Le troisième cercle représente alors inévitablement le troisième ordre de la première hiérarchie, les Trônes. Dans le *Convivio*, c'est à cet ordre que Dante avait assigné la contemplation du Saint-Esprit[275]. Or la description que fait Béatrice des 3 premiers ordres rappelle fortement l'apparition des 3 cercles :

> *I cerchi primi*
> *t' hanno mostrati Serafi e Cherubi.*
> *Così veloci sequono i suoi vimi,*
> *per somigliarsi al punto quanto ponno ;*
> *e posson quanto a veder son sublimi.*
> *Quelli altri amor che dintorno li vonno,*
> *si chiaman Troni del divino aspetto,*
> *per che 'l primo ternaro terminno*[276].

> (Les premiers cercles
> t'ont montré les séraphins et les chérubins.
> Ils suivent avec rapidité leur attraction,
> afin de s'assimiler au point autant qu'ils peuvent ;
> et ils peuvent selon qu'ils voient de plus haut.
> Les autres amours qui vont autour d'eux
> s'appellent trônes du regard divin
> parce qu'ils terminent le premier ternaire.)

Notons que les Chérubins et les Séraphins sont présentés couplés, et inscrits dans le troisième cercle qui figure le Soleil, formé par les Trônes, eux-mêmes troisième élément de la triade. En toute rigueur, les Séraphins auraient dû apparaître les premiers, dans le cercle intérieur. Dante ici a voulu mettre l'accent, non pas sur les fonctions respectives des anges, mais sur les représentations angéliques de l'action et de la contemplation. C'est pourquoi, dans son schéma, si l'action précède la contemplation, elles apparaissent, pour finir, complémentaires l'une de l'autre, inscrites dans une union harmonieuse.

Saint Dominique et saint François, types des 2 premiers cercles, avaient pour mission de guider vers les 2 félicités :

274. *Ibid.*, XVIII, 71.
275. *Convivio*, II, 6, 85-89. Dante change l'ordre dans la *La Divine Comédie,* mais la fonction demeure la même.
276. *Paradis*, XXVIII, 98-105.

due principi ordino in suo favore,
que quinci e quindi le fosser per guida.
L' un fu tutto serafico in ardore ;
l' altro per sapienza in terra fue
di cherubica luce uno splendore [277].

([La Providence] établit en sa faveur deux princes
pour la guider dans la charité et la sagesse :
l'un fut tout séraphique par son ardeur ;
l'autre par sa grande sapience fut sur terre
un reflet de la lumière des chérubins.)

C'est donc en eux que réside le principe de la félicité humaine. Il suffit de la Volonté pour rendre ce principe effectif, il suffit d'amener à leur plein développement les fonctions respectives de l'action et de la contemplation, concrétisées dans l'État et dans l'Église. C'est pourquoi un troisième cercle est requis, un cercle d'Amour, où l'Amour assume la fonction du Vouloir [278], un cercle des Trônes qui contemplent le Saint-Esprit, car le Saint-Esprit procède du Vouloir [279], et veille à l'exécution de la Volonté divine [280]. Le poète laisse ici entendre que le troisième cercle sera le ressort de l'action terrestre à venir, et que les personnages auxquels il est réservé se trouvent encore sur terre. S'il en est ainsi, Dante, dont la *Divine Comédie* est, en partie, une exhortation à l'action, est le porte-parole de ce cercle.

Pris dans ce réseau d'images, les 3 songes de Dante au Purgatoire, étroitement liés les uns aux autres, prennent une signification plus précise, et semblent une figuration du salut du poète. Dans le premier songe, il est emporté vers le haut – de même que, dans la *Vita Nuova* [281], son esprit (littéralement : ses « soupirs ») était élevé par la vision de Béatrice. Dans le deuxième songe, apparaît la Sirène qui détourne les hommes de la Voie de la Vérité [282], tout comme « Philosophie » avait induit Dante en erreur. La véritable nature de la Sirène lui est ici probablement révélée par la Lumière de Lucie. Dans le troisième songe, la vision de Léa et de Rachel illustre l'ultime prise de conscience par Dante de ce que « la nature humaine telle qu'elle existe ici-bas n'a pas une seule jouissance, mais deux, à savoir la vie civile et la vie contemplative ».

Le premier songe s'impose au poète alors qu'il est endormi dans la vallée des Rois, en compagnie de quatre autres personnages (5 est le nombre des figures composant la paupière de l'Aigle). Dante, comme jadis Ganymède, fils de Tros et ancêtre d'Énée, est saisi par l'Aigle, symbole de Rome et de l'Empire. Il sera ensuite dirigé vers les 3 étapes du premier cycle par Lucie, la Lumière, l'Espérance, et découvrira, guidé par la Sagesse, l'imperfection du deuxième cercle qui poursuivait, en la personne de la Sirène, des visions fausses du bien. Si nous pouvions voir en la vieille femme qui bégaie une évocation de la prostituée qu'est l'Église défaillante, tout cela serait parfaitement cohérent. Le troisième songe, enfin, a lieu au-dessous de Cythère,

che di foco d' amor par sempre ardente [283].

(qui paraît toujours brûlante du feu d'amour.)

277. *Ibid.*, XI, 35-39.
278. Cf. *supra*, p. 132.
279. Cf. Thomas d'Aquin, *Summa theologica*, II-II, qu. 17, art. 7-8.
280. *Ibid.*, I, qu. 108, art. 6 : « *Throni dicuntur secundam Gregorium, per quos Deus sua judicia exercet.* »
281. *Vita Nuova*, XL, 21 et *sq.*
282. *Purgatoire*, XIX, 22-23.
283. *Ibid.*, XXVII, 96.

Dante croyait naguère que cette planète était celle de l'Amour du Saint-Esprit[284], et qu'elle était régie par les Trônes. Sous la planète de l'amour, il a la vision du principe ultime de la dualité. À la fin du rêve, il est couronné et mitré, représentation figurée de son accession à la perfection du Troisième Âge et du Paradis terrestre.

En arrière-plan de cette trame symbolique, la visée profonde, morale ou spirituelle, de Dante est d'« arracher ceux qui vivent dans cette vie à l'état de misère et [de] les conduire à l'état de félicité » – l'état de félicité dont l'emblème n'est autre que le nombre 8. Nous l'avons rencontré dans la huitième étape du Purgatoire et dans les 8 personnages de la fraction supérieure de la Rose. Ce nombre, à la différence de 1 ou de 3, signale non un commencement, mais un retour à l'unité originelle, de même que la huitième béatitude répète la première, et que le huitième jour est le premier jour de la semaine suivante[285]. Cette octave ultime relie entre eux les divers épisodes et images de *La Divine Comédie*. L'articulation minutieuse des étapes du voyage du poète reflète la destinée spirituelle et temporelle de l'homme.

Les 6 jours de traversée de l'Enfer et du Purgatoire sont indubitablement une évocation du voyage de l'humanité à travers les 6 âges terrestres. Le septième est le sabbat final du monde, l'âge de la Résurrection finale. Aussi est-ce le septième jour que Dante accède au Paradis terrestre[286] : c'est à midi, ce jour-là, qu'il quitte le monde temporel pour le monde spirituel, et s'élève jusqu'au Paradis éternel[287]. Le septième jour est aussi celui de son ascension à travers tous les cieux. Ensuite, le texte ne comporte plus d'indication temporelle, jusqu'au moment où Dante atteint le ciel étoilé des Rachetés.

Le huitième âge est celui de la Rédemption finale, éternelle et intemporelle. Dante, pris dans le mouvement giratoire des cieux, avait perdu la conscience du temps, mais en observant l'arc entier du mouvement céleste, il découvre qu'il s'est déplacé

> per tutto l' arco
> che fa dal mezzo al fine il primo clima[288]

([par] tout l'arc
qui fait, du milieu à la fin, le premier climat)

depuis le dernier regard qu'il a jeté en bas – il avait alors aperçu Jérusalem, qui constitue le milieu (selon une ligne Est-Ouest) du premier climat[289]. Pour monter vers le Paradis, il est passé au-dessus de la Montagne du Purgatoire à midi, le septième jour. Auparavant, aucune mention du temps n'a été faite. Si le premier regard qu'il a jeté en bas a une signification temporelle, 12 heures au moins se sont écoulées depuis son ascension (du Purgatoire à Jérusalem, il y a 180°, soit 12 heures, si Dante se déplace avec le soleil. Or le soleil se trouve alors à quelque 40° devant lui[290]. Son ascension se déroule donc sur plus de 12 heures). Il est difficile de préciser le moment du passage du septième au huitième jour ; cependant, les deux visions qui s'imposent au poète au huitième ciel des Rachetés impliquent qu'il a atteint le huitième âge, l'âge final de la Rédemption.

---

284. *Convivio*, II, 6, 109-126.
285. Cf. *supra*, p. 65.
286. *Purgatoire*, XXVII, 94-95.
287. *Paradis*, I, 43-45.
288. *Ibid.*, XXVII, 80-81.
289. *Ibid.*, XXII, 151-153 ; XXVII, 81. Cf. la note et l'argumentation de l'édition de Grandgent ; également l'édition de Torraca, XXVII, 79-87 notes ; également Moore, *Studies*, III, 62-71.
290. *Paradis*, XXII, 152.

Ce vingt-septième chant, qui introduit le huitième jour, contient enfin l'expression ultime de la théorie cyclique. En présence de Dante, la « lumière » d'Adam se joint aux 3 « flambeaux » des vertus théologales, de même que la croix s'unissait à l'arbre[291]. Dante a vu la perfection du premier âge, tour à tour, dans le Noble Château des Limbes, en la personne de Caton et dans le Paradis terrestre. Il a contemplé la perfection du deuxième âge lors de la venue du Christ, dans l'arbre en fleur du Paradis terrestre, restauré dans sa splendeur primitive après une longue stérilité.

La troisième perfection annoncée par Béatrice, qui dirige à présent le char, est illustrée dans le Paradis par les cercles, l'Aigle, les 3 apôtres et la Rose. Ici, toutefois, c'est à une représentation symbolique de l'événement réel que Dante assiste. Comme Béatrice, Pierre évoque à son tour l'histoire de la deuxième ère – les 300 ans de soumission, et la transgression qui les suivit – et prescrit à Dante de la divulguer[292]. Lorsque le poète dirige son regard vers le bas, c'est pour constater qu'il s'est déplacé « du milieu à la fin[293] ». Au moment où il regarde en arrière, vers « le passage insensé d'Ulysse[294] », Ulysse qui fit toujours voile vers la gauche[295], il est arrivé à la fin, dans tous les sens du terme – la fin qui est aussi le commencement, le *Primum Mobile*.

Le cycle est achevé, puisque l'Amour primordial qui créa Adam est revenu à sa source, grâce à l'action des vertus théologales. Dans la Rose, Béatrice est ramenée du côté de Marie, du côté du pouvoir d'engendrement, et dans le fil de son discours sur la nature du temps, elle rappelle que la peau blanche de la « fille » du soleil devient noire[296]. Quant aux propos de Pierre, ils semblaient évoquer l'imperfection de l'Église, ou de Rome, qui connut son apogée sous l'astre double de l'Église et de l'État. Mais Dante reçoit l'assurance de l'avènement d'une restauration lorsque

verro frutta verrà dopo 'l fiore[297].

(le vrai fruit viendra après la fleur.)

La « fleur » ne peut guère évoquer les temps sombres que vivait le poète. Elle rappelle plutôt l'arbre en fleur de l'époque du Christ, et annonce une troisième régénération après la seconde période de stérilité. Alors sera réalisée la perfection du 3, à la fois 1 et tout, dans le Ciel comme sur la terre.

---

291. *Ibid.*, XXVII, 10-12.
292. *Ibid.* XXVII, 43-46, 64-66.
293. *Ibid.*, XXVII, 81.
294. *Ibid.*, XXVII, 82-83.
295. *Enfer*, XXVI, 126. Ulysse, qui représente la recherche de la sagesse avant la venue de la Lumière, ne put jamais revenir sur ses pas, contrairement à Dante, qui compensa la gauche par la droite jusqu'à ce que l'équilibre soit atteint et qu'il puisse poursuivre tout droit. Ulysse tourna 3 fois sur lui-même, puis il sombra. Dante se trouva face à 3 bêtes mais fut sauvé par Béatrice.
296. *Paradis*, XXVII, 136.
297. *Ibid.*, XXVII, 148.

APPENDICE

LE SYMBOLISME DES NOMBRES
DANS LE PAGANISME NORDIQUE

L e manque de temps et l'insuffisance des connaissances m'ont obligé à passer sous silence quelques nombres symboliques qui ne sont pas directement liés à la triple tradition babylonienne, pythagoricienne et chrétienne, et dont l'origine est vraisemblablement germanique ou celtique, puisqu'on les trouve surtout dans les fragments de littérature nordique qui nous sont parvenus. Je me contenterai ici de quelques remarques à leur sujet, laissant aux spécialistes le soin de plus amples recherches éventuelles.

On constate sans surprise l'importance symbolique de la triade : elle a une valeur généralement statistique, et souvent liée à la religion. Les peuples scandinaves privilé-gièrent, entre autres, les 3 Nornes, les 3 couleurs de l'arc-en-ciel, les 3 racines d'Igdra-sil[1], et 3 dieux, Odin, Thor et Frey[2]. La mythologie germanique obéit à un schéma analogue. Les peuples celtiques adoraient également des divinités triples[3]. Les anciens peuples gaéliques divisaient le jour en 3 parties[4]. Les Irlandais célébraient 3 fêtes annuelles[5]. Les triades étaient nombreuses chez les Gallois : les « 3 pillages fructueux », les « 3 mauvaises résolutions », les « 3 bardes frivoles », les « 3 inventeurs »[6] étaient apparemment très prisés du conteur et de son auditoire. Les lettres de l'alphabet gallois étaient composées de 3 éléments[7].

Le 12 zodiacal était, semble-t-il, bien implanté chez la plupart des peuples nordi-ques. La mythologie des *Edda* témoigne d'un savoir astrologique considérable : elle

---

1. Thorpe, *Northern Mythology*, I, 11-12.
2. Olrik, *Viking Civilization*, pp. 44-45 ; MacCulloch, *Mythology of All Races*, III, 68.
3. MacCulloch, *The Religion of the Ancient Celts*, p. 34.
4. Rhys, *Lectures on the Origin and Growth of Religion*, p. 354.
5. Joyce, *A Social History of Ancient Ireland*, II, 388.
6. Chambers, *Arthur of Britain*, pp. 78-80.
7. Rhys, *Lectures*, p. 268.

évoque 4 régions, et des pis de la vache sacrée coulent 4 filets de lait. Le même mythe de création évoque encore 12 fleuves[8]. Aux côtés d'Odin, 12 dieux demeuraient à Gladsheim, et Odin lui-même était connu sous 12 noms différents[9]. Un récit compte 12 Walkyries, dont 6 chevauchent vers le nord, et 6 vers le sud[10], en parfaite correspondance avec la division traditionnelle des maisons du zodiaque[11]. Thorpe a trouvé la plus ancienne mention d'un calcul régulier fondé sur l'année solaire de 364 jours, ou 12 mois, entre 950 et 970 de notre ère[12]. La prépondérance insolite du nombre 12 dans la tradition nordique, alors qu'il est d'un usage plus restreint dans les récits chrétiens, suffit à prouver qu'il ne s'agissait pas là seulement d'un emprunt tardif. La mythologie celtique, sur ce point, s'écarte de la tradition nordique : la douzaine y revêt une importance moindre, et peut fort bien avoir été reprise des civilisations méridionales.

La même incertitude pèse sur le nombre 7, que l'on retrouve souvent dans les récits nordiques, dénué toutefois des connotations et de la valeur symbolique dont une tradition plur020séculaire a chargé en Orient ce nombre entier sacré. Dans la tradition nordique, ce sont les nombres 8 et 9 qui désignent une période ou un groupe marqué par le destin et, partant, assument le rôle accordé au 7 par les civilisations méridionales.

Rhys[13] tente d'expliquer cette variante en rappelant l'existence d'une antique semaine aryenne de 8 jours. Le 9 s'y rattache aisément du fait que les Nordiques, lorsqu'ils calculent le temps, commencent par la nuit, et non par le jour, par l'hiver, et non par l'été, afin que le compte se boucle sur ces mêmes périodes néfastes, si sensibles dans les pays septentrionaux. Le mot irlandais *coicthiges*, qui désigne une durée de 15 jours, signifie littéralement « 15 nuits »[14], et le terme gallois *wythmos,* qui désigne une semaine de 7 jours, signifie littéralement « 8 nuits »[15]. Toutes les 9 nuits, 8 anneaux tombent de l'anneau d'Odin[16], signe, là encore, de l'emploi conjoint du 8 et du 9 pour désigner une semaine de 8 jours. Il est fort possible que la tradition qui représente Odin monté sur un coursier à 8 pattes constitue également une allusion de même ordre[17].

Les nombres 8 et 9, dans les pays nordiques, évoquent, en outre, les hivers de 8 ou 9 mois, inconnus des climats méridionnaux. Gering et Golther expliquent que la mer, dans l'extrême nord, est prise dans les glaces et les tempêtes de neige 9 mois durant[18]. Le conflit du chaud et du froid occupe une place décisive dans la mythologie des *Edda* et, comme dans toutes les traditions primitives, le cycle de la fertilité structure bon

8. Thorpe, *op. cit.*, I, 3-5.
9. *Ibid.*, p. 15.
10. *Ibid.*, p. 12.
11. Cf. *supra*, p. 23.
12. Thorpe, *op. cit.*, I, 129.
13. *Lectures*, 360-364.
14. Joyce, *op. cit.*, II, 391.
15. MacBain, *Celtic Mythology and Religion*, p. 64. Un décompte similaire par demi-années, commençant et finissant par l'hiver, est attesté. L'expression « 3 demi-années » est employée pour désigner une période dans la vie irlandaise de saint Molaisus (O'Grady, *Silva Gadelica*, II, 34). Dans le *Guthrunarkvitha* II, 7 demi-années représentent une période (st. 14). On peut déduire de ces deux exemples qu'il existait une unité de temps de 3 demi-années, qui pourrait expliquer les 540 portes et chambres du Walhalla (*Grimnismol*, st. 23-24) : en supposant une année de 360 jours, on aurait là exactement le total des jours d'un cycle hiver-été-hiver.
16. *Skirnismol*, st. 21.
17. Olrik, *op. cit.*, p. 31.
18. MacCulloch, *Eddic Mythology*, pp. 105-106, note 20.

nombre des plus fameuses légendes. Le *Lokasenna* raconte comment Loki, sous les traits d'une femme, passa 8 hivers sous terre, à traire des vaches, et donna même naissance à des enfants [19]. Gering voit en Loki le feu souterrain, présenté comme un élément féminin qui, par sa chaleur, engendre la végétation. Les 8 hivers sont les 8 mois d'hiver durant lesquels règne le froid, tandis que la chaleur se retire sous terre, et les vaches figurent la chaleur du printemps [20]. Le *Thrymskvitha* confirme cette interprétation : Thrym, le géant du froid, cache le marteau de Thor 8 milles sous terre – en effet, comme le souligne Gering, il n'y a pas d'orages en hiver – et la restitution de son marteau à Thor dépend du mariage de Thrym avec Freya, la déesse du Printemps [21].

Une autre variante nordique du mythe de Proserpine est celle de la dispute qui opposa Niörd, le souverain des mers, à son épouse Skaldi, déesse des patins à glace. Skaldi voulait vivre dans les montagnes, chez son père, à Thrymheim. Niörd, quant à lui, préférait la mer. Il fut finalement convenu qu'ils résideraient alternativement 9 mois à Thrymheim et 3 à Noatun. Lorsque Niörd descendait des montagnes vers Noatun, il chantait :

> Je n'aime pas les montagnes, je n'y reste pas longtemps,
> Neuf nuits seulement ;
> M'est plus doux le chant du cygne que le hurlement sauvage du loup [22].

À quoi Skaldi répliquait :

> Je dormais mal au bord de la mer
> À cause du cri des oiseaux de mer ;
> Chaque matin la mouette m'éveille
> Venue du large.

La déesse des patins à glace était autant hors de son élément durant les 3 mois d'été que le souverain de la mer l'était durant l'hiver.

Pour finir, le 9 s'imposa, au détriment du 8, comme symbole de la période d'hiver. D'une part, la mer demeurait inaccessible durant 9 mois ; d'autre part, cette durée approximative d'un hiver de 9 mois le faisait coïncider avec la période de la gestation humaine [23]. La vie végétale et la vie humaine demeuraient ainsi enfouies durant un laps de temps égal. Cette division de l'année en 9 mois d'hiver et 3 mois d'été était également préférable en ce qu'elle faisait apparaître le nombre primordial 3. Que cette considération ait eu son importance est confirmé par le nombre des Walkyries, tantôt 3, tantôt 9, et tantôt 3 fois 9 [24].

Odin lui-même subit le supplice de ces 9 mois, ainsi qu'il le reconnaît dans les célèbres vers du Havamal :

> Je sais que je fus suspendu
> À l'arbre agité par le vent
> Neuf nuits durant,
> Blessé par un javelot
> Consacré à Odin,
> Moi-même à moi-même ;

19. Strophe 23.
20. MacCulloch, *Mythology of All Races*, II, 145-146.
21. Strophe 7 ; MacCulloch, *ibid.*, pp. 88-89.
22. *Ibid.*, p. 104.
23. *Rigsthula*, strophe 20, 33.
24. MacCulloch, *Mythology of All Races*, II, 249.

Au grand arbre
Dont nul homme ne connaît
La racine.

À la racine de l'arbre du monde se trouvent les 9 mondes de Niflhel – l'« enfer sombre », « où séjournent les défunts »[25]. Adam de Brême évoque une fête de la fertilité à Uppsala, qui aurait duré 9 ans[26]. Selon Olrik, elle avait lieu tous les 9 ans, au moment de l'équinoxe, et durait 9 jours[27]. Dans le *Skirnismol*, une autre légende de la fertilité nous raconte comment Frey, frère de Freya et doté des mêmes attributs, fut contraint d'attendre 9 nuits avant de pouvoir épouser Gerda[28]. Heimdall, ennemi de Loki, gardien des dieux nordiques, était né de 9 géantes, aux confins du monde, où la mer et la terre se rejoignent[29]. Les 9 pas que fait Thor pour aller combattre le serpent marin, avant d'être vaincu (« mis à mort ») par ce dernier au retour de l'hiver, constituent sans doute une évocation du même cycle[30].

Le nombre 9, étroitement apparenté à la fertilité, à la religion et à la magie, devint donc l'équivalent nordique du 7, nombre magique des pays du Sud. Chez les Celtes, 81 hommes, se relayant par équipes de 9, avaient la garde du feu[31]. Le nombre 9 était également présent dans les rites des Belt[32] ; 9 sœurs, dont la première était Morgan, régnaient sur les Iles Fortunées[33] ; *Peredur* évoque 9 sorcières de Gloucester[34], et la *Vita Merlini* 9 dragons[35] ; Beowulf tua 9 *nicors*[36] ; Merlin avait 9 bardes[37] ; le cercle de pierre le plus célèbre, celui des 9 vierges[38], était peut-être en relation avec le Chaudron merveilleux de la Tête de Hadès, que faisait bouillir le souffle de 9 vierges[39].

L'emploi de 9, et de 3 fois 9, est apparemment plus fréquent dans les *Mabinogion* que celui des nombres ronds. Dans la Saga de Cuchullin, le nombre 9 est également très présent, évoquant la fertilité. Conchobar envoie 9 hommes chercher une femme pour Cuchullin[40], et sa maison (comme l'arbre du monde) est composée de 9 pièces, de 30 pieds chacune[41]. La figure de Conchobar est liée au calendrier : il suffit, pour s'en convaincre, de lire le récit qui rapporte comment il divisa le jour en 3 parties[42]. On sait que les Irlandais désignaient un certain laps de temps par le mot *nomaid*, ou *nomad*, qui signifie littéralement « 9 intervalles », à partir de *noi*, « neuf »[43]. Tylor[44]

25. *Voluspa*, st. 2 ; *Vafthrunthnismol*, st. 43.
26. MacCulloch, *Mythology of All Races*, II, 115.
27. *Viking Civilization*, pp. 44-45.
28. Strophe 40.
29. MacCulloch, *Mythology of All Races*, II, 153-154.
30. *Voluspa*, st. 55-56.
31. MacBain, *Celtic Mythology*, p. 159.
32. *Ibid.*, p. 165.
33. *Vita Merlini*, II, 916-926.
34. MacCulloch, *Mythology of All Races*, III, 191.
35. Vers 629-630.
36. Vers 575.
37. MacCulloch, *Mythology of All Races*, III, 201.
38. Lockyer, *Stonehenge*, p. 293.
39. Rhys, *Lectures*, p. 256.
40. Hull, *The Cuchullin Saga*, p. 60.
41. Il s'agit là, soit dit en passant, de la seule évocation d'un mois de 30 jours, qui appuie mon hypothèse d'une année de 360 jours chez les peuples nordiques (cf. *supra*, note 15).
42. Rhys, *Lectures*, p. 141.
43. Joyce, *Social History of Ancient Ireland*, pp. 391-392.
44. *Primitive Culture*.

ne connaît aucun système de comptabilité par 9 et Webster[45] affirme que les preuves de l'existence d'une semaine de 9 jours sont insuffisantes. Il semble pourtant difficile de ne pas reconnaître ici un écho du motif des 9 mois ou des 9 nuits qui hante la tradition scandinave.

Les chroniques arthuriennes de Layamon et de Geoffrey de Monmouth ignorent, pour ainsi dire, ce nombre, alors que les versions galloises lui accordent une place déterminante. Dans le *Livre de Taliessin*, Uther Pendragon revendique « le neuvième des exploits d'Arthur[46] ». Le 3 et le 9 sont tous deux très présents dans le *Preiddeu Annwfn* et dans le *Livre noir de Carmarthen*. Dans *Kulhwch et Olwen*, il est spécifié que Kei pouvait rester 9 nuits et 9 jours sans dormir, et que le javelot de Bedwyr infligeait 9 blessures quand on le retirait[47]. Chambers met ces deux exemples en relation avec la semaine celtique de 9 nuits. Peut-être ce même 9 est-il aussi à l'origine des 9 notables, et de l'expression anglaise « *a nine-days' wonder* » (« la merveille d'un jour »).

Plus mystérieuse encore que l'origine et la signification païennes du 9 est la prééminence du nombre 50 dans la tradition irlandaise. À côté de 7, de 12, à côté des nombres ronds d'usage, 50 ou 3 fois 50 semblent évoquer, plus qu'une grande quantité, une limite supérieure, profondément ancrée dans la tradition. Cuchullin fut aimé par 3 fois 50 reines[48], et, dans le *Voyage de Bran*, il rencontre 3 fois 50 femmes[49] ; 50 vierges se penchèrent sur son berceau[50], et il est coiffé de 50 tresses blondes[51] ; Caen, la vierge oiseau, porte un collier d'or d'où pendent 3 fois 50 chaînes[52] ; 3 fois 50 femmes accueillent Loeg à Mag Mell[53] ; Naisi et 2 de ses frères se rendirent en Écosse avec 3 fois 50 guerriers[54] – et la liste des occurrences, dans la tradition irlandaise, est loin de s'arrêter là.

La place prépondérante accordée au nombre 50, ainsi que la valeur symbolique de limite qui lui est attribuée, ne peuvent manquer de surprendre : pourquoi 50, de préférence à un autre chiffre rond de la tradition décimale ? Les Fomoriens extorquèrent aux Némédiens 50 mesures de blé, de lait, de beurre, et de farine[55]. Puis un tribut plus important fut exigé : non 100 ou 1 000, comme on s'y attendrait, mais 3 fois 50 centaines de vaches, de moutons et de porcs[56].

Le nombre 50 ne correspond, même approximativement, à aucun laps de temps ou phénomène naturel connus. Dans les romans chrétiens, 50, qui appartient au système décimal, est un chiffre rond commode, mais nullement privilégié. Pour l'Église, 50 est le nombre de la Pentecôte, mais cette référence ne semble pas présente dans la tradition irlandaise. Une seule autre tradition insiste sur le nombre 50 : le dieu babylonien du

45. *Rest Days*, pp. 192-193.
46. Chambers, *Arthur of Britain*, p. 61.
47. *Ibid.*, pp. 61-62, 64, 73-74.
48. MacCulloch, *Mythology of All Races*, III, 209.
49. *Ibid.*, p. 143.
50. Rhys, *Lectures*, pp. 433-434.
51. Hull, *The Cuchullin Saga*, p. 154.
52. MacCulloch, *Mythology of All Races*, III, 79.
53. *Ibid.*, p. 87.
54. *Ibid.*, p. 24.
55. *Ibid.*, p. 27.
56. O'Grady, « The Boromean Tribute », *Silva Gadelica*, II, 403.

soleil, Marduk, était connu sous 50 noms différents[57] : « Les dieux nomment les 50 noms de Nanib [Marduk] et le nom de 50 lui fut consacré, si bien qu'à l'époque de Goudéa, un temple fut réellement dédié au nombre 50[58]. » Le héros solaire est une figure centrale dans la mythologie celtique. Nutt lui reconnaît pour modèle Achille[59], et Rhys, Hercule[60]. Peut-être peut-on voir un ancêtre, plus ancien encore, de ce héros solaire en Marduk, lui aussi auteur d'un cycle de « travaux ». À côté de la figure de Cuchullin aux 50 tresses, un fragment de tablette chaldéenne évoque « le soleil aux 50 faces, armes dressées de la divinité[61] ».

Quelle que fût la signification originelle du nombre 50, il n'en conserve, dans les récits celtiques, qu'une faible trace. On le trouve une seule fois, sous la forme de 3 fois 50, en relation avec les 150 psaumes, eux-mêmes structurés selon la même répartition numérique. Dans le *Tribut des Boromés*, Adamnan fait mander par un prêtre Finnachta, qui refuse de se déplacer avant la fin de sa partie d'échecs. Lorsque le prêtre lui rapporte la réponse de Finnachta, le saint réplique : « Va lui dire qu'en attendant je vais chanter pour lui 50 psaumes, et qu'un de ces 50 psaumes privera du trône ses enfants, ses petits-enfants, et tous ceux qui portent son nom dans le royaume. » Finnachta a commencé une autre partie lorsqu'on lui communique ce message. Adamnan chante alors 50 autres psaumes, dont l'un doit raccourcir la vie de Finnachta, puis 50 autres, dont l'un doit empêcher Finnachta de trouver la paix du Seigneur[62].

Le nombre 50 fut enfin associé aux chevaliers de la Table ronde. Le *Roman de Merlin* évoque 50 chevaliers, le *Merlin* de Huth 150, et le *Roman de Brut* 250[63]. Malory, enfin, sans doute inspiré par les 150 psaumes, recourt à la fonction symbolique du nombre 150[64] dans la parabole des 150 taureaux qui apparaissent en rêve à Gauvain[65].

57. Les dieux babyloniens étaient classés hiérarchiquement selon un système à la fois décimal et sexagésimal. Anou, le plus grand, était honoré par le nombre de base 60 (Jastrow, *The Religion of Babylonia*, p. 465 ; Farbridge, *Studies*, p. 142). Marduk, qui prit la seconde place, est désigné par 50 noms à la fin de *L'Épopée de la Création* (VI, 98-100 ; VII, 124-125).
58. Farbridge, *Studies*, p. 177.
59. Nutt, *Cuchulainn, the Irish Achilles*.
60. Rhys, *Studies in the Arthurian Legend*.
61. Lenormant, *Chaldean Magic*, p. 162.
62. O'Grady, *Silva Gadelica*, II, 422.
63. Lewis F. Mott, « The Round Table », PMLA XX, 231-264.
64. *Morte d'Arthur*, VII, 1.
65. *Ibid.*, XVI, 1 ; interprétation, section 3.

BIBLIOGRAPHIE

Abraham, The Apocalypse of, éd. G. H. Box, Londres, 1918.

Absalon, Abbas Sprinckirsbacensis, *Sermones*, Migne, P. L., t. 211.

Adam, James, *The Nuptial Number of Plato ; its Meaning and Significance*, Londres, 1891. (Revu pour son édition de *La République* de Platon, II, 264-312, Cambridge, 1902.)

Adamus, Abbas Perseniae, *Adami abbatis Perseniae epistolae*, Migne, P. L., t. 211.

Agrippa von Nettesheim, Henricus Cornelius, *Three Books of Occult Philosophy*, trad. « J.F. », Londres, 1651.

   – *Three Books of Occult Philosophy*, éd. Willis F. Witehead (révision de la traduction anglaise de « J.F. »), New York, 1897.

   Cf. aussi Morley, Henry.

Alain de Lille, évêque d'Auxerre, *Opera omnia*, Migne, P.L., t. 210.

Albert le Grand, évêque de Ratisbonne, *Opera omnia*, éd. Augustus Borgnet, 38 vol., Paris 1890-1899.

Alcuin, *Opera omnia*, Migne, P.L., t. 100-101.

Aldhelm, saint, évêque de Sherborne, *Opera omnia*, Migne, P.L., t. 89.

Ambroise, saint, évêque de Milan, *Opera*, Migne, P.L., t. 14-17.

Ante-Nicene Christian Library, traductions des écrits des Pères de l'Église jusqu'à 325, éd. Alexander Roberts et James Donaldson, 23 vol., Édimbourg, 1867-1872.

Apocrypha and Pseudepigrapha of the Old Testament, The, éd. R.H. Charles, 2 vol., Oxford, 1913.

Apocryphal Gospels, Acts and Revelations, trad. Alexander Walker, Édimbourg, 1873. (AN, vol. XVI.)

Apocryphal New Testament, The, trad. Montague Rhodes James, Oxford, 1925.

Archelaos, *The Acts of the Disputation of Archelaus with the Heresiarch Manes*, trad. S.D.F. Salmond, Édimbourg, 1871. (AN, vol. XX.)

Arioste, L', *Orlando furioso*, éd. Adriano Salani, 2 vol., Florence, 1928.
   – Trad. William Stewart Rose, 2 vol., 1895.

Aristote, *De caelo*, trad. J.L. Stocks, Oxford, 1922. (Vol. II de l'éd. W.D.Ross de ses œuvres.) – *Metaphysics*, trad. W.D. Ross, Oxford, 1908. (Vol. VIII de l'éd. W.D.Ross de ses œuvres.) – *Physics*, trad. R.P. Hardie et R.K. Stocks, Oxford, 1922. (Vol. II de l'éd. W.D. Ross de ses œuvres.)

Arthurian Chronicles, présentées par Wace et Layamon, Londres et New York, 1912. (« Everyman ».)

Audsley, William James et George Ashdown, *Handbook of Christian Symbolism*, Londres, [1865].

Augustin, saint, évêque d'Hippone, *The Works of Aurelius Augustine*, trad. Marcus Dods, 15 vol., Édimbourg, 1871-1876.

Austin, H. D., « Number and Geometrical Design in the *Divine Comedy* », *The Personalist*, XVI (1925), 310-330.

[Bacon, Roger], *The Opus Majus of Roger Bacon*, trad. Robert Belle Burke, 2 vol., Philadelphie, 1928.

Baruch, The Apocalypse of, éd. R.H. Charles, Londres, 1896.

Basile, saint, archevêque de Césarée en Cappadoce, dit le Grand, *The Treatise De Spiritu sancto, the Nine Homilies of the Hexameron and the Letters of saint Basil*, trad. Bloomfield Jackson, Oxford et New York, 1895. (NPN, série 2, vol. VIII.)

Bayley, Harold, *The Lost Language of Symbolism ; An Inquiry into the Origin of Certain Letters, Words, Names, Fairy-Tales, Folk-Lore and Mythologies*, 2 vol., Londres, 1912.

Bède, le Vénérable, saint, *Venerabilis Bedae opera omnia*, Migne, P.L., t. 90-95.

Bell, Eric Temple, *Numerology*, Baltimore, 1933.

Bension, Ariel, *The Zohar*, Londres, 1932.

Beowulf and the Fight at Finnsburg, éd. Franz Klaeber, New York, 1922

Bernard, saint, abbé de Clairvaux, *Life and Works*, éd. Jean Mabillon (trad. anglaise et éd. Samuel J. Eales, 4 vol., Londres, 1889).

Bible, The Holy, King James' version*.

Blake, John Frederick, *Astronomical Myths, Based on Flammarion's History of the Heavens*, [Londres], 1877.

Boèce, Anicius Manlius Torquatus Severinus, *Opera omnia*, Migne, P.L., t. 63-64.

Böklen, Ernst, *Die unglückszahl Dreizehn und ihre mythische Bedeutung*, Leipzig, 1913.

Bolton, Henry Carrington, *The Literature of Alchemy*, repris de *The Pharmaceutical Review*, vol. XIX, n°s 4, 5.

Bonaventure, saint, cardinal, évêque d'Albano (Giovanni di Fidanza), *Opera omnia, edidit studio et cura P.P. collegii a S. Bonaventura*, 10 vol., 1882-1902.

Bongus, Petrus, *Mysticae numerorum significationis liber*, 2 vol. in I, Bergomi, 1585.

Book of the Dead, The, éd. et trad. E.A. Wallis Budge, 3 vol., Londres, 1898.

Bréhaut, Ernest, *An Encyclopaedist of the Dark Ages : Isidore of Seville*, New York, 1912. (« Studies in History, Economics and Public Law », édité par la Faculté de Sciences politiques de l'Université de Columbia, vol. XLVIII, n° 1, n° 120 en entier.)

Brown, C.A., « The Poem of the Philosopher Theophrastus upon the Sacred Art : A Metrical Translation with Comments upon the History of Alchemy », *Scientific Monthly*, XI (1920), 193-214.

_____

* L'édition utilisée dans la traduction est *La Bible de Jérusalem*, éd. du Cerf, Paris, 1956. (N.d.T.)

Brown, J. Wood, *The Life and Legend of Michael Scot*, Édimbourg, 1897.

Browne, Sir Thomas, *The Works of Sir Thomas Browne*, éd. Geoffrey Keynes, 6 vol., Londres, 1928.

Buckland, A.W., « Four as a Sacred Number », *Journal of the Anthropological Institute of Great Britain and Ireland*, XXV (1896), pp. 96-102.

Budge, E.A. Wallis, *Egyptian Magic*, Londres, 1899.
– *The Babylonian Story of the Deluge and the Epic of Gilgamesh*, [Londres], 1920. (British Museum, Department of Egyptian and Assyrian Antiquities.)
– *The Literature of the Ancient Egyptians*, Londres, 1914.
– *Osiris and the Egyptian Resurrection*, 2 vol., New York, 1911.

Bungus, *voir* Bongus.

Burkitt, F.C., *Church and Gnosis*, Cambridge, 1932. (Conférences Morse de 1931.)
– *The Religion of the Manichees*, Cambridge, 1925.

Busnelli, Giovanni, *Il concetto e l'ordine del « Paradiso » dantesco ; indagini e studii preceduti da una lettera di Francesco Flamini*, 2 vol., Città del Castello, S. Lapi, 1911-1912.

Cabale, *voir* Bension, Ariel ; Franck, Adolf ; Ginsburg, Christine D. ; Mathers, S.L. Macgregor.

Cajori, Florian, *History of Mathematics*, 2ᵉ éd., New York, 1924.

Candler, Howard, *On the Symbolic Use of Number in the Divine Comedy and Elsewhere*, Royal Society of Literature, série 2, XXX (1910), 1-29.

Capella, Martianus Mineus Felix, *De nuptiis Philologiae et Mercurii*, éd. Adolfus Dick, Leipzig, 1925.

Carnoy, Albert J., *Iranian [Mythology]*, Boston, 1917. (*Mythology of All Races*, vol. VI.)

Carroll, Lewis, « The Hunting of the Snark », pp. 391-426, in *The Lewis Carroll Book*, éd. Richard Herrick, New York, 1931.

Cary, M., et Warmington, E.H., *The Ancient Explorers*, New York, 1929.

Cassiodore, *Opera omnia*, Migne, P.L., t. 69-70.

Celse, Aulus Cornelius, *Of Medicine, in Eight Books*, trad. James Greive, Édimbourg, 1814.

Chambers, Edmund Kerchever, *Arthur of Britain*, Londres, 1927.

Charlemagne, an Anglo-Normand poem of the 12th century. Containing « Pèlerinage de Charlemagne à Constantinople », éd. Francisque Michel, Londres, 1836.

Chaucer, Geoffrey, *Complete Works*, éd. Walter W. Skeat, Oxford, 1894.

Chronicle of the Cid, trad. Robert Southey, introduction de Henry Morley, 3ᵉ édition, Londres, 1885. (« Morley's Universal Classics ».)

Cicéron, *De divinatione*, éd. Arthur Stanley Pease, 2 vol., Université de l'Illinois, 1920-1923.
– *De natura deorum*, trad. H. Rackham, Londres et New York, 1933. (« Loeb Classical Library ».)
– *De officiis*, trad. Walter Miller, Londres et New York, 1913. (« Loeb Classical Library ».)
– *Republic*, trad. G.G. Hardingham, Londres, 1884.

Clay, Albert T., *A Hebrew Deluge Story in Cuneiform and Other Epic Fragments in the Pierpont Morgan Library*, New Haven, 1922. (« Yale Oriental Series », Researches, vol. V, 3ᵉ partie.)
– *The Origin of Biblical Traditions*, New Haven, 1923. (« Yale Oriental Series », vol. XII.)

Clément d'Alexandrie, *The Writings of Clement of Alexandria*, trad. William Wilson, 2 vol., Édimbourg, 1867-1869. (AN, vol. IV, XII.)

Clément, Pseudo-, *Recognitions*, trad. B.P. Pratten, Marcus Dods et Thomas Smith, Édimbourg, 1867. (AN, vol. III.)

Conant, Levi Leonard, *The Number Concept ; Its Origin and Development*, New York et Londres, 1896.

Conway, Moncure Daniel, *Demonology and Devil-Lore*, New York, 1887.

Conybeare, Frederick Cornwallis, *Myth, Magic and Morals*, Boston, 1909.

Cumont, Franz, *Astrology and Religion among the Greeks and Romans*, New York, 1912. (« American Lectures on the History of Religions », série 1911-1912.)
– *The Mysteries of Mithra*, trad. T.J. McCormack, Chicago, 1903.
– *The Oriental Religions in Roman Paganism*, Chicago, 1911.

Cyprien, saint, évêque de Carthage, *The Writings of Cyprian,* trad. Robert Ernest Wallis, 2 vol., Édimbourg, 1868-1869. (AN, vol. VIII, XIII.)

Dante Alighieri, *Tutte le opere*, éd. Edward Moore, 4ᵉ éd., Oxford, 1924.
– *Le opere di Dante,* Testo critico della Societa Dantesca Italiana, Florence, 1921.
– *The Convivio*, trad. P.H. Wicksteed, Londres, 1924. (« Temple Classics ».)
– *La Divina Commedia*, éditée et annotée par C.H. Grandgent, New York, [1913].
– *The Divine Comedy of Dante Alighieri*, trad. Jefferson Butler Fletcher, New York, 1931.
– *The Early Lives of Dante*, trad. Philip Henry Wicksteed, Londres et Boston, 1907.
– *The Inferno, Purgatorio and Paradiso*, texte accompagné d'une traduction de Carlyle, Okey et Wicksteed, 3 vol., Londres, 1900. (« Temple Classics ».)
– *De Monarchia*, Londres, 1924. (The Latin Works of Dante, « Temple Classics ».)
– *The Vita Nuova and Canzoniere*, trad. Thomas Okey et P.H. Wicksteed, Londres, 1924. (« Temple Classics ».)

Dantzig, Tobias, *Number, the Language of Science*, New York, 1930.

Definitions of Asclepius, The, trad. G.R.S Mead, in *Thrice Greatest Hermes*, Londres, 1906.

Dickson, Leonard Eugene, *History of the Theory of Numbers*, 2 vol., Washington, 1910-1920.

Dill, Samuel, Roman Society in the Last Century of the Western Empire, 3ᵉ éd., Londres, 1925.

Dinsmore, Charles Allen, *Life of Dante Alighieri*, Boston et New York, 1919.

Diogène Laërce, *Lives of Eminent Philosophers*, trad. R.D. Hicks, 3 vol., Londres et New York, 1925. (« Loeb Classical Library ».)

Denys, saint, dit l'Aréopagite, *Opera omnia*, Migne, P.G., t. 3-4.
– *Joannis Scoti versii operum S. Dionysii Areopagitae*, Migne, P.L., t. 122.
– *Œuvres de saint Denys l'Aréopagite*, trad. J. Dulac, Paris, 1865.
– *The Works of Dionysius the Areopagite*, trad. John Parker, 2 vol., Londres, 1897.

Dryer, J.L.E., *History of the Planetary Systems from Thales to Kepler*, Cambridge, 1906.

Duhem, Pierre, *Le Système du monde. Histoire des doctrines cosmologiques de Platon à Copernic*, 4 vol., Paris, 1913-1917.

Dunbar, H. Flanders, *Symbolism in Medieval Thought and Its Consummation in the « Divine Comedy »*, New Haven, 1929.

Dunbar, William, *Poems*, éd. J. Small, 3 vol., Édimbourg, 1893. (« Scottish Texts Society », vol. X.)

Durand, Guillaume, évêque de Mende, *Durandus on the Sacred Vestments ; an English Rendering of the Third Book of the « Rationale divinorum officiorum » of Durandus, Bishop of Mende*, trad. T.H. Passmore, Londres, 1899.
– *The Symbolism of Churches and Church Ornaments : A Translation of the First Book of the « Rationale divinorum officiorum »*, trad. John M. Neale et Benjamin Webb, Leeds, 1843.

Edda, The Poetic, trad. Henry Adams Bellows, New York, 1923.

Ellworthy, Frederick Thomas, *Horns of Honor and Other Studies in the By-Ways of Archeology*, Londres, 1900.

Enoch, The Book of, éd. R.H. Charles, Oxford, 1893.

Epic of Creation, The Babylonian, éd. Stephen Herbert Langdon, Oxford, 1923.

Epic of Gilgamesh, *voir* Budge, E.A. Wallis ; Clay, Albert T. ; Leonard, William Ellery.

Érigène, *voir* Scot Érigène.

Erman, Adolf, *The Literature of the Ancient Egyptians*, trad. A.M. Blackman, New York, [1927].

Evans, Joan, *Magical Jewels of the Middle Ages and the Renaissance particularly in England*, Oxford, 1922.

Evelyn, John, *Diary*, éd. Austin Dobson, 3 vol., Londres, 1906.

Farbridge, Maurice H., *Studies in Biblical and Semitic Symbolism*, New York, 1923. (« Teubner's Oriental Series ».)

Firmicus Maternus, *Julii Firmici Materni matheseos libri viii*, éd. W. Kroll et F. Skutsch, Leipzig, 1897.

Flamini, Francesco, *Introduction to the Study of the « Divine Comedy »*, trad. Freeman M. Josselyn, Boston, 1910.

Fletcher, Banister, *A History of Architecture*, 9ᵉ édit., New York, 1931.

Fletcher, Jefferson Butler, « Allegory of the Vita Nuova », MP XI (juillet 1913), 19-37.
    – « The Crux of Dante's Comedy », *Romanic Review*, XVI (janvier-mars 1925), 310-330.
    – « Dante's School of the Eagle », *Romanic Review*, XXII (juillet-septembre 1931), 191-209.
    – « Left and Right Turns in the Divine Comedy », *Romanic Review*, XXIII (juillet-septembre 1932), 236-237.
    – *Literature of the Italian Renaissance*, New York, 1934.
    – *The Religion of Beauty in Women, and Other Essays on Platonic Love in Poetry and Society*, New York, 1911.
    – *Symbolism of the Divine Comedy*, New York, 1921.

Forbes, George, *History of Astronomy*, New York et Londres, 1909.

Fournier, P., *Etudes sur Joachim de Flore et ses doctrines*, Paris, 1909.

Franck, Adolf, *The Kabbalah*, trad. I. Sossnitz, New York, 1925.

Frazer, James, *Folk-Lore in the Old Testament*, éd. abrégée, New York, 1923.
    – *The Golden Bough*, éd. abrégée, New York, 1926.
    – *The Worship of Nature*, 2 vol., New York, 1926.

Fulbert, saint, évêque de Chartres, *Opera quae reperiri potuerunt omnia*, Migne, P.L., t. 141.

Gardner, Edmund G., *Dante*, New York, 1923.
    – *Dante and the Mystics ; A Study of the Mystical Aspect of the Divina Commedia and Its Relations with some of Its Mediaeval Sources*, Londres et New York, 1913.
    – *Dante's Ten Heavens, a Study of the Paradiso*, Westminster, 1900.

Gaster, Moses, *Studies and Texts in Folk-Lore, Magic, Medieval Romance, Hebrew Apocrypha and Samaritan Archeology*, 3 vol., Londres, 1925-1928.

Gebhardt, Émile, *Mystics and Heretics in Italy*, trad. Edward M. Hulme, New York, 1923.

Geoffrey de Monmouth, *Historie of the Kings of Britain*, trad. Sebastian Evans, Londres, 1904. (« Temple Classics ».)

Gerbert d'Aurillac, *voir* Sylvestre II, pape.

Ginsburg, Christine D., *The Kabbalah*, Londres, 1925.

Ginzberg, Louis, *The Legends of the Jews*, Philadelphie, 1909.

Gollancz, Hermann, *The Book of Protection*, Londres, 1912.

Gould, Sabine Baring, *Curious Myths of the Middle Ages*, 2ᵉ éd., Londres, 1868.

Grandgent, Charles H., *The Ladies of Dante's Lyrics*, Cambridge, Mass., 1917.

Grégoire Iᵉʳ, saint, surnommé le Grand, pape, *S. Gregorii Papae opera omnia*, Migne, P.L., t 75-79.
– *Morals on the Book of Job*, trad. John Henry Parker, Londres, 1844. (« A Library of the Fathers of the Holy Catholic Church ».)

Grillot de Givry, Émile Angelo, *Witchcraft, Magic and Alchemy*, trad. J. Courtenay Locke, Londres, 1931.

Guazzo, Francesco Maria, *Compendium maleficarum*, trad. E.A. Ashwin, éd. Montague Summers, Londres, 1929.

Gui d'Arezzo, *Opuscula de musica*, Migne, P.L., t. 141.

Guntherus Cisterciensis, *Opera omnia*, Migne, P.L., t. 212.

Gurteen, Stephen Humphrey Villiers, *The Arthurian Epic, A Comparative Study of the Cambrian, Breton and Anglo-Norman Versions of the Story and Tennyson's « Idylls of the King »*, New York et Londres, 1895.

Guthlac, saint, *The Anglo-Saxon Version of the Life of Saint Guthlac*, éd. Charles Wycliffe Goodwin, Londres, 1848.

Guthrie, Kenneth Sylvan, *Pythagorean Source Book and Library*, Platonist Press, Alpine, New York, 1919.

Handcock, Percy, *Babylonian Flood Stories*, Londres et New York, 1921.

Hargrave, Catherine Perry, *A History of Playing Cards*, Boston et New York, 1930.

Harnack, Adolph, *History of Dogma*, trad. Neil Buchanan, 7 vol., Boston, 1907.

Hastings, James, et Selbie, John A., *Dictionary of the Bible*, New York, 1900.

Heath, Sidney H., *The Romance of Symbolism and Its Relation to Church Ornaments and Architecture*, Londres, 1909.

Heath Thomas L., *Aristarchus of Samos, the Ancient Copernicus ; a History of Greek Astronomy to Aristotle*, Oxford, 1913.
– *Greek Astronomy*, Londres, 1932.
– *A Manual of Greek Mathematics*, Oxford, 1931.

Helinand, *Opera omnia*, Migne, P.L., t. 212.

Hérodote, *The Persian Wars*, trad. George Rawlinson, 2 vol. (« Everyman ».)

Hésiode, *Poems and Fragments*, trad. A.W. Mair, Oxford, 1908.

Hildegarde, sainte, *S. Hildegarde abbatissae opera omnia*, Migne, P.L., t. 197.

Hippolyte, saint, évêque d'Ostie, *The Writings of Hippolytus*, trad. J.H. Macmahon et S.D.F. Salmond, Édimbourg, 1868-1869. (AN, vol. VI.)

Hoccleve, Thomas, *The Regement of Princes*, éd. Frederick J. Furnivall, Londres, 1897. (« Early English Texts Society », vol. LXXII.)

Holinshed, Raphaell, *Chronicles of England, Scotland and Ireland*, 6 vol., Londres, 1807.

Homère, *Iliad*, éd. Walter Leaf, Londres, 1886.
– *Iliad*, trad. Lang, Leaf et Myers, Londres, 1922.

– *Odyssée*, éd. Victor Bérard, Paris, 1924.
– *Odyssey*, trad. Butcher et Lang, New York, 1921.

Honorius d'Autun, *Opera omnia*, Migne, P.L., t. 172.

Hopkins, Edward Washburn, *The Holy Numbers of the Rig-Veda*, « Oriental Studies », Oriental Club of Philadelphia, 1888-1894, pp. 141-159, Boston, 1894.

Hopper, Grace Murray, « The Ungenerated Seven as an Index to Pythagorean Number Theory », *American Mathematical Monthly*, XLIII (août-septembre 1936), 409-413.

Hopper, Vincent Foster, « Geryon and the Knotted Cord », MLN LI (novembre 1936), 445-449.

Hrabanus Magnentius, surnommé Maurus, archevêque de Mayence, *Opera omnia*, Migne, P.L., t. 107-112.

Hugues de Saint-Victor, *Hugonis de S. Victore opera omnia*, Migne, P.L., t. 175-177.

Hull, Eleanor, *The Cuchullin Saga in Irish Literature*, Londres, 1898.

Hulme, F. Edward, *The History, Principles and Practice of Heraldry*, Londres 1892.
– *The History, Principles and Practice of Symbolism in Christian Art*, Londres, 1899.

Innocent III, pape (Gregorio Papi), *Opera omnia*, Migne, P.L., t. 214-217.

Irénée, saint, évêque de Lyon, *Against Heresies*, trad. Alexander Roberts et W.H. Rambaut, 2 vol., Édimbourg, 1868-1869. (AN, vol. V, IX.)

Isaiah, The Ascension of, éd. R.H. Charles, Londres, 1917.

Isidore, saint, évêque de Séville, *Opera omnia*, Migne, P.L., t. 81-84.
– *voir aussi* Bréhaut, Ernest.

Jackson, A.V. Williams, *Researches in Manichaeism*, New York, 1932.
– *Zoroaster : the Prophet of Ancient Iran*, New York, 1899.

Jacobus de Voragine, *The Golden Legend or Lives of the Saints, as Englished by William Caxton*, 7 vol., Londres, 1900. (« Temple Classics ».)

Jamblique de Chalcis, *Vie de Pythagore*, *voir* Guthrie, K.S.
– *Iamblichus on the Mysteries of the Egyptians, Chaldeans and Assyrians*, trad. Thomas Taylor, Chicago, 1821.
– *Theologoumena Arithmeticae*, éd. Victorinus de Falco, Leipzig, 1922.

Jastrow, Morris, *The Religion of Babylonia and Assyria*, Boston, 1898. (« Handbooks on the History of Religion ».)

Joachim de Flore, *Gioachino da Fiore tractatus super quatuor Evangelia*, éd. Ernesto B. Buonaiti in *Fonti per la storia d'Italia*, vol. LXVII, Rome, 1930.
– *voir aussi* Fournier, P. ; Rousselot, X.

John, Ivor B., *The Mabinogion*, Londres, 1901. (« Popular Studies in Mythology, Romance, and Folk-Lore », n° 11.)

Josèphe, Flavius, *The Works of Flavius Josephus*, trad. William Whisten, revue par A.R. Shilleto, Londres, 1889-1890.

Jourdain, Eleanor Frances, *Le Symbolisme dans la « Divine Comédie » de Dante*, Oxford et Paris, 1904.

Joyce, P.W., et Patrick Weston, *A Social History of Ancient Ireland*, 2e éd., 2 vol., Londres et Dublin, 1913.

Jubilees, The Book of, or the little Genesis, éd. R.H. Charles, Londres, 1902.

Justin le Martyr, saint, *Hortarory Address to the Greeks*, trad. Marcus Dods, George Reith et B.P. Patten, Édimbourg, 1867. (AN, vol. II.)

Kalendar and Compost of Shepherds, The, éd. G.C. Heseltine, Londres, 1931.

Karpinski, Louis C., « Number », *American Mathematical Monthly*, XVIII (1911), 97-102.

Keith, A. Berriedale, *Indian [Mythology]*, Boston, 1917. (*Mythology of All Races*, vol. VI.)

King, Charles William, *Antique Gems : Their Origin, Uses and Value as Interpreters of Ancient History and as Illustrative of Ancient Art*, Londres, 1860.
 – *The Gnostics and their Remains, Ancient and Medieval*, 2ᵉ éd., New York, 1887.

Knight, Richard Payne, *The Symbolical Language of Ancient Art and Mythology*, éd. Alexander Wilder, New York, 1876.

Kraeling, Carl H., *Anthropos and Son of Man : a Study in the Religious Syncretism of the Hellenistic Orient*, New York, 1927. (« Columbia University Oriental Studies », vol. XXV.)

Kramer, Henry, et Sprenger, James, *Malleus maleficarum*, éd. Montague Summers, Londres, 1928.

Kunz, George Frederick, *The Curious Lore of Precious Stones*, Philadelphie et Londres, 1913.

Lactance, Lucius Caecilius Firmianus, *The Works of Lactantius*, trad. William Fletcher, 2 vol., Édimbourg, 1871. (AN, vol. XXI, XXII.)

Lancelot del Lac, Le Livre de, a French Prose Romance of the 13th Century, trad. Lucy Allen Paton, New York, 1929.

Lang, Andrew, *Myth, Ritual and Religion*, 2 vol., New York, 1901.

Langdon, Stephen Herbert, *Semitic [Mythology]*, Boston, 1918. (*Mythology of All Races*, vol. V.)

Langland, William, *Piers the Ploughman*, éd. W.A. Neilson, Cambridge, Mass., 1917.
 – Ed. W.W. Skeat, 10ᵉ éd., revue, Oxford, 1924.
 – Ed. Thomas Wright, Londres, 1856.

Lea, Henry Charles, *A History of the Inquisition in the Middle Ages*, 3 vol., New York, 1887.

Lease, Emory B., « The Number Three : Mysterious, Mystic, Magic », *Classical Philology*, XIV (1919), 56-73.

Légende dorée, voir Jacobus de Voragine.

Lenormant, François, *Chaldean Magic, Its Origin and Development*, trad. W.R. Cooper, Londres [1878].

Leonard, William Ellery, *Gilgamesh, Epic of Old Babylonia, A Rendering in Free Verse*, New York, 1934.

Lévy-Bruhl, L., *Les Fonctions mentales dans les sociétés inférieures*, Paris, 1910.

Lewis, George Cornewall, *A Historical Survey of the Astronomy of the Ancients*, Londres, 1862.

Lilly, William, *An Introduction to Astrology, Rewritten by Zadkiel*, Londres, 1913.

Lockyer, Norman, *Stonehenge and Other British Stone Monuments Astronomically Considered*, Londres, 1906.

Loomis, Roger S., *Celtic Myth and Arthurian Romance*, New York, 1927.

Loria, Gino, *Histoire des sciences mathématiques dans l'antiquité hellénique*, Paris, 1929.

Lorris, G., et Clopinel, J., *Roman de la Rose*, trad. F.S. Ellis, Londres, 1900. (« Temple Classics ».)

Lucien, *Philosophies for Sale*, in *Works*, éd. Capps, Page et Rowse, New York, 1919. (« Loeb Classical Library ».)

Lulle, Raymond, *The Book of the Lover and the Beloved*, trad. E. Allison Peers, Londres, 1923.

Mabinogion, The, trad. Charlotte Guest, Londres, 1877.
- Autre éd., 1927.
- Autre éd., New York, 1919. (« Everyman ».)
- Trad. T.P. Ellis et John Lloyd, 2 vol., Oxford, 1929.

Macalister, Robert A.S., *Ireland in Pre-Celtic Times*, Londres, 1921.

MacBain, Alexander, *Celtic Mythology and Religion, with a Chapter on the Druid Circles*, New York, 1917.

MacCulloch, John Arnorth, *Celtic [Mythology]*, Boston, 1918. (*Mythology of All Races,* vol. III.)
- *Eddic [Mythology]*, Boston, 1930. (*Mythology of All Races*, vol. II.)

McGee, W.J., « Primitive Numbers », United States Bureau of Ethnology, *Nineteenth Annual Report*, 2ᵉ partie, pp. 821-853, Smithsonian Institution, 1897-1898, Washington, 1900.

Mackenzie, Donald A., *The Migration of Symbols and their Relations to Beliefs and Customs*, New York, 1926.

Mackintosh, Hugh Ross, *The Doctrine of the Person of Jesus Christ*, (« International Theological Library »), New York, 1912.

McLean, Charles Victor, *Babylonian Astrology and Its Relation to the Old Testament*, Toronto, 1929.

Macrobe, *In somnium Scipionis*, in *Œuvres complètes*, trad. A.J. Mahul, Paris, 1863. (« Collection des auteurs latins », éd. Nisard.)

Maeterlinck, Maurice, *Le Grand Secret*, Paris, 1921.

Malory, Thomas, *The Arthurian Tales, the Greatest Romances which Recount the Noble and Valorous Deeds of King Arthur and the Knights of the Round Table*, Comp. par Sir Thomas Malory, à partir du texte de 1634, avec une introduction d'Ernest Rhys, Londres, 1906. (Norroena Society.)

Mankind, An Interlude, éd. John S. Farmer, in *Lost Tudor Plays with Some Others*, Londres, 1907. (Early English Drama Society.)

Mansel, Henry Longueville, *The Gnostic Heresies of the First and Second Centuries*, éd. J.B. Lightfoot, Londres, 1875.

Marot, Clément, *Œuvres complètes*, éd. Abel Grenier. 2 vol., Paris, s.d.

Martin, saint, de Léon, *Opera*, Migne, P.L., t. 208-209.

Mason, Eugene, traducteur, *French Medieval Romances from the Lais of Marie de France*, Londres et New York, 1911. (« Everyman ».)

Mathers, S.L. MacGregor, *The Kabbalah Unveiled*, traduit de la version latine de Knorr von Rosenroth (*Kabbalah Denudata*) et collationné sur les textes originaux hébreux et chaldéens, Londres, 1926.

Maynadier, Howard, *The Arthur of the English Poets*, Boston, 1907.

Mead, G.R.S., *Thrice Greatest Hermes*, 3 vol., Londres, 1906.
- *Orpheus, The Theosophy of the Greeks*, Londres, 1896.

Méthode, saint, successivement évêque d'Olympe, de Patara et de Tyr, *Banquet of the Ten Virgins or Concerning Chastity*, trad. W.R. Clark, Édimbourg, 1869. (AN, vol. XIV.)

Migne, Jacques Paul (éd.), *Patrologiae cursus completus, sive bibliotheca universalis, integra, uniformis, commoda, oeconomica, omnium S.S. Patrum, doctorum, scriptorumque ecclesiasticorum, qui ab aevo apostolico ad usque Innocentii III tempora floruerunt. Series latina prima*, 221 tomes, Paris, 1844-1864.
- *Patrologiae cursus completus... Series graeca*, 162 tomes, Paris, 1857-1866.

Montaigne, Michel Eyquem de, *Essais*, Gallimard, « La Pléiade », 1962.

Moore, Edward, *Studies in Dante. First Series, Scripture and Classical Authors in Dante*, Oxford, 1896.
– *Studies in Dante. Second Series, Miscellaneous Essays*, Oxford, 1903.
– *Studies in Dante. Third Series, Miscellaneous Essays*, Oxford, 1903.

Moret, Alexandre, *The Nile and Egyptian Civilization*, trad. M.R. Dobie, New York, 1927.

Morley, Henry, *Cornelius Agrippa : the Life of Henry Cornelius Agrippa von Nettesheim*, 2 vol., Londres, 1856.
– *Medieval Tales*, Londres, 1884.

Moses, The Assumption of, éd. R.H. Charles, Londres, 1897.

Mott, Lewis F., « The Round Table », PMLA XX (1905), 231-264.

Müller, W. Max, *Egyptian [Mythology]*, Boston, 1918. (*Mythology of All Races*, vol. XII.)

Murray, Margaret Alice, *The Witch-Cult in Western Europe ; A Study in Anthropology*, Oxford, 1921.

Mythology of All Races, The, éd. L.H. Gray et G.F. Moore, 13 vol., Boston, 1916-1932.

Narrien, John, *An Historical Account of the Origin and Progress of Astronomy*, Londres, 1833.

Newman, Albert, *Introductory Essay on the Manichean Heresy*, s.l., s.d.

Nibelungenlied, The, trad. George Henry Needler, New York, 1904.

Nicene and Post-Nicene Fathers of the Christian Church, A Select Library of the, éd. Philip Schaff et Henry Wace, 2ᵉ série, 14 vol., New York, 1890-1900.

Nicomachus of Gerasa, *Introduction to Arithmetic*, trad. Martin Luther D'Ooge, New York, 1926. (« University of Michigan Studies, Humanistic Series », vol. XVI.)

Nutt, Alfred, *Celtic and Mediaeval Romance*, 2ᵉ édit., Londres, 1904. (« Popular Studies in Mythology, Romance and Folk-Lore », n° 1.)

O'Grady, Standish H., éd. et trad., *Silva Gadelica, A Collection of Tales in Irish with Extracts Illustrating Persons and Places*, vol. II, traduction et notes, Londres et Édimbourg, 1892.

Olrik, Axel, *Viking Civilization*, trad. Jacob Wittmer Hartmann et Hanna Astrup Larsen, New York, 1930.

[Origène,] *The Writings of Origen*, trad. Frederick Crombie, 2 vol., Édimbourg, 1869-1872. (AN, vol. X, XXIII.)

Orr, Mary Acworthy, *Dante and the Early Astronomers*, Londres, [1914].

Papini, Giovanni, *Dante vivo*, trad. Eleanor Hammond Broadus et Anna Benedetti, New York, 1935.

Pastor of Hermas, The, in *Writings of the Apostolic Fathers*, trad. Roberts, Donaldson et Crombie, Édimbourg, 1867. (AN, vol. I.)

[Pepys, Samuel], *Everybody's Pepys*, éd. O.F. Morshead, New York, 1936.

Perfect Sermon, The, or the Asclepius, trad. G.R.S. Mead, in *Thrice Greatest Hermes*, Londres, 1906.

Philolaus, *Fragments, voir* Guthrie, K.S.

[Philon le Juif], *The Works of Philo Judaeus, the Contemporary of Josephus*, trad. C.D. Yonge, 4 vol., Londres, 1855. (« Bohn's Ecclesiastical Library ».)

Philostrate, Flavius, *In Honor of Apollonius of Tyana*, trad. J.S. Phillmore, 2 vol., Oxford, 1912.

Phœnix, éd. Albert Stanburrough Cook, in *The Old English Elene, Phoenix and Physiologus*, New Haven, 1919.

Photius, Biographie anonyme de Pythagore conservée par Photius, *voir* Guthrie, K.S.

Pierre de Poitiers, *Sententiarum libri V*, Migne, P.L., t. 212.

Pistis Sophia, The, trad. G.R.S. Mead, Londres, 1896.

Platon, *Œuvres*, coll. « La Pléiade », Gallimard. Trad. anglaise des Dialogues, Benjamin Jowett, 3ᵉ édit., 5 vol., New York, 1892.
   – *The Republic of Plato*, trad. Benjamin Jowett, 3ᵉ éd., Oxford, 1921. (« Oxford Translation Series ».)
   – *Timaeus*, trad. A.E. Taylor, Londres, 1929.

Pline, Caecilius Secundus, *The Natural History of Pliny*, trad. J. Bostock et H.T. Riley, 6 vol., Londres, 1855-1857. (« Bohn's Classical Library ».)

[Plotin], *Plotinos ; Complete Works*, éd. et trad. Kenneth Sylvan Guthrie, Londres, 1918.

Plutarque, *Miscellanies and Essays, Comprising All His Works Collected under the Title of « Morals »*, éd. William W. Godwin, 6ᵉ éd., 5 vol., Boston, 1898.
   – *Plutarch's Lives*, trad. Bernadotte Perrin, 11 vol., Londres, [1914-1926]. (« Loeb Classical Library ».)

Poimandres, The, trad. G.R.S. Mead, in *Thrice Greatest Hermes*, Londres, 1906.
   – Trad. W. Scott, in *Hermetica*, Oxford, 1924.

Porena, Manfredi, *Commento grafico alla Divina Commedia*, Milan, 1902.

Porphyre, *Biographie de Plotin*, in *Plotinus, Works*, éd. K.S. Guthrie, Londres, 1918.
   – *Vie de Pythagore*, *voir* Guthrie, K.S.
   – *Select Works of Porphyry*, trad. Thomas Taylor, Londres, 1823.

Proclus Diadochus, *Elements of Theology*, trad. E.R. Dods, Oxford, 1933.

Raban Maur, *voir* Hrabanus.

Rand, Edward Kennard, *Founders of the Middle Ages*, Cambridge, Mass., 1928.

Reade, W.H.V., *The Moral System of Dante's Inferno*, Oxford, 1909.

Reinach, Salomon, *Orpheus : A General History of Religions*, trad. Florence Simmonds, Londres, 1909.

Rhys, John, *Lectures on the Origin and Growth of Religion as Illustrated by the Celtic Heathendom*, 2ᵉ éd., Édimbourg, 1892.
   – *Studies in the Arthurian Legend*, Oxford, 1891.

Ritter, Heinrich, *Geschichte der Pythagorischen Philosophie*, Hambourg, 1826.

Rivers, W.H.R., *Medicine, Magic and Religion*, New York, 1924. (Fitzpatrick Lectures, 1915-1916.)

Robbins, F.E., et Karpinski, L.C., *Studies in Greek Arithmetic*, in *Nicomachus of Gerasa*, New York, 1926.

Robin, Léon, *La Pensée grecque et les origines de l'esprit scientifique*, Paris, 1926.

Rodkinson, Michael L., *The History of the Talmud*, dans son édition du Talmud babylonien, vol. XIX-XX, Boston, 1918.

Rogers, Robert William, *Cuneiform Parallels to the Old Testament*, New York et Cincinnati, 1912.

Roland, La Chanson de, éd. L. Petit de Julleville, Paris, 1878.
   – Trad. anglaise Isabel Butler, Cambridge, 1904.

Roman de la Rose, de G. Lorris et J. Clopinel, trad. anglaise F.S. Ellis, 3 vol., Londres, 1900. (« Temple Classics ».)

Rousselot, Xavier, « Joachim de Flore, Jean de Parme et la doctrine de l'évangile éternel », in *Études d'histoire religieuse aux XII* et *XIII* siècles, 2ᵉ éd., Paris, 1867.

Saga of the Volsungs, The. The Saga of Ragnar Ladbrok, Together with the Lay of Kraka, trad. Margaret Schlauch, New York, 1930.

Salvio, Alfonso de, *Dante and Heresy*, Boston, 1936.

Sanders, Henry A., « The Number of the Beast in Revelations », *Journal of Biblical Literature*, XXXVI (1918), 95-99.

Scartazzini, Giovanni Andrea, *A Companion to Dante*, trad. Arthur John Butler, Londres, 1893.

Scoon, Robert Maxwell, *Greek Philosophy before Plato*, Princeton, 1928.

Scot, Michel, *voir* Brown, J.W.

[Scot Érigène,] *Joannis Scoti opera*, Migne, P.L., t. 122.

Scott, Walter, *Hermetica*, Oxford, 1924.

Secrets of Enoch, The Book of the, éd. R.H. Charles et W.R. Morfil, Oxford, 1896.

[Sénèque,] *The Works of Lucius Annaeus Seneca Both Morrall and Naturall, trans. by Thomas Lodge, Newly Enlarged and Corrected*, Londres, 1620.

Sextus Empiricus, *Outlines of Pyrrhonism*, trad. R.G. Bury, Londres et New York, 1933. (« Loeb Classical Library », vol. I.)
 – *Against the Physicists*, trad. R.G. Bury, Londres et Cambridge, Mass., 1936. (« Loeb Classical Library », vol. III.)

Sibylline Oracles, trad. R.H. Charles, in *Apocrypha and Pseudepigrapha of the Old Testament*, Oxford, 1913.

Sicardus, évêque de Crémone, *Mitrale, sive summa de officiis ecclesiasticis chronicon*, Migne, P.L., t. 213.

[Skelton, John,] *The Complete Poems of John Skelton*, éd. Philip Henderson, Londres, 1931.

Smith, David Eugene, *History of Mathematics*, 2 vol., New York, 1923.
 – *Rara Mathematica*, Boston, 1908.

Smith, Henry Preserved, *Old Testament History*, New York, 1903.

Spaeth, J. Duncan, *Old English Poetry*, trad. en vers allitératifs, Princeton, 1922.

Spenser, Edmund, *The Faerie Queene*, in *Works*, éd. Edwin Greenlaw, Charles Grosvenor Osgood, Frederick Morgan Padelford, vol. I-IV, Baltimore, 1932-1935. (Variorum Edition.)
 – *The Oxford Spenser*, éd. J.C. Smith et E. de Selincourt, Oxford, 1924.

Stobée, Extraits dans G.R.S. Mead, *Thrice Greatest Hermes* ; W. Scott, *Hermetica* ; K.S. Guthrie, *Pythagorean Source Book and Library*.

Sylvestre II (Gerbert d'Aurillac), pape, *Opera*, Migne, P.L., t. 139.

Talmud, The Babylonian, éd. Michael L. Rodkinson, 20 vol., Boston, 1918.

Tannery, Paul, *Recherches sur l'histoire de l'astronomie ancienne*, Paris, 1893.

Taylor, Henry Osborne, *The Classical Heritage of the Middle Ages*, New York, 1901.
 – *The Medieval Mind, A History of the Development of Thought and Emotion in the Middle Ages*, 4ᵉ éd., 2 vol., Londres, 1927.

[Tertullien,] *The Writings of Tertullianus*, trad. S. Thewwall, P. Holmes *et al.*, Édimbourg, 1869-1870. (AN, vol. XI, XV, XVIII.)

Testaments of the Twelve Patriarchs, The, éd. R.H. Charles, Londres, 1908.

Théon de Smyrne, *Expositio rerum mathematicarum ad legendum Platonem utilium*, éd. Eduardus Hiller, Leipzig, 1928.

Théophile, saint, évêque d'Antioche, *The Three Books of Theophilus of Antioch to Autolycus*, trad. Marcus Dods, Édimbourg, 1867. (AN, vol. III.)

Thomas, *The Romance of Tristram and Ysolt*, trad. Roger Sherman Loomis, éd. revue, New York, 1931.

Thomas d'Aquin, saint, *Opera omnia ; sive antehac excusa, sive etiam anecdota ; ex editionibus vetustis et decimi tertii saeculi codicibus religiose castigata... notis... ornata studio ac labore Stanislai Eduardi Fretté et Pauli Maré*, 34 vol., Parisiis, 1871-1880. (Vol. XI-XXXIV édités par Fretté seul.)
– *Summa contra Gentiles*, trad. par les Dominicains anglais, Londres, 1924.
– *Summa theologica*, trad. par les Dominicains anglais, 20 vol., Londres, 1911-1925.

Thompson, D'Arcy W., « The Greek Winds », *Classical Review*, XXXII (1918), 49-56.
– « Science and the Classics », *Proceedings of the Classical Association*, XXXVI (1929), 14-35.

Thompson, R. Campbell, *Semitic Magic, Its Origin and Development*, Londres, 1908.

Thoms, William John, éd., *Early English Prose Romances*, Londres, 1906. (Contient *The Famous Historie of Fryer Bacon*.)

Thorndike, Lynn, *A History of Magic and Experimental Science*, 4 vol., New York, 1923-1934.

Thorpe, Benjamin, *Northern Mythology*, 3 vol., Londres, 1851.

Thoth, The Books of, trad. G.R.S. Mead, in *Thrice Greatest Hermes*, Londres, 1906.

[Timée de Locres,] *De l'âme du monde*, trad. M. l'abbé Batteux, Paris, 1768.

Tobit, The Book of, trad. Moses Gaster, in *Studies and Texts*, Londres, 1925-1928.

Toynbee, Paget, *Concise Dictionary of Proper Names and Notable Matters in the Works of Dante*, Oxford, 1914.
– *Dante Alighieri, His Life and Works*, 4ᵉ éd., New York, 1910.
– *Dante Studies and Researches*, Londres, 1902.

Tozer, H.F., *A History of Ancient Geography*, Cambridge, 1897.

Turberville, A.S., *Medieval Heresy and the Inquisition*, Londres, 1920.

Tylor, Edward B., *Primitive Culture*, 7ᵉ édit., New York, 1924.

Vaughan, *Magical Writings*, éd. Arthur Edward Waite, Londres, 1888.

Victorinus, Caius Marius, *A Fragment on the Creation of the World*, trad. Peter Holmes, Édimbourg, 1870. (AN, vol. XVIII.)

[Virgile], Vergilius Maro, Publius, *The Æneid*, éd. J.W. Mackail, Oxford, 1930.

Vita Merlini, The, éd. John Jay Penny, University of Illinois, 1925.

[Vitruve,] Vitruvius, *The Ten Books on Architecture*, trad. Morris Hicky Morgan, Cambridge, Mass., 1914.

Vossler, Karl, *Mediaeval Culture ; An Introduction to Dante and His Times,* trad. William Cranston Lawton, 2 vol., New York, (1929).

Waite, Arthur Edward, *Lives of the Alchemystical Philosophers*, Londres, 1888.

Webster, Hutton, *Rest Days ; A Study in Early Law and Morality*, New York, 1916.

Wedel, Theodore Otto, *Medieval Attitude toward Astrology*, New Haven, 1920. (« Yale Studies in English », vol. XX.)

Wells, Henry W., « The Construction of *Piers Plowman* », PMLA XLIV (mars 1929), 123-140.

Westcott, William Wynn, *Numbers : Their Occult Power and Mystic Virtues*, Londres, 1890.

Weston, Jessie L., *From Ritual to Romance*, Cambridge, 1920.
 – *King Arthur and His Knights*, 2ᵉ édition, Londres, 1906. (« Popular Studies in Mythology, Romance and Folk-Lore », nᵒ 4.)
 – *The Legend of Sir Perceval*, 2 vol., Londres, 1906-1909.
 – *The Romance Cycle of Charlemagne and His Peers*, 2ᵉ éd., Londres, 1905. (« Popular Studies in Mythology, Romance and Folk-Lore », nᵒ 10.)

Weston, Patrick, et Joyce, P.W., *A Social History of Ancient Ireland*, 2ᵉ éd., 2 vol., Londres et Dublin, 1913.

Wicksteed, Philip Henry, *Dante and Aquinas*, Londres et New York, 1913. (Jowett Lectures, 1911.)

Wiedemann, Alfred, *Realms of the Egyptian Dead*, trad. J. Hutchison, Londres, 1901.
 – *Religion of the Ancient Egyptians*, New York et Londres, 1897.

Witte, Johann Heinrich Friedrich Karl, *Essays on Dante*, trad. C. Mabel Lawrence et Philip H. Wicksteed, Londres, 1898.

Wulf, Maurice de, *History of Medieval Philosophy*, trad. P. Coffey, Londres, 1909.

Young, Grace Chisholm, « On the Solution of a Pair of Simaltaneous Diophantine Equations Connected with the Nuptial Number of Plato », *Proceedings of the London Mathematical Society*, Série 2, XXIII (1925), 27-44.

Zeller, Eduard, *A History of Greek Philosophy*, 2 vol., Londres, 1881.

Zend-Avesta, Première partie, *The Vendidad*, trad. James Darmestater, Oxford, 1880. (« Sacred Books of the East », éd. Max Müller, vol. IV.)

INDEX

caractère divin, dieux, 19-20 ; du Mal et du Bien, 19, 25 ; l'arbre de vie ancêtre du chandelier à 7 branches, 21 ; marches symbolisant la montée au ciel, étapes vers la perfection, 21 ; descente de l'âme, 21 ; reconnu comme chiffre rond, 22 ; actes de création, 24 ; péché et expiation, servitude, sacrifice, 25 ; âge du monde, 30 ; popularité, 91

8 : huitième ciel, béatitude éternelle, 21 ; huitième degré du Purgatoire, 21 ; sainteté, 26 ; huitième sphère, celle des étoiles fixes, 46

9 : relation de 9 à 10, 26 ; neuvième maison, 99

10 : mois régi par les étoiles du décan, 23 ; les décans devenant « Horoscopi », 23 ; infinité, quantité, perfection, 28 ; dans le cérémonial, 28

12 : cycle complet, 22 ; zodiaque, 22, 29 ; division du jour en heures doubles, 22 ; dans les civilisations anciennes, 23 ; dans les divisions du temps et de l'espace, 23, 28, 30 ; dans la légende des tribus hébraïques, 28 ; popularité, 91 ; chiffre rond, lié au calendrier, 92

14 : jour néfaste, 18

19 : jour néfaste, 18

21 : jour néfaste, 18

24 : heures du jour et de la nuit, 22, 28 ; apparition occasionnelle, 91 ; chiffre rond, 92

28 : jour néfaste, 18 ; lune, 24

30 : dans l'idéogramme du mois et du dieu de la lune, 22

40 : épreuve et privation, 19, 26 ; période fatale, 19, 26

49 : caractère funeste, 18

50 : année sanctifiée, 25

70 : nombre hébraïque important, 25

360 : dans le calendrier, 21, 23.

Augustin, saint : reconnaissance définitive du symbolisme des nombres, 60 ; à propos du septième jour, 61 ; interprétation de la légende du déluge, 62-63 ; interprétation des 153 poissons, 63.

Averroïsme, 67.

Bacon, Roger, citation, 78, 84, 99.

Bête de l'Apocalypse, Nombre de la, 15, 52.

Bible : références néo-testamentaires à une triade et à la Trinité, 58 ; interprétations forcées de l'époque paléochrétienne, 59 ; Ancien et Nouveau Testament, 119, 121 *sqq.*, 125 ; *voir aussi* Chrétiens, Premiers écrivains.

Bonaventure, saint, 82, 129 ; citation, 128.

Budge, E.A.Wallis, citation, 54.

Bungus, Petrus, *Mysticae numerorum,* 77, 93.

Cabale, 49 ; emploi de la gématrie, 50 *sqq.*

Can Grande, 97, 125.

Carré, élévation au, donnant de l'extension, 75.

Cathédrales, Symbolisme des nombres dans l'architecture, 83.

Cause Une et multiplicité des effets, corrélation, 71.

Celtique, mythologie : schéma triadique, 139.

Cercle, spiritualité parfaite, 116, 121, 124, 138 ; image, 116, 118, 124, 134-135.

Cercles : de la lune, 106 ; entourant Dante et Béatrice, 107 ; de l'Enfer, 107 ; vision de Dante, 112 ; danse en cercle de lumières célestes, 107, 112.

Chanson de Roland, 91, 92.

Chérubins, 107, 124, 134-135.

Chrétiens, Premiers écrivains, 55-56 ; théorie des nombres, influence des gnostiques et des néo-pythagoriciens, 7 ; excès du mysticisme des nombres à l'époque paléochrétienne, 43 ; les Pères de l'Église combattant les hérésies des auteurs gnostiques, 44 ; refus de la théologie numérique, 57 ; interprétation des nombres scripturaires, 59 ; point de vue dominant sur les nombres au Moyen Âge, 59, 67 ; emploi des nombres dans un sens symbolique, 66

1 : unité de la Divinité par addition du Saint-Esprit, 57 ; Dieu Un et seul, 58 ; cesse d'être la Cause première, Dieu spécifiquement, 63

2 : dualité de la divinité, faiblesse doctrinale du christianisme, 57 ; nature du dualisme chrétien, 63-64

3 : Trinité, 6, 12 ; sainteté, 6, 56 ; le Père, le Fils, et le Saint-Esprit – Un parce que trois, 57-58 ; influence des triades gnostiques dans la création du dogme de la Trinité, 57 ; caractère triple du monde spirituel, 58 ; tri-unité, nombre de la perfection, 63 ; 3 et 4, identification de la dualité spirituel/temporel, 64

4 : ici-bas, homme, 64

5 : manifeste dans la Vraie Foi, 58 ; symbole de la chair, 65

6 : perfection terrestre, 66

7 : du mal et de la pénitence, 56 ; nature septuple du monde, Gloire ultime, 60 ; symbole de tous les nombres, 61 ; univers, 64, 65 ; homme, créature opposée au Créateur, 64 ; Sabbat et Salut, 65 ; péché, 64

8 : régénération, Gloire ultime, 60 ; immortalité, résurrection et circoncision, 65

10 : totalité, 55 ; unité, 65

11 : péché, 66

12 : dans le Nouveau Testament, 56 ; dans l'Ancien Testament, 56, 58 ; symbole universel, 64 ; grand nombre astrologique et scripturaire, 65 ; autre forme de sept, 65

40 : jours d'épreuve, 56

70 : conjonction avec 12 dans la Bible, 56

100 : expression de la totalité, 55

300 : ou T, symbole de la Croix, 59

318 : interprétation, 59 ; établi par la tradition, 66

1 000 ans, durée d'un âge, 60

6 000 ans, durée limite du monde, 60.

Christianisme, facteur dominant de l'équation médiévale, 70.

Cid, Chronique du, 92.

Classification des nombres, 33.

Couleurs en tant qu'elles participent de la nature du nombre, 101, 111, 112.

Croix, six séries, 83 ; magie de la croix du Christ, 87 ; emploi dans la magie, 89.

Cube, élévation au, ajoutant la dimension en hauteur, 75.

Gnostiques, 43-54 ; hérésies essentielles, 47 ; influence sur la formation de la théorie chrétienne des nombres, 7 ; origine de la gnose chrétienne attribuée à Simon le Magicien, 47 ; gnosticisme de Valentin, 47 ; manichéisme, 48-49, 54 ; système du monde dans toutes les philosophies gnostiques, 50 ; éliminés par l'Église, 54 ; système numérique incorrect, 58

1 : l'un séparé du multiple, 46 ; le feu, Cause première, 47 ; première Sephira, 49 ; unité, 50

2 : couples créateurs, 47 ; dualité zoroastrienne conservée dans les souverains de la lumière et des ténèbres, 49 ; la première Sephira se réfléchissant pour produire Iahvé, 49

3 : groupes triadiques du panthéon grec, 44 ; des dieux égyptiens et babyloniens, 45 ; symbole fondamental de la théologie gnostique, 44 ; triade divine, 47 ; Trinité dans la doctrine de nombreuses sectes, 47 ; dans l'organisation du Plérôme, 48 ; la troisième Sephira complétant la trinité primordiale, 49 ; Mères (éléments, division de l'année, parties du corps), 50 *sqq.*

4 : symbole fondamental de la théorie gnostique, 44 ; tétrade pythagoricienne, 47 ; dans l'organisation du Plérôme, 48

5 : dans le zodiaque, 46 ; dans l'organisation du Plérôme, 48 ; nombre sacré en Orient, 49

7 : lié aux planètes, ordre établi des mondes et des dieux, 45 ; dans le zodiaque, 45-46 ; Hebdomade mystique engendrant le monde, 47 ; dans l'organisation du Plérôme, 48 ; pythagoricien, harmonie, 50 ; Doubles, 50

8 : dans la théologie hermétique, 46 ; processus de génération de l'Ogdoade, 46 ; duplication de l'Ogdoade dans le corps humain, 46 ; symbole de bénédiction, 46 ; première Ogdoade engendrée, 47 ; dans l'organisation du Plérôme, 48

9 : dans l'organisation du Plérôme, 48 ; les Sephirot composées de 3 trinités, 49

10 : les décans, souverains spirituels des 7 Destinées, 46 ; les décans, maîtres suprêmes des cieux, 47 ; dans l'organisation du Plérôme, 48 ; les Sephirot, formes les plus abstraites de la dizaine pythagoricienne, 49 ; dans la théologie cabalistique, 50

12 : zodiaque, 45 ; signes du zodiaque, forces maléfiques, 45 ; supériorité de la dizaine sur la douzaine, 47 ; Logos et Zoé forment le nombre parfait avec la création de 10 Éons, 48 ; dans l'organisation du Plérôme, 48

13 : conformations de la sainte barbe, 50 ; amour de l'unité, 51

24 : dans l'organisation du Plérôme, 48

30 : triacontade du Plérôme, années de préparation du Christ à son enseignement, 48

32 : voies de la sagesse, 50

36 : dans le zodiaque, 45 ; cosmos, 46

42 : nombre égyptien traditionnel, livres hermétiques, 45

49 : nombre sacré de l'orphisme, composé de 7 septénaires, 45

60 : âge mûr, 51

91 : Amen, Iahvé Adonai, 51

100 : Sarra, 51

318 : Éliézer, 51

358 : « Shiloh viendra », le Messie, 51

365 : zones du zodiaque, valeur numérique d'Abraxas, 46 ; dans l'organisation du Plérôme, 48

801 : le Christ, la colombe, 51

888 : Jésus, 51.

Montaigne, Michel Eyquem de, citation, 85, 93.

Moore, Edward, 52.

Moyen Âge, philosophie des nombres, 67-96.

1 : et 3, relation, 67 ; Premier Moteur, Cause première, 71 ; unité, procession du multiple, 71 ; régissant la pluralité, les nombres devenant plus imparfaits à mesure qu'ils s'éloignent de l'unité, 74 ; toutes choses *Une* avec Dieu, 73 ; le point, 75 ; 10 est 1, 75 ; superessentiel, 79 ; distinction faite par Denys entre l'unité et la diversité, 80 ; forme, 84

2 : corruptible et transitoire, 74 ; amour de Dieu, 76 ; le mal symbolisé comme diversité ou dyade, 79 ; matière, 84

3 : et 1, relation, 67 ; trinité des phénomènes naturels, 70 ; premier nombre visible, 73 ; Trinité, 74, 76, 78-79 ; indissoluble et incorruptible, 74 ; perfection, commencement, milieu, fin, 78 ; hiérarchies célestes et ecclésiastiques fondées sur la Triade divine, 79-80 ; âges, sous Adam, dans le Christ, avec le Christ, 80 ; division des Commandements en tables de 3 et 7, marches de l'autel, 83 ; composition, 84 ; unité de 3 et 7, 85 ; dans la magie, 88 ; emploi moderne, 91 ; nombre de prédilection au Moyen Âge, 92

4 : époques de l'année, 76 ; vertus cardinales, 82 ; dans la magie, 88 ; popularité, 91

5 : circulaire ou sphérique, 75 ; sens, 76, 90 ; dans la magie, 88 *sqq.* ; incorruptibilité, 89 ; emploi moderne, 91

6 : parfait, 73, 76 ; circulaire ou sphérique, 75

7 : et 8, relation, 68 ; universalité, 71, 75 ; sacré, 74 ; au-delà de 6, repos après le travail, 75 ; *De quinque septenis* de Hugues de Saint-Victor, 80 ; attribut des piliers, 81 ; durée de l'univers, 81 ; division des Commandements en tables de 3 et 7, 83 ; 7 et 3 ramènent à l'unité de la dizaine, 85 ; dans la magie orientale, 86 *sqq.* ; âges, 90 ; emploi moderne, popularité, 91 ; signification étendue de l'heptade, 92 ; de la pénitence, étapes de la contemplation, 95

8 : et 7, relation, 68 ; nombre déficient, qui détermina une deuxième origine de l'humanité, 73 ; au-delà de 7, éternité après la mutabilité, 75 ; Jour de la justice, 81 ; fonts baptismaux octogonaux, symbole du salut, 83

9 : en deçà de 10, défaut au sein de la perfection, 75 ; nombre circulaire, 75 ; ordres des anges, 77 ; plus expressif que la Trinité, 77-78 ; dans la magie, 88 ; les chiffres arabes ajoutent la vertu d'incorruptibilité, 88

10 : le nombre pythagoricien parfait, 72 ; la dizaine comprend les nombres essentiels du Plan divin, 73 ; droiture dans la foi, linéaire, 75 ; parfait, 75, 84 ; circulaire 75 ; ordre des anges déchus, 78 ; somme de 3 et 7 ramenant à l'unité, 85 ; emploi moderne, 91

11 : au-delà de 10, transgression de la mesure, 75 ; nombre de la transgression, 94

12 : sacré, 74 ; universalité, 75-76 ; foi en la Trinité, doctrine des 12 apôtres ou 12 tribus, 75 ; abondant, 76 ; associé au Christ, 81 ; popularité, 91 ; chiffre rond lié au calendrier, 92

13 : sacré, ou nombre du péché, 76 ; associé à la malchance, 93 *sqq.* ; associé à l'Épiphanie, 93 ; transgression, 94 ; associé à la sorcellerie, 94

15 : populaire par l'emploi liturgique et scientifique, 91

24 : apparition occasionnelle, 91 ; chiffre rond, 92

30 : de la parabole du semeur, 77

40 : populaire par l'emploi liturgique et scientifique, 91

48 : apparition occasionnelle, 91

50 : unité, signifie 1 jubilé, 74

60 : de la parabole du semeur, 77 ; rendu familier par l'usage de la vingtaine, 91

100 : retour à l'unité, 74 ; amplitude de la charité, à deux dimensions, 75 ; de la parabole du semeur, 77

120 : populaire par l'emploi liturgique et scientifique, 91 ; rendu familier par l'usage de la vingtaine, 91

1 000 : retour à l'unité, 74 ; grandeur de l'espérance, à trois dimensions ou solide, 75 ; limite ultime du nombre, perfection, 75 ; nombre parfait de toutes les vertus, 79

7 000 : perfection universelle, 75

144 000 : de l'Apocalypse, 75 ; nombre final des Élus, 77

Mysticisme au début de l'ère chrétienne, mysticisme oriental, 43.

Néo-pythagoriciens, théorie des nombres, informations données par saint Augustin, 61.

Nicomaque, *Introduction à l'arithmétique,* 72-73.

Noble Château des Limbes, 120, 131, 133, 138.

Nom Ineffable, 53-54.

Nombres : abondants, 33 ; circulaires, 75 ; déficients, 33 ; identiques (rapports entre des groupes), 71 ; impairs (masculins), domination, 35, 36 ; plus divins, parfaits et puissants que les nombres pairs, 74-75 ; pairs (féminins), de mauvais augure, 35-36 ; moins divins, parfaits et puissants que les nombres impairs, 74-75 ; parfaits, 33 ; sphériques, 75 ; *voir aussi* Astrologiques, Nombres.

Olivi, Pierre, *Postille sur l'Apocalypse,* 124.

Ordre, beauté de l', 97-138.

Orient, magie, 86.

Origène, théorie de la création selon le nombre, 58.

Paganisme nordique, symboles numériques, 139-144.

3 : dans la symbolique païenne des nombres, 139 ; emploi dans la division de l'année, 141

6 : division des maisons du zodiaque, 140

8 : période fatale, 140

9 : période fatale, 140 ; symbole de l'hiver, 141 ; fertilité, religion, magie, 142

12 : zodiacal, implanté chez les anciens peuples du Nord, 139

50 : dans le folklore irlandais, 143 ; dans l'Église chrétienne et la magie chaldéenne, 143 ; associé aux chevaliers de la Table ronde, 144.

Pasteur d'Hermas, rempli d'allégories numériques, 57.

Paul, absence de théorie numérique dans les Épîtres de saint, 55.

Pèlerinage de Charlemagne à Constantinople, extrait, 93.

Pentacle, signification magique, 89.

Phénix, symbole du Christ, 68.

Pierre le Laboureur, 130 ; extrait, 78, 132.

Pistis-Sophia, 47-48.

Plan divin, *voir* Univers, ordre.

Scandinaves, importance des triades, 139 ; signification de 8 et de 9, 140-141.

Sceau de Salomon, employé en magie, 89.

Science et religion unies du fait du caractère astral des religions orientales, 43.

Scot Érigène, 79.

Sefer Yetsirah, 49

Séraphins, 107, 124, 134-135.

Shakespeare, *Macbeth*, extrait, 88 ; *Le Marchand de Venise*, 92.

Simon le Magicien, père supposé de la gnose chrétienne, 47.

Skelton, John, 53.

Soleil, 135 ; symbole et type de la Divinité, 68 ; comparaison avec la lune, 117, 118.

Spenser, Edmund, *Faerie Queene*, extrait, 87.

Symbolisme élémentaire des nombres, 11-16 ; à l'origine de tout symbolisme numérique, 6

  1 : seul, 11 ; degré positif, 12

  2 : dualités de la nature, 11 *sqq.* ; distinction de la dualité et de la pluralité, degré comparatif, 12 ; diversité, couples antithétiques, 11-12, 15

  3 : plusieurs, 12 ; tout, superlatif, 12, 13, 14, 16 ; cumulatif ou statistique, 12 ; saint, divinités (triades divines), 13, 14, 16 ; triade familiale, divisions du monde physique, 13 ; dans le culte du soleil, dans le cycle humain, 13, 14.

  4 : terre, points cardinaux, 14, 16 ; culte, emblèmes cruciformes, 14

  5 : main, 6, 15

  8 : sainteté, 15

  9 : triple triade d'Héliopolis, 13 ; presque complet, presque parfait, 16

  10 : deux mains, adoption du système décimal, 15 ; finalité, complétude, perfection, 15, 16

  18 : 3 en esprit et, mystiquement, en nombre, 13

  20 : homme, 6, 15

  27 : 3 en esprit et, mystiquement, en nombre, 13

  100 : fondé sur le 10, 15 ; finalité, complétude, 15

  300 : extension de 3, 15

  666 : nombre de la Bête dans l'Apocalypse, 15

  1 000 : fondé sur le 10, 15 ; finalité, complétude, 15.

T, ou 300, symbole de la Croix, 59.

Théologie des nombres, 76-77.

Theologoumena arithmeticae, 76, 77.

Thomas d'Aquin, relation de la créature au Créateur, 70 ; citation, 71, 74, 78, 113.

Thorndike, Lynn, citation, 84, 85.

Thot, Hermès Trismégiste identifié à, 45.

Trois âges, *voir* Âges d'or.

Troisième âge, théorie de Joachim de Flore, 80.

Trônes, 135-136.

TABLE

par **seile**

Achevé d'imprimer
en juin 1995
IMPRIMERIE LIENHART
à Aubenas d'Ardèche

Dépôt légal juin 1995
N° d'imprimeur : 7623